JN441618

한반도에 심겨진

복음의 씨앗

한국에 온 위대한 선교사 50인

한반도에 심겨진

복음의 씨앗

한국에 온 위대한 선교사 50인

발 행 일　2014년 11월 15일 초판 발행
　　　　　2014년 12월 15일 2쇄 발행
　　　　　2015년 6월 1일 3쇄 발행
발 행 인　김재현
엮 은 이　김재현
발 행 처　한국고등신학연구원(KIATS)
편　　집　강은혜, 류명균, 김지연, 최선화
디 자 인　박송화
등록번호　제 300-2004-211호
주　　소　서울시 용산구 한강로 1가 228 한준빌딩 1층
전　　화　02-766-2019
팩　　스　0505-116-2019
E-mail　kiats2019@gmail.com
I S B N　978-89-93447-65-1 (03230)

*이 도서의 국립중앙도서관 출판예정도서목록(CIP)은 서지정보유통지원시스템 홈페이지(http://seoji.nl.go.kr)와 국가자료공동목록시스템(http://www.nl.go.kr/kolisnet)에서 이용하실 수 있습니다.(CIP제어번호: CIP2014031670)

한반도에 심겨진

복음의 씨앗

한국에 온 위대한 선교사 50인

KIATS

2014

내한 선교사들이 그린 한반도의 영적인 대동여지도

김재현(한국고등신학연구원)

1. 1884-1942년, 68년에 걸친 외국 선교사들의 헌신

'조용한 아침의 나라'가 혼돈의 시기에 접어들 때 생명의 횃불을 들다

19세기 후반 한반도는 격동의 시대로 접어들었다. 서구열강이 본격적으로 아시아진출을 꾀하고, 흥선대원군은 쇄국정책으로 외국의 문호개방 요구에 맞섰다. 그러나 1882년 조미수호통상조약이 체결되면서 서구열강에도 문호가 개방되었고, 한국은 정치-사회적 격변을 겪게 되었다. 조미수호통상조약의 일차적 요인이 된 1866년 제너럴 셔먼호 사건 때 평양에서 영국 출신 로버트 토마스Robert J. Thomas가 순직해 한국개신교의 서막을 열었다. 한국 가톨릭 역사상 가장 심한 박해가 벌어진 병인년 1866년에 개신교의 출발점이 된 토마스가 순직했다는 것은 한국 개신교 선교역사의 중요한 계기이자 역설의 순간이었다.

1884년 6월 중국과 일본에서 사역한 감리회 소속 로버트 매클레이Robert S. Maclay는 한국을 방문해 선교의 때가 무르익었음을 확인했고, 이를 계기로 그 해 9월 14일 장로회 소속 호레이스 알렌Horace N. Allen이 부산에 첫발을 내디뎠다. 다음 해 1885년 4월 5일 부활절에 장로회 호레이스 언더우드Horace G. Underwood와 감리회 헨리 아펜젤러Henry G. Appenzeller가 한국 땅에 들어와 수

많은 선교사가 들어오는 물꼬를 텄고, 이후 1945년 해방 전까지 1,500여 명의 선교사가 한국에 들어와 활동했다.

개신교 선교사들이 처음 들어올 당시 한국은 더는 '조용한 아침의 나라'가 아니었다. 조선 말기의 사회·경제적 혼란과 혼탁함은 극심했고, 쇄국과 개방 사이에 힘겨루기는 혁명과 숙청을 거듭할 정도로 심해졌으며, 여전한 중국의 지배와 일본의 침략을 위한 계략 사이에서 한국은 안갯 속을 지나고 있었다. 바로 이 무렵, '산사에서 나는 불자들의 염불 소리와 유교의 갓끈의 무기력'을 넘어 개신교 선교사들이 '기독교 예수'라는 새로운 횃불을 들고 한국에 들어왔다. 그리고 1942년 6월 일본에 의해 영국과 미국의 모든 선교사가 강제로 축출당할 때까지 68년의 세월을 한국인과 함께 했다.

복음-교육-의료

1992년에 나온 기독교역사연구소의 통계를 보면, 매클레이와 알렌 이후 해방 전까지 1,500여 명 가량의 선교사가 한국에 들어왔다. 미국과 호주와 캐나다 장로회 출신과 미국의 감리회 출신만이 아니라, 성결교와 구세군, 성공회와 심지어 안식교 선교사들이 비교적 이른 시기에 한국에 왔다. 비록 다양한 교단 출신들이 들어왔지만, 이들은 복음, 교육, 의료라는 세 가지 선교방법을 주로 강조했다.

복음살기와 복음번역 선교사들은 복음을 통해 생명을 전하고, 자신들이 직접 예수가 가르친 모습대로 살려고 노력했다. 복음을 가장 효과적으로 전하는 방법은 스스로 한국인처럼 먹고, 입고, 살아야 한다고 생각한 캐나다 선교사 윌리암 맥켄지William J. McKenzie는 초가집에 살면서 한국 옷을 입고 한국 음식을 먹고 지내다 소래에서 순직했다. 선교사들은 복음을 전하기 위해 성경을 한글로 번역하고, 찬송가를 소개하고, 각종 복음 관련 책자들을 인쇄소까지 설치해 대량으로 발행하였다. 또한, 그들은 권서인과 매서인들에게 급료를 지급하면서 전국적인 성경 보급을 진행했다. 당시 성경이야말로 계몽과 개화와 근대교육의 수단이요 상징이었다.

교육 선교사들은 유교와 불교와 무속이 강하고 서양문물에 상대적으로 폐쇄적인 한국사회에서 초기 단계에 직접적 방법보다 교육과 의료를 통한 간접적 복음전파를 할 수밖에 없었다. 백정을 상대로 복음을 전한 사무엘 무어Samuel F. Moore처럼 당대 한국상황을 짐짓 무시하는 선교사들도 일부 있었지만, 교육과 의료지원은 간접적이지만 일반적으로 가장 합법적인 복음전파 수단이었다. 배화학당과 이화학당 등 고아들을 돕는 사랑방에서 시작된 서양교육방법은 이내 서당 같은 조선 시대 전통적 교육기관을 빠르게 대체하였다. 심지어 한국정부가 미국정부에 부탁한 교육선교사인 벙커Dalziel A. Bunker, 길모어George W. Gilmore, 헐버트Homer B. Hulbert가 1886년 7월에 한국에 도착해 육영공원을 시작하며 한국 근대교육에 힘을 더했다.

의료 알렌이 1884년 갑신정변 때 당대 정치적 실세 민영익의 상처를 치료한 것이 선교사들의 의료사역에 획기적 계기를 마련해 주었다. 이는 광혜원(이후 제중원)의 설립 계기가 되어, 의료 선교사역의 대명사인 세브란스병원의 출발점이 되었다. 특히 1908년 에비슨Oliver R. Avision이 세브란스에서 배출한 7명의 최초의 한국인 의대 졸업생들은 1907년 배출된 7인의 최초의 장로교 목사와 같이 한국교회 선교 역사에 일대 전환점이었다. 세브란스와 빈민과 서민들을 위한 상동 병원 같은 의료기관들이 전국적으로 등장해 복음전파에 첨병 역할을 했고, 개신교의 긍정적 이미지 형성에 크게 이바지하였다.

특히 초기 장로회 선교사들은 복음-교육-의료라는 세가지 요소를 점차 새로운 선교지부 건립 원칙으로 삼아, 복음을 전할 목사, 교육을 할 선생, 의료진이 갖춰졌을 때 독립적인 선교지부로 인정해 나갔다. 이런 토대 위에서 신문물의 상징이 된 서양의료, 서양음악, 영어교육, 한국 정부마저 함부로 할 수 없었던 외국 선교사와 선교기지가 갖고 있던 예외적인 특권, 유교와 불교 같은 기존 종교와 불평등한 신분계층으로 규정된 구시대 문화를 넘어서려는 민초들의 열망이 뒤섞여 서구선교사들은 한반도에 새로운 물결을 형성해갔다.

한민족

알렌, 언더우드, 아펜젤러 같은 한국선교 개척자들부터 1945년 해방의 시기까지 외국 선교사들이 순간순간 분명히 대면해야 했던 또 하나의 문제는 한국인이 처한 정치·사회적 운명이었다. 언더우드와 아펜젤러가 한국에 첫발을 딛기 직전 이미 1884년 12월 개화파의 혁명인 갑신정변이 발생해 한국은 정치적 소용돌이를 겪었다. 일부 선교사들이 1894년 청일전쟁과 갑오개혁 이전의 한국사회를 중국의 종속국으로 볼 정도로 한국의 주권은 미약했고, 러일전쟁, 을사늑약, 강제 병탄, 3·1운동, 이후 신사참배 시기까지 제주도에서 연해주에 이르는 광대한 지역에서 일본을 비롯한 주변 강대국의 횡포에 수난당하는 전환기 한국인의 민낯을 고스란히 보여 주었다.

'아침의 나라 한국'을 지배하는 것에 익숙한 중국과 침략성이 강한 일본 사이에 낀 가냘픈 한국, 아직도 강하게 남은 신분차별과 억압에 숨도 제대로 못 쉬던 민초들의 모습, 친일파의 횡포에 눈물 흘리는 사람들을 선교사들은 그저 외면할 수 없었다. 원주의 찰스 모리스Charles D. Morris 같은 일부 선교사는 자신과 3·1운동을 상의하러 온 애국자를 일본에 고발해 버리고 해리스Merriman C. Harris나 스미스Frank H. Smith는 경술국치와 일본 지배를 적극 지지했지만, 적지 않은 선교사들은 은밀하게 때로는 공개적으로 일본의 만행을 규탄하기 위해 백방으로 뛰었다. 교육선교사로 들어온 헐버트는 1907년 헤이그 밀사 사건까지 깊숙이 개입했고, 스코필드Frank W. Schofield는 30세의 젊은 나이에 목숨을 걸고 제암리 참상을 사진을 찍어 세상에 알렸고, 브루스 헌트Bruce F. Hunt는 만주 한인들의 눈물을 닦았다.

16세기 유럽의 종교개혁 직후 정치와 종교 사이에 "종교전쟁"이라 불린 피비린내 나는 참상을 겪고, 정치와 종교를 흔히 구분된 영역으로 삼아 오던 개신교인들에게 한국민족이 처한 처절한 상황은 선택 사항이 아닌 마주할 수밖에 없는 엄연한 현실이었다. 의식 있는 선교사들이나 한국인 기독교 지도자들에게 민족의 현실과 운명은 기독교신앙과 같이 중요한 가늠자 중의 하나였다. 존스George H. Jones는 하와이 이민을 통해서라도 한민족의 출구를 만들고자 했고, 한국선교 25주년 기념으로 벙커가 만든 동대문교회의 종은 1919년 3·1운동 때도 사람들을 격려했다.

2. 1,500여 명의 선교사, 한국교회와 민족을 위한 거대한 그림을 그리다

한국과 교회의 공적 토대를 만들기: 성경 번역작업, 학술작업, 사전편찬, 재해석의 문제

19세기 말 경륜과 경험보다 젊은 나이에 신앙적 열정과 믿음 하나로 한국에 온 외국선교사들은 초기에 몇몇 시행착오를 겪었지만 금세 선교지 상황에 맞추어 체계적인 선교사역을 진행해갔다. 예를 들어 호주선교사 앤드루 아담슨Andrew Adamson같이 부족한 선교사들을 보충하는 과정에서 아시아나 한국 같은 선교지역에 대한 이해와 교육이 부족해 문제가 생기기도 했지만, 겔슨 엥겔Gelson Engel이 파송을 받아 능숙하게 조정과 화해를 이끌어냈다. 당대 미국을 비롯한 서구세계의 아시아 선교정책이 중국, 일본, 인도에 우선권을 두던 상황임을 고려할 때 한국에 온 선교사들의 실수와 공헌을 너무 비평적으로 볼 필요는 없다.

부족한 선교사 숫자와 열악한 재정에도 불구하고, 선교사들이 이후 후배 선교사들의 사역과 한국기독교 전체에 꼭 필요한 신앙적, 학문적, 역사적인 공적 토대를 상당할 정도로 놓았다는 점은 주목할만하다. 이들은 기독교강국이라 자찬하는 21세기 한국교회가 따라갈 수 없는 넓은 시각과 깊이를 갖고 성경 번역, 학술작업, 사전편찬, 선교포럼 등을 진행했다.

성경 번역

선교의 최종목적은 생명과 구원을 전하는 것이고, 이에 가장 효과적인 수단은 선교지 언어로의 성경 번역이다. 선교사들과 한국개신교 선구자들은 개신교 신앙에 가장 중요한 성경 번역 작업을 빠른 속도로 진행했고, 각종 기독교 서적을 우리말로 번역하거나 한자로 된 책에 설명과 토를 달아 소개하였다. 공식적인 선교사들이 한국에 들어오기 전에 스코틀랜드 선교사 존 로스John Ross는 만주에서 1882년에 누가복음을 번역하고 1887년에 《예수성교전서》란 이름으로 신약 전체를 번역했다. 일본에 거주하던 이수정은 1885년에 《신약마가전복음서언해》를 번역했다. 이들의 작업은 이후 내한 선교사들의 성경 번역에 크게 기여했다. 그리고 1904년 "한국 성서위원회"가 조직되어 1938년 한글 공인 성경이 나오기 전까지 개별 선교사들 역시 성경을 다양하게 번역 출간했다. 예를 들어, 제임스 게일James S. Gale은 1892년 《사도행전》을, 말콤 펜윅Malcolm C. Fenwick은 1891년 《요한복음전》을 번역 출간하기도 했다.

저널발간과 학술작업

선교사들은 한국에 대한 정보를 국내외적으로 나누고 축적하기 위해 저널과 각종 소책자를 발간했다. 한국을 알리기 위해 1892년 최초의 영문 월간지 *The Korean Repository*1892-1899를 7년간이나 발행했고, 계몽과 지식전달을 위한 주간지 〈그리스도신문〉을 1897년 4월에 발간했고, 1901년에는 *The Korean Review*1901-1907를 발행했다. 초기 선교활동이 체계를 갖추어 가면서 각 교단은 교단의 신학저널을 발행했는데, 감리교는 1900년 12월에 최초 신학잡지인 〈신학월보〉와 1916년 〈신학세계〉를, 장로교는 1918년 〈신학지남〉을, 성결교는 1922년 〈활천〉을, 구세군은 1907년 〈구세공보〉를 발행했다.

월간지, 주간지, 교단 신학저널 등에 발표된 글은 종종 단행본으로 확대되어 등장하기도 했고, 1900년 이후 한국의 역사와 문화 등에 대한 책들이 본격적으로 발행되었다. 몇 가지 예를 들자면, 헐버트는 자신이 기고한 글을 모아 1905년에 *The History of Korea*를, 언더우드는 1910년 *The Religions of East Asia*를, 펜윅은 1911년에 *The Church in Korea*를, 존스는 1917년 *The Rise of the Church in Korea*를 출간했다. 선교사들이 편집한 한국인의 전통과 역사에 대한 책은 다른 선교사들이 한국을 더욱 빠르고 객관적으로 이해하게 해 줄 뿐만 아니라, 한국을 서구세계에 알리는 중요한 수단이 되었다.

사전편찬

선교를 위해 중요한 요소가 언어임을 생각해도, 한국선교 초창기에 사전편찬이 상당히 이른 시기에 이루어졌다는 것은 놀랄만한 일이다. 예를 들어 언더우드는 1889년에 《한영문법》을, 1890년에 《한어자전》을 출간했다. 더욱 흥미로운 것은 언더우드의 아들 호튼 언더우드는 아버지의 사전편찬 작업을 이어받아 1915년 개정판 《한영문법》을 1917년에 《영선자전》을 잇따라 간행했다는 점이다. 미국북장로회 선교사로 미국남장로회와 캐나다 선교회 선교동력까지 끌어들인 호레이스 언더우드의 거대한 비전과 기초적인 작업의 가치는 아무리 강조해도 지나치지 않다.

영적 연결망과 한국적 재해석

한국에 온 선교사들이 어떻게 성경과 사전편찬을 그렇게 빠르게 진행했을까? 여기에는 몇 가지 이유가 있는데, 첫째로는 중국-한국-일본 간의 학문적 연결 구조 때문이었다. 동일한 한자 문화권은 완벽한 한글 성경이 등장하기 전에 토를 달거나 음역을 통해 성경책을 한국인들에게 전달하였다. 1889년에 시작된 '삼문출판사'가 한자-한글-영어라는 3개 언어를 포괄하는 'Tri-lingual Press'라는 것은 이를 상징적으로 보여준다. 둘째로, 개신교 이전에 한국가톨릭이 이룬 학문적 성과의 영향이다. 한국 가톨릭학문과 신앙은 1750년경 성호 이익부터 시작되어 안정복의 서학비판서인 〈천학문답〉 형태로 진행되다 1790년경 정약용의 형제들과 이벽 같은 이들에 의해 신앙으로 발전하였다. 19세기 수많은 박해를 겪으면서 가톨릭 선교사들과 한국인 신앙인들이 그들이 남긴 사전편찬과 신학 작업과 신앙적 유산은 전환기에 들어온 개신교에 큰 영향을 미쳤다. 19세기 말에 간간이 등장한 한국 가톨릭과 개신교 사이의 논쟁과 공격에도 불구하고 학문적인 영향은 적지 않다.

초기 선교사들은 서구의 기독교 문학과 근대문화를 한국에 소개했을 뿐만 아니라 한국의 문화자산을 세계에 알렸다. 제임스 게일은 1895년《천로역정》을 우리말로 번역해 기독교 전파에 획기적인 공헌을 했을 뿐만 아니라, 김만중의《구운몽》을 처음으로 영어로 번역하고 조선 시대 민담들을 모은 책까지 본인이 연구해 영어로 출간하여 한국과 세계를 이었다. 그렇다고 한국인 지도자들이 내한 선교사들을 돕는 피동적 입장에서만 서 있지 않았다. 선교사들을 통해 기독교와 서구문명에 눈을 뜬 초기 개신교 지도자들은 서서히 자의식을 갖고, 초기 개신교 형성사에 적극적으로 참여하기 시작했다. 존스의 어학 선생 최병헌은 한국 최초의 탁월한 변증학인《성산명경》을 1909년에 발간했다. 1895년에 한글로 완역된 게일의《천로역정》에 큰 은혜를 받은 길선주는 한국적인 칠언 절구의 시조와 한복을 입고 갓을 쓴 삽화를 통해 한국인의 입장에서《천로역정》을 정리하고 해석한《만사성취》를 1916년 발행했다. 한국 최고의 기적을 일으킨 김익두 목사의 행

적은 1921년《조선예수교회이적명증》이란 책으로 세상에 선보였다.

이처럼 선교사들과 한국인 지도자들에 의해 한국개신교 초창기에 이미 탄탄한 작업들이 진행되고 있었다. 다만 외형적 교회성장과 눈에 보이는 성전건축에 빠져 있는 21세기 한국교회가 자신들이 가진 100년 이상이나 된 한국교회 보물들의 가치를 거의 알아차리지 못한 현실이 안타까울 뿐이다.

한반도 영적 지도의 원형Archetype을 품고 영적인 맥락 짚기: 만주-연해주에서 부산, 백령도에서 울릉도까지

1884년 서울과 평양을 중심으로 시작된 선교사역은 이내 한반도 전역으로 확장되었고, 곧이어 중국 산둥과 간도, 러시아의 연해주까지 확장되어 1913년 중국 용정에 캐나다 선교기지가 설립되면서 순천에서 연해주에 이르는 거대한 영적인 선교지도를 완성하였다. 서구 선교사들이 나라 잃은 한국인들을 따라 선교를 해 나간 지역은 흡사 조선 시대 4군 6진을 훌쩍 넘어 9세기 발해의 전성기 시절 영토까지 포괄하고 있다.

한국에 온 선교사들의 선교지역 지도가 작지만 용맹했던 한국인의 기상과 여실히 일치하고 있다는 것은 신앙적으로 볼 때 예사로운 일이 아니다. 선교사들은 한반도 전체와 만주를 넘어 영적인 맥을 짚고 길과 강의 흐름을 읽으며 복음과 교육과 의료와 한국 민족의 눈물이 어떻게 흘러가는지를 보면서 선교기지를 차례로 설립해 갔다. 필요할 경우 발전된 기존 도시를 떠나 미래를 내다보며 아이들의 무덤 같이 버려진 땅을 사서 황무지에 장미꽃을 피우듯 전략적 선교기지 오아시스를 만들었고, 결과적으로 근대적 도시발달에도 공헌했다.

연해주에서 용정과 의주에 걸쳐, 백령도에서 개성과 원산과 울릉도를 밟고, 의주-평양-개성-서울-대구-부산, 인천-강계-군산-목포-순천에 이르는 전략요충지를 중심으로 선교 벨트와 선교지부를 세워 한국 역사상 가장 거대한 지역을 선교지로 포괄한 것은 결과론적 평가일 수 있겠지만, 한국교회에 있어서 놀랄만한 일이다. 선교사들이 발해영토에 버금가는 한국의 영적 지도를 전혀 의도하지 않았을 수 있지만, 모든 것이 합력해 한반도의 원형을 보게 한 것은 분명 하나님의 섭리였다. 개 교회, 교단, 지역이라는 쇠창살에 갇혀 분단된 남북 정도도 보지 못한 자칭 세계 최대의 선교국가라고 부르는 21세기 한국교회의 모습이 부끄럽기만 하다.

거대한 한반도의 영적 영토를 만드는데 많은 사람과 정책이 공헌했다. 첫째, 흥미로운 사실은 때로는 한국 교단과 지방색의 발원지로 비평받는 1900년 전후 장로회 간-혹은 장로회와 감리회 사이의 "교계예양", 즉 "선교지 분할정책"이 이와 같은 거대한 한반도의 영적 지도를 만드는데 공헌했다는 점이다. 몇몇 독립선교사뿐 아니라 적지 않은 선교사들은 "남의 터 위에 집을 짓지 않는다."롬15:20는 정신을 갖고서 선교대상 지역을 당대 한국의 물리적 국경선을 훌쩍 뛰어넘어 만들어갔다.

호주장로회의 한국선교의 문을 연 조셉 데이비스Joseph H. Davies는 서울에 도착하자마자 마치 자신의 매장지를 찾아 떠난 것처럼 부산까지 도보여행해 순직했다. 평양선교의 아버지 사무엘 마펫Samuel A. Moffett과 제임스 홀James Hall은 한국에 도착하자 바로 서울을 떠나 머지않아 전쟁의 한복판이 되어버린 평양을 찾아 나섰고, 홀은 1894년 청일 전쟁의 와중에 순직했다. 이런 정신은 1919년 3·1운동과 이후 1930년대 본격화된 신사참배 반대 투쟁에서 그대로 이어졌다. 브루스 헌트는 한국인 목사들에 의해 정치적으로 목사직을 면직당하면서 이국땅 간도에 흩어진 한인 성도들을 돌보다 감옥에 갇혔고 강제로 출국을 당했다.

선교에 대해 뜨거운 열정을 가진 선교사들 못지 않게, 한국교회 역시 처음부터 선교하는 교회로 시작했다. 1907년 최초의 장로교 목사 중 한 명인 이기풍을 선교 목사로 제주도로 보낸 정신은 장로회 최초로 총회를 조직한

1912년 산동성으로 선교사들을 파송하는 결의로 이어져 1913년 박태로, 사병순, 김영훈을 파송했다. 특히 박태로는 재령 선교의 아버지 윌리암 헌트William B. Hunt가 입교시키고 동사목사로 삼았던 인물이다.

한민족의 처절한 상황에서 성도들과 함께 한 선교사들, 그들이 부지불식간에 보여준 거대한 한반도의 영적 지도 때문에 한국 기독교인들은 끝까지 견딜 수 있었는지도 모른다. 그리고 이들이 그린 영적 선교영토는 일제의 강압적인 병탄과 무단적 지배와 상관없이 확장되어 발해와 고구려의 방대한 영토를 그려나가면서 21세기를 살아가는 우리에게까지 도전하고 있다. 우리도 교단차원의 울타리와 자신과 연결된 후원의 줄을 훌쩍 뛰어넘어 자신이 섬기는 선교지역을 더욱 넓게 깊게 크게 볼 필요가 여기에 있다.

3. 선교지역 한반도의 도전과 선교사들과 하나님의 응전

정치적 비중과 선교적 중요성에서 서구인들에게 한반도 선교는 중국이나 일본에 비교되지 않았다. 인도, 일본, 중국에 선교사를 보낼 재정은 있어도 한국에는 계획조차 없던 본국의 선교본부를 향해 몇몇 선교사들은 순직과 죽음으로 한국선교의 물꼬를 트기도 했다. 사회의 혼란과 맞물린 한국인의 운명은 정작 당사자인 약소국 한국이나 울분에 찬 선교사들의 손을 떠나 결정될 때가 많았다. 예를 들어, 1919년 3·1운동에 대한 일본의 무자비한 탄압을 규탄하기 위해 선교사들이 미국정부에 항의했지만, 미국은 필리핀을 대가로 이미 일본과 밀약을 맺어버린 후였다. 그래도 때로는 후방의 전폭적인 지지를 바랄 수 없는 상황에서 선교사들은 살아남아야 했다.

필자는 여기서 내한 선교사의 모든 행동과 결정을 미화하거나 정당화시킬 의도가 없다. 다만, 암담한 세월에 대표적 선교사들을 통해 실타래 풀듯 하나 둘씩 문제를 풀어간 하나님의 섭리를 지적하려 한다. 때로는 수많은 도전이 선교지 한반도와 현장의 외국 선교사들에게 닥쳤지만, 하나님의 응전은 감동적일 때가 많았다. 삶의 현장의 도전과 하나님의 응전이 어떻게 전개되었는지 몇 가지 중요한 사건을 중심으로 간략하게 살펴보겠다.

선교지 분할 정책Comity Agreement

한국기독교의 선교지 분할정책은 작은 선교사 숫자로 광대한 지역을 포괄하기 위해 네 개의 장로교들 사이에 우선 시작되어 이후 장로회와 감리회 사이에 협약으로 확장되어 실제로 전국에 걸쳐 이루어졌다.

선교지 분할정책의 전체적인 개요는 다음과 같다. (1) 주민 5천명 이상 도시는 선교회 간에 공동으로 선교하고, (2) 5천 명 미만일 경우 이미 사역하는 선교회가 우선권을 가지며, 6개월 이상 공석일 경우 다른 선교회가 시작할 수 있고, (3) 각 선교회는 가능한 선교가 시작되지 않는 지역에 우선 선교하고, (4) 감리교-장로교에 상관없이 다른 교회를 존중하고, (5) 다른 선교지로 교인이 이동할 경우 반드시 목사의 추천서를 받고, (6) 선교회가 조사들에게 직접 보조금을 지급하지 말고, (7) 모든 문서의 규격은 통일시킨다.

'교계예양', 혹은 '예양협정'이라 불린 선교지 분할정책에 따라 전라도와 충청도 일부는 미국남장로회, 경상남도는 호주장로회, 함경도는 캐나다장로회, 경상북도와 충청북도, 경기도, 황해도는 북장로회 선교구역으로 지정되었다. 이후 감리회는 강원도와 경기도, 그리고 황해도와 충청도 일부를 주요 선교구역으로 설정했다. 서울과 부산과 평양을 중심으로 시작된 교단별 선교기지는 1913년 순천과 용정까지 지속해서 세워졌다. 감리교의 경우는 연회와 지방, 및 구역으로 확대 조직되었다.

이런 교단별 지역분할이 이후 교단 정치와 지역 당파성의 원천이 되었다는 일부 지적은 어느 정도 일리가 있다. 그러나, 한국에서의 예상치 못한 빠른 복음 전파와 본국선교회의 여력 부족에 의해 어쩔 수 없는 선교적 정책이었을 수 있다. 이후 선교지 분할정책과 복음전파는 더욱 빠르고 광범위하게 전개되었다. 위에서 언급했듯이 해방과 한국전쟁의 와중에 잃어버린 북한과 간도와 연해주의 광대한 영역을 영적으로 회복할 때까지 선교지 분할정책에 대한 정파적 판단은 유보할 필요가 있다.

네비우스 정책

한국선교 초기 목회나 선교 경험이 적은 젊은 사람들이 한국에 오면서 이들에게 선교적 경험과 방법을 교육할 필요가 대두되었다. 이에 언더우드의 제안을 통해 중국에서 오랫동안 선교활동을 하면서 선교 방법론을 논문집에 기고하던 존 네비우스John L. Nevius(1829-1893)를 초대하였다. 1890년 6월 아내와 함께 한국에 온 네비우스는 한국기독교의 초석이 된 일명 "네비우스 선교정책"The Nevius Plan을 제시했다.

네비우스 원칙의 핵심은 삼자정책Three Self Principles이라 불리는데, 자치自治-자립정치: Self-Government, 자립自立-자립보급: Self-Support, 자전自傳-자립전도: Self-Propagation을 뜻했다. 이 정책은 원래 서구 중심적 선교정책에 도전하면서 '자전, 자치, 자립'을 강조한 영국의 교구 목사 헨리 벤Henry Venn(1796-1873)과 루푸스 앤더슨Rufus Anderson(1796-1880)의 이론을 네비우스가 새롭게 정리 제시한 것이다. 흥미롭게도 네비우스 방법은 중국에서 그리 성공적이지 못했지만, 한국에서는 큰 열매를 거두었다.

한국개신교 시작과 함께 들어온 네비우스 선교방법은 결과적으로 선교분할정책과 함께 한국교회 성장에 이바지했고, 1907년 평양 대부흥 운동과 1909년 백만인 구령 운동에 토대를 형성했다. 비슷한 정책이 왜 영국이나 중국에서 성공적이지 못했는지는 우리의 일차적인 연구대상이 아니다. 국민적 특수성과 선교지역 현장의 차이가 있을 수 있고, 19세기에 인도와 일본과 중국 등에 엄청난 재정과 인력을 쏟아 부어 뒤늦게 시작된 한반도선교에 더는 여력이 없었기 때문에 현지 기독교인의 자립과 자조정신을 강조했을 수 있다. 다만 우리가 눈여겨 보고 싶은 것은 한국선교 초기에 이런 네비우스 선교방식이 금주, 금연, 공창 반대 등 절제운동으로 이어졌고, 일본의 수탈과 억압을 이길 정신과 신앙의 맷집을 길러 주었다는 것이다.

원산 부흥운동과 평양 대부흥 운동

1903년 강원도 김화지역 지경터 교회에서 느낀 감리회 선교사 로버트 하디Robert A. Hardie의 좌절과 고민은 1884년 알렌의 입국 이래 선교 20년을 맞이하는 내한 선교사들의 공통적 고민을 여실히 드러내 주었을 수 있다. 젊음을 바쳐 강원도 전역을 돌아다닌 하디가 선교 사역을 하면서 좌절감과 영적인 침체를 느낀 것 자체는 전혀 이상한 일이 아니다.

그러나 중국에서 의화단사건을 피해 원산에 온 여자선교사들이 1903년 8월 시작한 원산 여름 기도회는 하디에게 새로운 성찰과 회복의 전기를 부여했다. 일주일간의 여름 기도회 설교를 통해 시작된 하디의 회개는 단순히 자기 교만과 영적 무능력을 회개한 것에서 멈추지 않고 영적인 재충전과 성령의 폭발적 역사를 가져왔다. 이후 원산과 평양 등의 선교사들에게 도전과 위로를 주었고, 마침내 1907년 성령 대 부흥으로까지 이어졌다.

하디로 상징되는 좌절과 희망의 새 출발이 이루어진 1903년과 평양 대부흥이 일어난 1907년 사이에 사실 한국민족에 있어 가장 굴욕적인 1905년 을사늑약이 있었다는 것은 하나님의 시간표에서 결코 우연이 아니었을 것이다. 이 굴욕적인 한국역사의 한 중심에 선교사들과 한국 성도들이 부흥운동이라는 한 점을 잔잔히 찍고 있었다. 동시에 원산기도회에 하디에게 말씀을 부탁한 사람이 맥컬리였다는 점 역시 하나님의 섭리이다. 맥컬리는 자신의 몸을 바쳐 한민족을 사랑하고 캐나다 선교에 물꼬를 튼 윌리암 맥켄지William J. McKenzie의 약혼녀였기 때문이다.

나라 잃은 간도 교포들을 위한 '언약문서'

1930년대 들어 시대적 위기와 도전, 이 위기를 넘어가는 몸부림은 점차 더 격해졌다. 특히 1930년대 중반 이후 일제는 신사참배를 노골적으로 강요하고, 학교폐쇄 위협과 긴급조치에 해당하는 예비검속 같은 폭력적 조치를 통해 한반도 전역을 휘둘렀다. 수많은 목회자와 기독교 지도자들마저 신사참배와 일제의 강요에 고개를 숙였다. 한민족 200여만 명이 살고 있던 만주지역과 연해주 같은 곳에서도 예외는 없었다. 국내에서도 잔인 무도한 폭정을 휘두른 일제가 도와줄 곳 하나 없는 만주의 한국인들에게 얼마나 더했겠는가?

안타깝게도 수많은 목회자와 교계 지도자가 신사에 굴복할 때, 재령 선교의 아버지 윌리암 헌트의 열정을 이어받은 브루스 헌트는 간도 지역에서 한인들을 상대로 힘겹지만, 가슴 뛰는 목회를 했다. 1938년 신사참배를 결의한 총회 석상에서 끝까지 반대 의지를 보인 브루스 헌트는 감옥에 갇혀 한반도에서 강제로 추방을 당하는 순간까지 한인 성도들과 자신이 즐겨 사용하는 용어처럼 "끝까지" 신앙적 절개를 지켜갔다. 그리고 중요한 성경 구절을 중심으로 신앙인들과 '언약문서'를 만들어 일본의 압제와 핍박을 이겨나갔다. 브루스의 삶과 사역, 특히 그가 만든 신자들의 공동체 규약에 해당하는 '언약문서'는 배역과 배반과 굴종이 판치던 한국교회에 진리와 선의 싸움의 기준점이 무엇인지를 잘 보여주었다.

한반도에 복음과 개신교 선교사들이 들어온 이래 비정상적 정치·사회적 상황과 복음의 생명과 정의 사이에 투쟁을 지속하여 왔다. 하나님의 복음이 눈앞에서 비참하고 오욕에 찬 현실을 당장 바꾸지 못한 경우도 많았다. 옳은 것과 바른 것을 선포하고 살아온 선교사들과 한국인 지도자들이 적지 않다. 그리고 그 굴곡진 한반도의 근-현대사 한가운데 같이 눈물을 흘린 예수가 있었다. 우리는 이를 한반도의 도전과 하나님의 응전이란 시각에서 한국 기독교 역사를 더욱 깊게 조망할 필요가 있다.

4. 한국선교 역사 속을 통해 본 전략과 기록

선교자원 동력화

필자의 선생 앤드루 월스Andrew Walls가 늘 강조했듯이 성공적 선교에는 선교사의 현장 사역, 파송 기관의 적극적 역할, 선교사와 파송 기관 간의 유기적 소통과 협조가 중요한 3요소이다. 파송 담당 선교회와 교회는 안정적인 재정지원과 선교사의 효과적인 사역을 위한 자문과 관리지원뿐만 아니라, 지속적인 선교자원을 동력화함으로 후방지원을 아끼지 않아야 한다.

이중 신규인력 확충과 지속적인 재정지원은 매우 중요하며, 선교사역의 승패를 가늠하기도 한다. 내한 선교사들도 안식년 등을 이용해 본국을 방문해 선교자원 동력화에 기여했다. 특히 한국선교의 개척자인 미국북장로회 언더우드는 모델적인 역할을 수행했다. 언더우드는 자기 형의 도움뿐만 아니라, 안식년을 이용해 캐나다를 방문해 올리버 에비슨의 한국선교 결정을 도출했고, 윤치호와 함께 미국 테네시주 내쉬빌에 가서 남장로회 선교사들이 한국에 오는데 결정적인 계기를 만들었다.

현장의 선교사역이 자리를 잡고 안정적으로 발전하는 데는 재정지원이야말로 매우 중요한 요소이다. 개인의 생존 자체를 위해 선교편지를 쓰다가 세월을 허송하는 구조에서 체계적인 선교는 이루어질 수 없다. 힘든 상황에서 내한선교사들이 최선의 결과를 만들어낸 데는 바로 본국의 재정지원이 비교적 잘 이루어졌기 때문이다. 루이스 세브란스는 세브란스병원의 초기 지원만이 아니라 이후에도 지속적인 헌금을 했다. 매클레이를 선교정

탐차 한국에 파송하는 등 한국선교에 숨은 공로자요 거대한 비전가인 존 가우처John F. Goucher박사 역시 한국선교와 학교사업에 적지 않은 헌금을 했고 자신의 볼티모어 학교사역을 한국 인재를 양성하는 데도 조력했다. 사실 가우처는 중국, 인도, 한국에 수십 개의 학교를 세워 예수의 일꾼을 키워왔다. 미국 남부 왓슨의 체계적인 지원은 순천 선교지부를 가능하게 했고, 호주의 하퍼Harper가족은 부산 일신여학교를 이루어냈다.

이러한 본국의 재정지원이 있었기 때문에 많은 선교사는 문자 그대로 목숨을 걸고 사역을 했다. 호남 거지들의 어머니 쉐핑Elizabeth J. Shepping이 월급을 받을 때마다 당장 광주천 밑으로 내려가 거지들을 모아 목욕을 시켜주고 따뜻한 밥 한 끼를 사 줄 수 있었던 것도 바로 본국의 지원 때문이었다. 월 10만 원, 20만 원 지원하면서 지원하는 선교사 숫자만 늘려가며 공허한 자부심을 가진 일부 한국교회가 심각하게 되새겨볼 문제이다.

순직으로 물꼬를 튼 공식선교사 파견

선교사를 파송한 모든 기관이 한국선교에 처음부터 긍정적이지만은 않았다. 먼저 시작한 선교지역을 위한 재정과 인물확보에 어려움도 적지 않았다. 캐나다의 던컨 맥래Duncan M. McRae는 급여를 받지 않겠다고 자신을 한국에 파송해 달라고 요구할 정도였다. 교회 성장기에 시작한 해외선교를 30년, 즉 한 세대를 넘어 꾸준히 진행하는 것은 선교 역사상 쉽지만은 않다.

한국에 들어온 선교사들은 추가적인 선교사 인력, 재정 확대, 선교회의 공식적인 한국선교 개시를 지속적으로 요청했다. 심지어 선교사들이 자신의 생명과 바꾸어 본국 선교회의 마음을 돌려놓기도 했다. 한국의 최초의 남녀공학 학교인 김세학당을 세운 캐나다 선교사 윌리암 맥켄지가 소래 교회 순직을 통해 캐나다선교회의 공식적 한국선교를 이끌어냈다. 그가 순직한 소래는 한국기독교뿐만 아니라 이후 내한한 캐나다 선교사들의 성지가 되었고, 그의 약혼녀 맥컬리는 한반도의 등 허리의 중간인 원산에서 헌신했고, 캐나다 선교회는 함경도와 만주에서 복음을 전했다. 호주에서 온 조셉 데이비스가 부산에서 순직함으로 호주장로회의 한국, 특히 경남선교가 본격 시작되었다. 제임스 홀의 평양 순직은 아들을 통해 희망의 상징인 '크리스마스 실'을 만들어 냈고, 클레멘트 오웬Clement C. Owen의 순직 역시 호남선교에 박차를 가하는 기회와 동시에 오늘날의 애양원을 만들어 낸 출발점이 되었다.

선각자들의 선교현장에서의 순직과 순교는 이런 씨앗, 즉 한 알의 밀알이 되었다. 그리고 거기에는 감사하게도 그런 죽음의 가치를 이어받아 신앙유산으로 살려준 선교회와 동료들, 그리고 한국교회 동료들과 선각자들이 있었다.

선교현장 탐사여행과 전략적 인원 배치

파송기관과 후원자들의 열정적인 기도와 점증적 후원은 이제 갓 내한한 선교사들이 한국 문화와 역사현장을 보면서 준비하고 전략을 세울 기회를 제공했다. 초기 선교사들은 한반도를 광범위하게 여행하면서 더욱 효과적인 선교전략을 수립했다. 서울의 언더우드는 릴리아스와 결혼을 하고 압록강까지 선교탐사 겸 신혼여행을 갔다 왔고, 또한 게일과 함께 서울에서 만주 심양을 거쳐 원산까지 광대한 여행을 하면서 당대 한글 성경의 번역 상황과 한반도선교 전반을 진단했다. 남장로회의 레이놀즈는 한국에 오자마자 서울에서 부산까지 선교여행을 했고. 부산의 베어드는 잦은 탐사여행을 통해 부산-안동-대구 선교지부의 맥을 짚었다. 강원도 선교를 감당한 감리회의 미혼 여성 쿠퍼Sallie K. Cooper와 하디는 백두대간을 뚫고 다녔으며, 캐나다 선교회는 원산을 기점으로 한반도의 등허리를 타고 멀리 간도까지 왕래했다.

이들은 가마를 타거나, 키가 작은 조랑말을 타거나, 배를 타고, 걸어서,

그리고 경북선교의 아버지 헨리 브루엔Henry M. Bruen처럼 이제 막 한국에 소개된 자전거를 타기도 했다. 때로는 전쟁터의 한가운데서, 한센병과 콜레라 같은 역병을 뚫고, 돌팔매질과 욕과 물바가지를 뒤집어쓰면서, 목숨을 걸고 행한 선교 탐사여행 때문에 한국인에게 더욱 쉽게 다가갈 선교방법을 만들 수 있었다.

선교지 현장에 대한 광범위한 탐사여행과 함께, 초기 내한 선교사들은 선교자원을 효율적으로 이용하기 위해 전략적 인원 배치에 심혈을 기울였다. 선교초창기에 한 사람이 몇 개의 도 단위 지역을 맡아 때로 잦은 이동을 하고 실수를 범하기도 했지만, 이내 더 효율적인 자리배치를 이루어갔다. 부산에서 선교를 시작한 윌리암 베어드는 선교회 요청으로 부산에서 대구, 서울, 평양까지 이전하며 사역했다. 남장로회 레이놀즈도 호남에서 사역을 시작해 북장로회 소속의 연동교회와 승동교회에 목사직을 맡기도 했고 종국에는 평양으로 나갔다. 이기풍과 김익두 목사의 회심에 깊은 영향을 끼친 스왈른William L. Swallen은 선교회의 제안으로 평양-원산을 오갔다. 장로회보다 엄한 위계체계를 가진 감리회 역시 전략적 차원에서 잦은 이동을 한 것은 논의할 필요가 없다. 개인적 부르심을 따라 한국에 온 선교사들은 자신이 소속된 선교회와 선교지역의 시급한 필요에 따라 생긴 부르심에도 기꺼이 순종하는 경우가 많았다.

한국적 토착화, 언어 시험, 그리고 한국 어학 선생과 조사

내한 선교사들은 비교적 보수적 신학배경을 가진 이들이 많았지만, 선교지 현장에서 스스로 한국문화와 생활에 익숙해지기 위해 노력했다. 멕켄지나 펜윅을 비롯해 선교사들은 한복을 즐겨 입고, 한국 음식에 적응하기 위해 애썼으며, 'ㄱ'자 모양을 포함한 한국스타일로 예배당을 짓기를 추천했다. 그리고 선교사들은 '한국적 토착화'의 문제를 나름 잘 발전시켰다. 청주선교의 개척자 밀러Frederick S. Miller가 지은 양관은 한국 전통방법과 서양식 건축기술, 청주의 역사적 가치와 기독교의 의미를 절묘하게 결합하기도 했다.

특히 선교사들은 한국어와 한국문화와 전통의 우수성과 중요성을 강조했다. 한국에 온 많은 선교사가 자신의 한국식 이름을 즐겨 사용했고, 한국 역사와 문화와 전통의 우수성, 심지어 한국의 자연과 산과 들을 예찬했다. 가마나 조랑말을 타고 산천을 돌아다니며 복음을 전하기도 했지만, 자전거를 타고 논두렁을 건너기도 했고, 심지어 사찰 등을 방문해 휴식을 가졌다. 캐나다 선교사 게일과 맥래는 원산 인근의 석왕사를 주로 찾다가 주지 이효재를 회개시켰고, 예수를 믿은 이효재는 원산 광석동교회를 건립하는데 많은 헌금을 했다.

내한 선교사들이 주기적으로 한국어시험을 치렀다는 것은 오늘날 한국교회 선교에 많은 시사점을 준다. 마펫을 비롯한 각 선교회 소속 선교사들이 치른 한국어시험은 선교사들의 소통을 도운 것만이 아니라 한국 언어에 대한 이해를 균등하게 만들어 이후 표준적인 성서번역에도 큰 도움을 주었다. 백정에게 한글을 배운 무어가 한국어 시험에 번번이 떨어지기도 했지만, 한국어 시험은 한국선교를 보다 효율적으로 만든 것이 분명하다.

언어와 문화습득에 선교사에게 가장 큰 도움을 준 것은 바로 어학 선생과 조사들이다. 선교사들이 가는 곳마다 어학 선생과 조사들이 있었다. 선교사들은 한글을 배우기 위해 신앙이 없더라도 한국인 어학 선생을 구했고, 어학 선생들은 어깨 넘어 성경을 배우면서 신앙인이 된 경우가 많았다. 특히 소래 출신 서경조는 여러 선교사가 초기에 한국에 안정적으로 정착하도록 큰 도움을 주었다. 한국인 선생과 조사, 권서인과 매서인, 전도부인들의 역할은 선교사들의 정착과 초기에 복음을 전하는 것뿐만 아니라, 선교기지 매입, 성경 번역 등까지 이어져 선교사들의 헌신과 궤를 같이해 왔다. 알렌의 어학 선생 노춘경은 1886년 언더우드에게 세례를 받았고, 이창직과 이원모는 게일과 함께 수많은 책을 한글로 편찬하고 영어로 번역하는데 도움을 주었고, 언젠가 선교의 문이 열릴 것을 기대하며 성경을 한글말로 번역하던 만주의 존 로스에게는 한국인 권서 서상륜과 김청송 등이 함께 했다. 한국에 온 선교사들의 유산이 있는 곳에 거의 이런 한국인 파트너들의 눈물과 헌신이 있었다. 선교사와 한국인 조사들은 초기 한국개신교 형성의 두 기둥이었던 것이다.

보고와 기록유산

펜윅 같은 몇몇 독립선교사를 비롯한 파송본부의 관리를 받는 선교사들은 선교회 보고문을 비롯한 다양한 가치 있는 기록을 남겼다. 특히 선교회 소속 선교사들은 꾸준하게 사역보고와 계획, 현장의 필요에 대한 글을 편지나 보고서로 올렸고, 선교회본부는 이런 자료에 근거해 현장을 관리하고 지원하였다. 선교사들은 선교 현장의 일상적 보고뿐만 아니라, 자신의 개인적인 문제, 심지어 적절치 않아 보이는 다른 선교사의 행동과 결정을 비난하는 편지를 보내기도 했다.

선교사들은 선교 보고와 함께 면밀한 선교기록을 남겨 가치 있는 기록문화를 한국교회에 남겨 주었다. 선교사 관련 기록은 주로 선교 보고서, 개인일기, 교단 저널 기고, 단행본, 번역서, 사전편찬, 당회록, 특별 기념행사 기록 등 다양한 방법으로 작성되어 해당 선교회 고문서실이나 관련 기관에 오늘까지 보존되어 있는 경우가 많다.

주요 교단은 교단의 신앙과 신학의 중지를 모을 신학저널을 이른 시기부터 발간했다. 또한 내한 25주년, 50주년 등을 계기로 특별 행사를 진행하고 발표문들을 정리해 출간했다. 비록 오래 지속되지 않았지만 다양한 저널들을 통해 선교지 한국의 문화와 역사와 종교 등 광범위한 주제들을 꾸준히 담아 왔다. 더욱이 영국왕립학회 등의 모임과 정기간행물에도 개신교 선교사들이 주도적인 역할을 했다.

한국교회는 주요저널과 자료의 색인화와 pdf본으로 만드는 작업은 일부 진행했지만, 본격적인 학문적 자료화는 크게 진행하지 못했다. 만약 선교사들이 남긴 방대한 학문적 자료를 정리할 수 있다면 그것은 21세기 한국 선교가 나갈 길을 보다 선명하게 보여줄 수 있다.

5. 전환기에 선 한국교회, 과제와 전망

1884년 9월 14일 알렌의 부산 입국 이래 1945년 해방을 맞이할 때까지 1,500여 명의 선교사들이 한국을 찾았다. 우리는 이 책에서 각 교단과 지역을 대표해 50명의 선교사의 삶과 주요 활동을 추려보고 도표로 정리했다. 지금까지 개별 교단과 지역 단위 연구는 여러 모양으로 진행되었지만, 북한, 간도와 연해주를 포함한 한반도 전체의 선교사들을 정리하고 분석한 자료는 거의 없다. 때문에 이 책은 한반도전체의 원모습을 그려줄 선교사들에 대한 일차적 지도 그리기인 동시에 향후 연구 과제와 방향을 살펴보기 위한 것이다. 앞으로의 보다 심도 있는 연구를 위해 다음 몇 가지 과제를 짚어 보겠다.

교회사에서마저 분단된 북한, 간도와 연해주

1945년 해방과 1950년 한국 전쟁 이전만 하더라도 평양과 원산 기독교는 서울 기독교 못지않는 중요성을 가졌다. 동방의 예루살렘이라 불린 평양은 목회자 배출과 신학연구의 전초기지였고, 원산은 부산에서 연해주를 잇는 중간 허리이자 중간역이었다. 장로회 한국선교 25주년을 맞아 작성된 노회 배치도는 북쪽 기독교의 세가 얼마나 큰지 잘 보여준다. 예를 들면, 조지 맥큔George S. McCune이 사역한 신성중학교가 있던 선천 선교지부는 원래

3천 명 인구의 도시를 2만 명 도시로 만드는데 기독교가 결정적인 역할을 했고, 그중 60%가 기독교인일 정도로 교회의 역할이 컸다. 로버트 그리어슨Robert G. Grierson이 사역한 성진 선교지부는 한국에서 용정으로 가는 북방 선교의 길목이었고 상해임시정부와도 깊게 연결되어 있을 정도였다. 아치볼드 바커Archibald H. Barker가 수고한 용정의 '영국덕이'는 나라 잃은 교포들의 희망이요, 서울의 정동과 연동 선교구역과 같은 비중을 갖던 곳이었다.

해방과 전쟁의 와중에서 수많은 충직한 기독교인들이 북쪽에서 그저 자신의 자리를 지키다 순교를 당했다. 분단된 한국교회에서 서울중심의 교회성장과 교회역사 서술은 교회사 인식마저 왜소하고 불완전하게 만들어 버렸다. 간도와 연해주만이 아니라 원산과 개성과 평양의 선교역사를 통해 정치적 분단의 현실 너머에 함께 한 하나님의 비전은 오늘날 우리에게 쉽게 보이지 않는다. 우리가 통일을 위해 기도하고 만주벌판과 연해주를 껴안아야 하는 선교적 비전이 여기에 깊게 서려 있다. 내한선교사들이 그토록 헌신한 영적인 '고토'를 회복할 이유가 여기에 있다.

통합적 접근과 통전적 접근

한국선교의 역사를 제대로 이해하기 위해서는 지역과 교단의 구분을 넘어서 총체적으로 보아야 한다. 작은 땅에 주요교단들의 경계가 얽혀 있으며, 선교지 분할협정의 긍정적인 모습은 오직 지역과 교단을 훌쩍 뛰어넘어 볼 때만 우리의 눈과 마음의 들어오기 때문이다.

개별교단의 신학자들과 향토사학자들은 소속 교단이나 지역 교회사와 기독교연구에 적지 않은 연구결과를 만들어내고 있다. 그리고 지역 혹은 주제에 따라 기독교 사료관과 역사실에 대하여 관심이 높아가는 것도 긍정적인 신호이다. 그러나 작은 한반도는 교단과 지역을 넘어 여러 교단과 선교사들과 사건들과 긴밀하게 연결되어 있다. 그래서 교단과 지역의 한계를 넘어 통합적인 연구를 해야 한다.

특히 교리나 신앙고백을 위주로 가르치는 한국의 교회사 교육은 더 이상 최선의 방법이 아니며, 일반인들의 관심을 끌기에도 역부족이다. 때문에 각 학문영역의 최신 연구방법론과 사회와의 소통방법을 한국교회와 선교사연구에 적극적으로 반영해야 한다.

초기 열정을 넘어 거룩한 부담감과 전략으로

한국교회 해외선교가 본격적으로 진행되기 시작한 1990년 이후 지난 25년 동안 한국교회의 해외선교는 폭발적으로 증가해왔다. 통계에 따라 약간의 차이는 있지만 2014년 현재 2만 명이 넘는 한인 선교사들이 해외 곳곳에서 활동하고 있다. 그러나 국내외 선교전문기관들과 선교대회 주최자들은 선교사의 발굴과 준비, 체계적인 현장 사역과 전략, 선교자원 동력화와 소통, 선교지 재배치와 노후 준비 등과 관련해 한국인 선교사들이 직면하고 있는 수많은 어려움을 고민해야 하는 상황에 직면해 있다.

특히 2008년 미국의 리먼-브라더스 사태 이후 그동안 선교에 기폭제가 되었던 이민교회가 심각한 재정적인 압박을 받기 시작했다. 1990년부터 한국사회에 불기 시작한 변화에도 불구하고, 한국교회는 부자세습과 거대한 교회건축의 늪에 빠져 스스로 재점검의 기회를 잃어버리고 우왕좌왕하며 사회의 지탄을 받는 경우가 늘어났다. 한국교회의 최고 부흥을 직접 이끈 몇몇 지도자들은 후배들에게 기회를 주지 않았고, 아직도 교회 재정과 정책결정권을 쥔 지도부들은 가라앉고 있는 한국교회의 운명은 후배들에게 떠넘긴 채 안정적인 은퇴계획에 몰두하는 경우도 있다. 대형교회 후임으로 들어온 유능한 목회자들은 선임들의 비위를 맞추거나 당회의 눈치를 보며 자기 생존 이상을 꿈꾸기가 쉽지 않으며, 변화된 사회에 교회의 대안을 내놓기도 어려운 경우가 종종 있다. 큰 꿈을 갖고 현장에 뛰어든 목회자들은 냉혹하게 변한 사회에서 머뭇거리는 경우가 잦고, 결과적으로 한국사회의 급속한 노령화와 성도 숫자의 감소와 결과적인 재정 약화로 이제 선교의 뒤 곳간이 비어가고 있다.

그럼에도 불구하고 그리스도의 복음을 땅끝까지 전해야 하는 신앙인의 선교 열정을 무시할 수는 없고 무관심해서도 안 된다. 삶의 현실이 어렵더라도 우리는 말씀을 나누고 전해야 하는 거룩한 부담감을 가져야 한다. 다만 본격적인 한국선교 한 세대를 지나 보내면서 이제는 초창기의 단순한 열정을 넘어 선교로의 근본적인 부르심과 선교지 현장에 대한 거룩한 부담과 선교동력과 재정에 있어 제한된 선교자원으로 더 효율적인 선교를 하기 위한 전략을 깊이 논의하고 실행할 때가 되었다. "오직 믿음과 열정으로"에 효과적인 전략의 미를 더해야 한다는 것이다. 주보에 자기 교회가 보낸 선교사의 숫자를 보고 위안으로 삼는 단계를 넘어, 교회와 성도 자체를 선교하는 교회와 선교하는 성도로 만들 필요가 있다. 나아가 이제 '생활선교'의 개념을 우리가 도입할 필요가 있다.

선교의 본질 곱씹기: 복음, 교육, 의료, 현지공동체의 정체성

이 책은 한국교회의 현실을 보고 근본적인 대안을 찾는 과정에서 태동했다. 특히 세계선교의 역사에서 지난 한 세대 동안 한국교회나 한국 선교사들은 앞만 보고 열심히 달려왔다. 그런데 해외 선교 2세대에 접어드는 지금, 한국선교사들과 한국교회가 지금까지의 사역에 작은 쉼표를 하나 찍고 진솔하게 뒤를 돌아보면서 우리의 발걸음을 재평가해야 한다. 한국교회 성장이 정점에 도달할 때 우리가 본격적으로 시작한 선교 열정의 근원적 자세를 되새김질할 필요가 있다. 한국에 온 서양선교사들은 한국선교 25주년, 혹은 50주년 행사들을 통해 과거를 진지하게 정리하고, 현재를 평가하고, 앞으로 새롭게 요구되는 일들을 계획하는 시간을 가졌다. 이제 한국선교도 너무 빈번한 대형 선교대회 대신, 실질적인 재평가와 재도약을 위한 휴식과 쉼과 되돌아봄이 절실히 필요하다. 그래서 그 쉬는 시간에 참조할 수 있도록 내한 선교사들의 주요 행보와 질문을 던져보기 위해 이 책은 기획되었다.

여기서 반드시 진지하게 물을 질문이 선교의 본질이다. 선교의 본질과 선교사의 인격과 성품과 자질이 무엇인가를 물어야 한다. 예수의 원초적 선교명령의 본질을 반추하며 다시금 선교의 핵심원리와 십자가의 본질로 돌아가 영적 반성과 재충전을 해야 한다. 한국교회와 선교사들을 위해서라도 하디와 같은 눈물과 감격이 필요한 시점이 되었다.

한국사회는 지난 100여 년 동안 많은 변화를 겪고 발전했지만, 세계에는 아직도 힘들고 어려운 곳이 많다. 정치적, 사회적, 영적, 의료적, 교육적 차원에서 마치 19세기 말 한국사회와 같은 곳이 많다. 한국에 온 선교사들이 몸소 보여주었듯이, 선교는 필연적으로 구원의 생명을 담은 복음을 전달하고, 복음과 함께 교육을 통한 전인적 성장과 변화를 추구하고, 의료활동을 통해 영적 구원과 함께 신체적 의료적 혜택을 보게 하는 것이 중요하다. 그리고 각 지역이나 민족공동체의 현실과 정체성을 같이 고민하고 기도하고, 때에 따라서는 스코필드 같이 그 민족을 위한 삶의 질곡의 현장에 뛰어들 수도 있어야 한다.

무디 같은 사람을 꿈꾸며

내한 선교사들은 안식년을 맞아 본국에 돌아가 선교지역에 필요한 선교사 후보생들을 모집하고, 재정을 확보하는데 많은 시간을 기울였다. 언더우드는 선교자원동력에 큰 은사를 갖고 있어서, 북장로회에 속한 그가 캐나다 선교회와 미국 남장로회의 선교의 기원을 열었다. 그런데 흥미롭게도 한국에 온 대표적인 50명의 선교사의 삶과 사역을 살펴보면, 미국과 캐나다에 수많은 젊은이를 선교현장으로 나가게 한 중요한 동인이 바로 19세기 후반 세기적인 미국 부흥사 드와이트 무디Dwight L. Moody(1837-1899)였다는 사실이다. 무디는 한국에 왔거나 우리나라에서 직접적인 영향력을 행사한 적은 없다. 그러나 한국선교에 깊은 족적을 남긴 많은 사람의 뒤에는 무디의 설교와 기도가 있었다.

무디의 주 무대 시카고에서 시작된 '무디 열풍'은 미국 북부를 가로지르는 90번 도로를 따라 동쪽으로 나이아가라 지역과 토론토, 미국 동쪽을 계속 따라 노스필드와 보스턴까지 영향을 미쳤다. 시카고에 소재한 맥코믹신학교는 '맥코믹사단'이라 부를 정도로 한국선교에 절대적 영향을 끼쳤다. 그리고 나이아가라 사경회와 각종 학생 신앙운동을 통해 무디의 영향력은 "19세기 안에 모든 이방인을 그리스도에게 이끌겠다."는 열정과 함께 선교의 불을 지폈다. 게일도 무디에게 깊은 영향을 받았고 한국으로 들어오는 배를 타기 전에 밴쿠버에서 무디의 기도를 받았다. 심지어 무디가 영국에서 행한 설교를 듣고 중국에는 선교사로 한국에 오기도 했다.

19세기 시대의 위대한 영적인 거장 무디가 없었다면 한국선교가 어떻게 진행되었겠느냐는 질문을 흥미롭게 던져볼 수 있다. 선교자원 동력화라는 선교학의 큰 주제를 생각할 때 한 시대와 한 나라의 선교가 정점에 서기 위해서는 무디 같은 역할을 하면서 본국의 교회를 도전하고, 젊은 선교자원들을 '소명이라는 바다'에 뛰어들게 하는 존재가 반드시 필요하다. 한국교회 역시 다시 한 번 선교의 바람을 일으키기 위해서는 '한국의 무디'가 필요하다. 여기에 우리 각자의 결단과 헌신이 더해진다면 좋을 것이다. 더불어 마펫이나 쿠퍼나 스코필드 같이 젊은 나이에 하나님 나라를 위한 선교를 위해 위대한 결단을 한다면 이는 금상첨화일 것이다.

목차

선교지부 지도

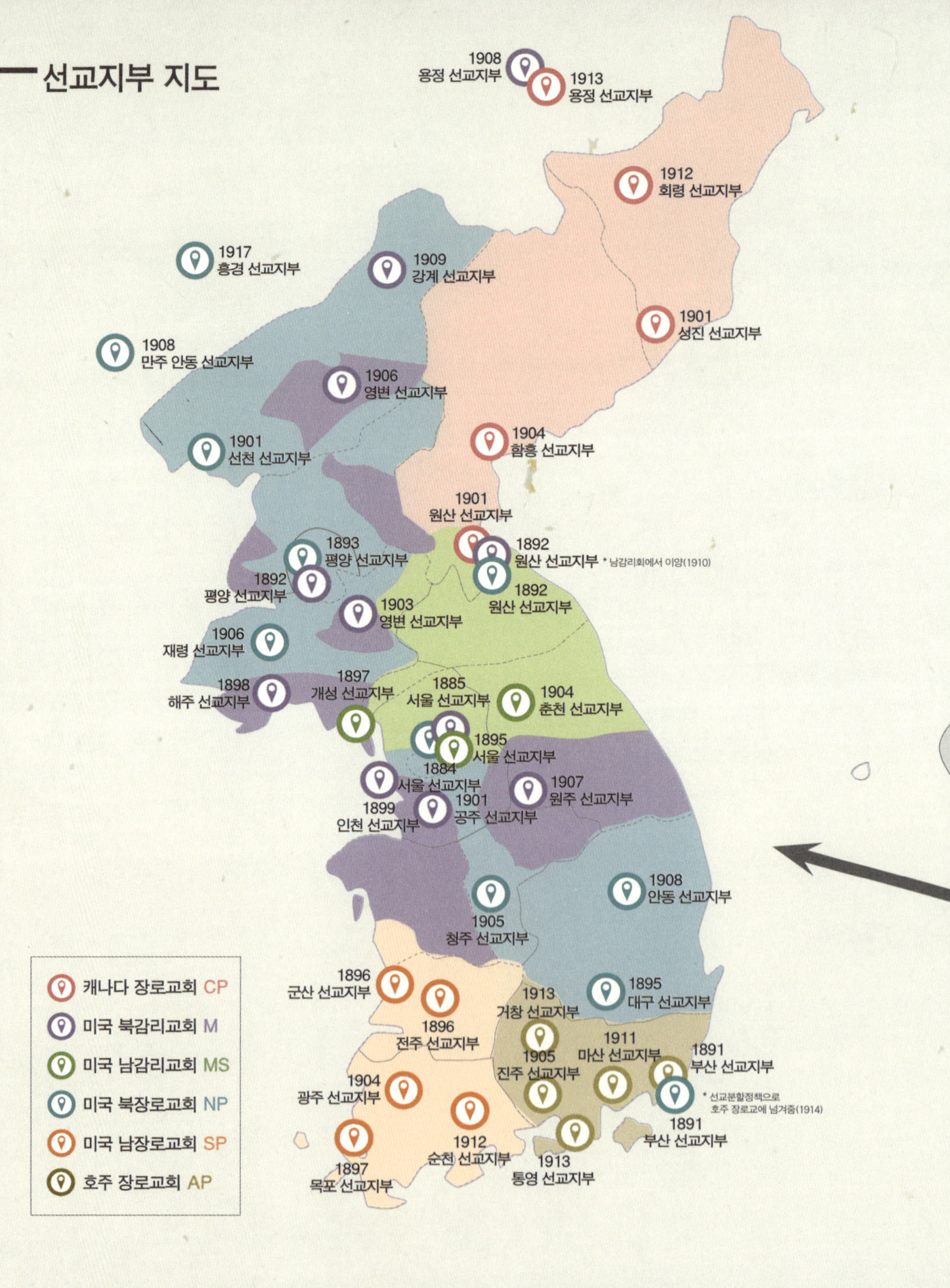
1908 용정 선교지부
1913 용정 선교지부
1912 회령 선교지부
1917 흥경 선교지부
1909 강계 선교지부
1901 성진 선교지부
1908 만주 안동 선교지부
1906 영변 선교지부
1904 함흥 선교지부
1901 선천 선교지부
1901 원산 선교지부
1893 평양 선교지부
1892 원산 선교지부 * 남감리회에서 이양(1910)
1892 평양 선교지부
1892 원산 선교지부
1903 영변 선교지부
1906 재령 선교지부
1898 해주 선교지부
1897 개성 선교지부
1885 서울 선교지부
1904 춘천 선교지부
1895 서울 선교지부
1884 서울 선교지부
1907 원주 선교지부
1901 공주 선교지부
1899 인천 선교지부
1908 안동 선교지부
1905 청주 선교지부
1896 군산 선교지부
1895 대구 선교지부
1913 거창 선교지부
1896 전주 선교지부
1911 마산 선교지부
1891 부산 선교지부
1905 진주 선교지부
1904 광주 선교지부
* 선교분할정책으로 호주 장로교에 넘겨줌(1914)
1891 부산 선교지부
1912 순천 선교지부
1913 통영 선교지부
1897 목포 선교지부
캐나다 장로교회 CP
미국 북감리교회 M
미국 남감리교회 MS
미국 북장로교회 NP
미국 남장로교회 SP
호주 장로교회 AP

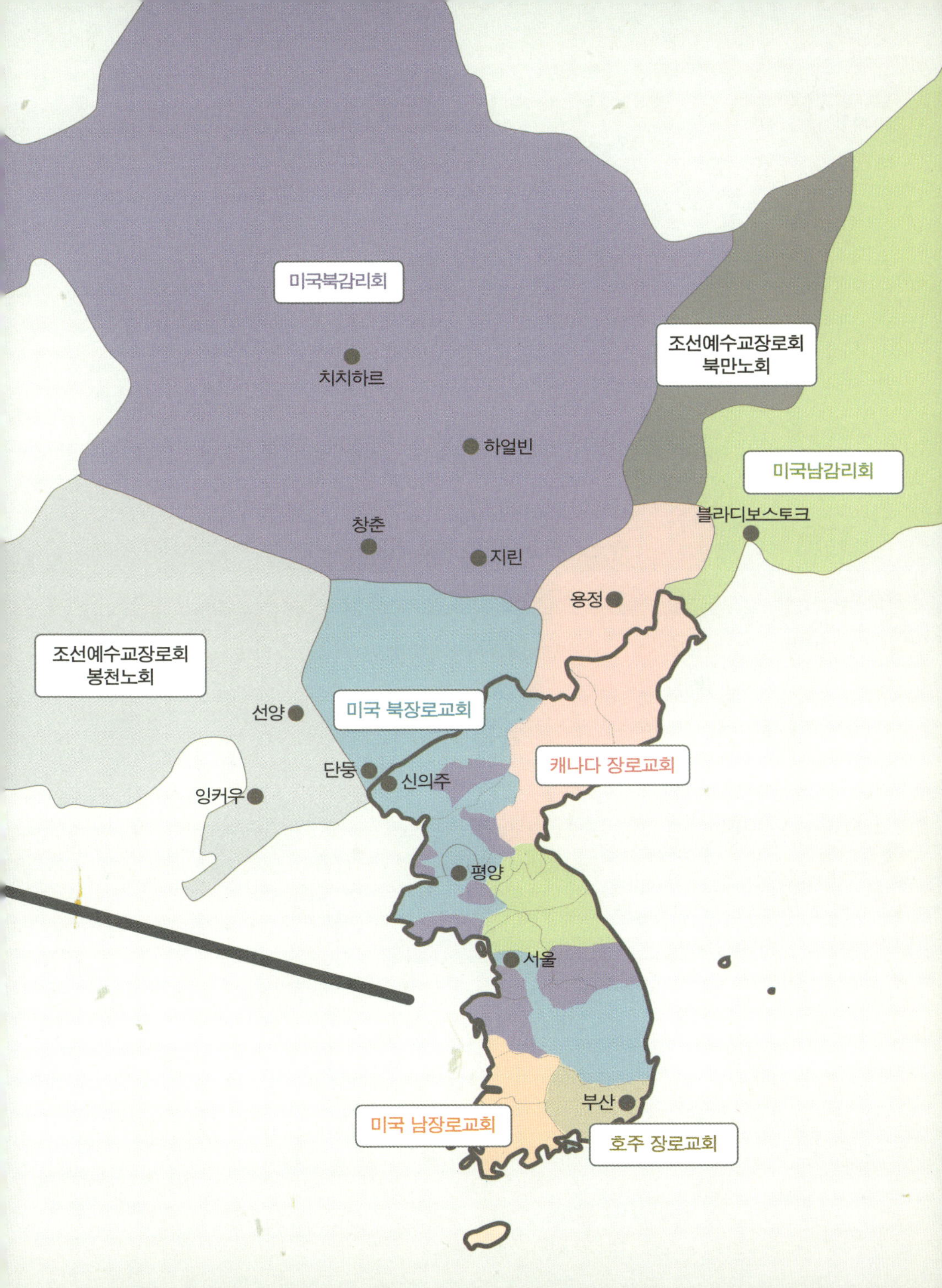
미국북감리회
치치하르
조선예수교장로회
북만노회
하얼빈
미국남감리회
창춘
블라디보스토크
지린
용정
조선예수교장로회
봉천노회
선양
미국 북장로교회
단둥
신의주
캐나다 장로교회
잉커우
평양
서울
부산
미국 남장로교회
호주 장로교회

생몰연도

내한/이한

이름	생몰연도	내한/이한	내한
알렌	1858-1932	1884/1905	26세
에비슨	1860-1956	1893/1935	33세
스크랜튼	1856-1922	1885/1916	29세
언더우드	1859-1916	1885/1916	26세
아펜젤러	1858-1902	1885/1902	27세
게일	1863-1937	1888/1927	25세
존스	1867-1919	1887/1909	20세
밀러	1872-?	1899/1937	27세
헐버트	1863-1949	1886/1907	23세
벙커	1853-1932	1886/1926	28세
무어	1846-1906	1892/1906	46세
스코필드	1889-1970	1916/1920	27세
캠벨	1853-1920	1897/1920	44세
컬보른	1865-1928	1921/1924	56세
호가드	1861-1935	1908/1916	47세
질레트	1874-1939	1901/1913	27세

1850 1860 1870 1880 1890 1900 1910 1920 1930 1940 1950 1960 1970

제1장

서울

서울·경기 Timeline

연도	서울			
	미북장로회	미북감리회	미남감리회	기타 교단
1882				
1884	*알렌 내한			
1885	*언더우드 내한	*아펜젤러 내한		*호가드 내한
1885	광혜원(제중원)	*스크랜튼 내한		
1886	*벙커 내한	*헐버트 내한		
1886	언더우드 학당			
1886	이화학당			
1887	성서번역위원회 조직			
1887	정동여학교	*존스 내한		
1887	새문안교회	정동교회		
1888	*게일 내한	아현교회		
1888		인천 내리교회		
1888		보구녀관		
1889		삼문출판사		
1890		중앙교회		
1891		동대문교회		
1892	*무어 내한			
1893	상임성서실행위원회			
1893	*에비슨 내한			
1893	승동교회			
1894	연동교회	상동교회		
1895			미남감리회 한국선교 시작	
1895			*리드 내한	
1896				
1897		엡웟청년회	*캠벨 내한	
1898			배화학당	
1899	*밀러 내한			
1899	제중원 의학교(세브란스)			
1900			자골교회	
1901				*질레트 내한
1903	황성기독교청년회			
1904	한국성서위원회			
1904			광희문교회	
1907				동양선교회(성결교)
1908	세브란스 1회 졸업생 배출		종교교회	구세군 제일영문
1909	남대문교회		자교교회	
1910				
1916				*스코필드 내한
1917	연희전문학교			
1919				
1921				*킬보른 내한
1930		미북감리회 미남감리회 합동		
1942	선교사 강제 출국 조치			

교회 학교 병원

경기도		시대배경
미북감리회	미남감리회	
		조미수호통상조약
		매클레이 고종 방문, 교육과 의료사업 허가
		갑신정변
		육영공원
성서번역위원회 조직		
인천 선교지부		
상임성서실행위원회		
		동학농민운동, 청일전쟁
		을미사변, 춘생문 사건
		백정 신분 철폐
		아관파천, 독립협회
수원 선교지부		의화단 운동
(학교) 수원삼일여학교		
한국성서위원회		러일전쟁, 제2차 영일동맹
		헤이그 밀사 파견, 국채보상 운동, 신민회
		한일합병
〈신학세계〉		
		3.1운동, 제암리학살사건, 대한민국애국부인회
미북감리회 미남감리회 합동		
선교사 강제 출국 조치		

내한/이한 1884/1905

Horace N. Allen

알렌 안련

1858–1932

미국 NP

최초의 한국선교사

외교관

민영익

제중원

노춘경

운산금광

고종

| 중국을 거쳐 한국으로, 최초의 한국선교사 |

1858년 미국 오하이오주에서 출생한 알렌은 오하이오 웨슬리안대학 Wesleyan University에서 신학을 공부했다. 이후 마이애미 대학 Miami University에서 의학을 공부하여 박사 학위를 받고 프란시스 Francis A. Messenger와 결혼했다. 의학공부를 마친 알렌은 의료 선교사를 지망하여 1883년 미북장로회 선교부를 통해 중국 선교사로 파송되었다. 당시 미국교회는 중국선교에 상당한 힘을 쏟고 있었다. 그러나 중국에 온 지 1년이 지나도록 선교지에 제대로 정착하지 못한 알렌은 동료들의 권면을 받아들여 한국선교에 관심을 갖게 되었다. 그래서 한국세관에 근무하던 하스 Joseph Haas에게 편지로 외국 거류민들이 서양의사를 필요로 하는지를 물었다. 이를 계기로 알렌은 선교사 신분을 감추고 내한하여 1884년 9월 23일에 형식상 주한미국 공사관의 부속의사로 임명되었다.

알렌의 입국 이전부터 조선 선교의 문은 서서히 열리고 있었다. 1866년 토마스 Robert J. Thomas 선교사가 순직하며 건네준 한문 성경은 평양에 기독교 공동체를 형성하는데 큰 역할을 했고, 1882년 만주에서 존 로스 John Ross 선교사는 쪽복음 《예수셩교 누가복음젼서》와 《예수셩교 요안내복음젼서》를 간행해 한국인 권서를 통해 국

토마스 · 존 로스 · 매클레이

내에 들여보냈다. 그리고 마침내 1884년 7월 일본에 머물고 있던 매클레이Robert S. Maclay의 요청으로 고종은 한국에서의 선교사업을 윤허했다. 그러나 이때 고종의 윤허는 어디까지나 '교육과 의료'와 관련된 선교 사업에 제한된 것이었고, 정부의 태도와 보수적인 사회 분위기로 복음전도와 교회설립 같은 보다 적극적인 선교활동은 아직 실시하기가 어려웠다. 그래서 한국에서의 개신교 초기 선교는 직접적인 복음 전도보다는 학교와 병원 사업을 통한 간접선교 방식으로 이루어졌다.

| 민족의 아픔의 현장이 민초를 구하는 병원으로 |

1884년 12월 김옥균 등 급진개화파가 당대 지배세력인 민씨 일가를 처단하고 개혁 정책을 선포한 갑신정변이 일어났다. 이때 명성황후의 조카이며 정부의 고관 민영익이 자객의 칼을 맞고 중상을 입었는데 알렌의 치료를 받고 극적으로 살아났다. 이로 인해 왕실과 고위관료들로부터 신임을 얻은 알렌은 조선 정부에 병원 설립을 요청했다. 알렌은 큰 한옥 한 채와 병원운영비를 요구했고, 자신은 보수 없이 일할 것이며, 한국 정부가 병원 설립을 허락한다면 함께 일할 미국인 의사도 구해올 것이라 말했다. 병원을 통해 병든 사람과 군인들을 치료하는 것이 한국 정부의 큰 이익이 될 것이라 설득하며 병원에서 서양의학과 보건학을 가르칠 것도 약속했다. 기울어가던 당시 한국에 병원과 학교라는 기쁜 소식을 전해줄 기관은 어디에도 없었다.

알렌은 1885년 4월 10일 갑신정변에 연루되었다가 처형당한 홍영식의 집을 고종으로부터 하사받아 그곳 재동에 광혜원廣惠院, House of

광혜원 · 제중원

Extended Grace을 세웠다. 광혜원은 2주 후에 "많은 사람을 구제하라."는 뜻을 가진 제중원濟衆院, House of Universal Helpfulness으로 이름이 바뀌었다.

알렌은 하사받은 집을 잘 수리해 환자를 받고 진료를 시작했다. 오전 9시부터 오후 4시까지 근무하며 매일 60-70명의 환자들을 돌보았으며, 첫해에만 1만 명 이상의 환자를 치료했다. 1885년 6월에는 의료선교사 헤론John W. Heron이 제중원에 합류해 알렌을 도왔고, 1886년 7월에는 여의사 엘러스Annie Ellers가 한국에 와서 여성환자들을 진료했다.

알렌은 1886년 3월 제중원 내에 의학교를 설치해 한국에서 최초로 서양의학교육을 시작했다. 교수는 알렌, 헤론, 언더우드였고 학생 수는 16명이었다. 양반으로부터 평민에 이르기까지 모든 계층을 망라해 의료활동을 펼치던 제중원은 환자들이 늘어나자 1887년 남대문 안 구리개(동현)로 자리를 옮겼다. 1893년부터 에비슨Oliver R. Avision에 의해 운영되다가, 이후 미국인 실업가 세브란스Louis H. Severance의 건축 지원금으로 1904년 남대문 밖에 새 건물을 마련해 이주하여 오늘의 세브란스병원으로 틀을 갖추게 되었다.

| 선교사들의 전초 기지, 제중원 |

제중원은 병원 기능 외에도 한국에 갓 들어온 선교사들의 전초기지 역할을 했다. 이를 반영하듯 알렌의 한글 이름은 안련安連으로 "안전하게 연결시켜준다."는 뜻이다. 1885년 4월에 한국에 들어온 언더우드가 교사 자격으로 이곳에 머물면서 한국말을 익히기 시작했고, 감리교의 스크랜튼도 1885년 6월까지 이곳에서 의사로 활약하였다. 1885년 6월에 한국에 들어온 헤론이나 1886년 7월에 내한한 첫 번째 여자 의사 엘러스도 이곳에 활동 근거를 확보했다. 1887년 개신교 선교사들이 조선에서 선교 사업을 확고히 뿌리내리게 된 것도 알렌이 제공한 기지가 있었기 때문인데, 당시 제중원은 초기 한국 선교사들이 합법적으로 활동할 수 있는 몇 안 되는 영역이었다.

초기에 내한한 선교사들은 제중원에서 신앙 공동체로 모여 주일마다 예배를 드렸다. 시간이 지나면서 선교사들에게 국한되었지만, 이곳에서 유아 세례식과 성찬식이 베풀어졌고, 1886년 7월 18일에는 알렌의 어학 선생 노춘경이 언더우드에게 세례를 받았다. 노춘경은 알렌 의사의 책상 위에 놓여 있던 마가복음과 누가복음을 몰래 가져가 밤새 읽고 당시 국법이 금지한 기독교의 생명의 세례를 받기로 결심했다. 이후 선교사들의 의료와 교육 사업과 관계된 한국인들이 제중원 예배에 참석하게 되었고, 제중원의 신앙공동체를 기반으로 새문안교회, 정동교회, 남대문교회가 설립되었다.

그러나 알렌은 과중한 업무와 스트레스로 인해 선교사직책에 대한 회의감을 느끼게 되었다. 이와 더불어 동료선교사들과의 갈등으로 내적 고민이 더욱 심해진 알렌은 결국 선교사업을 중단하고, 1887년 한국을 떠나 1889년까지 워싱턴에서 한국공사관 서기관으로 일했다.

알렌의 뒤를 이어 제중원을 이끌던 헤론이 과중한 업무로 1890년에 7월에 갑작스럽게 세상을 떠나고, 이후 제중원을 맡은 찰스 빈튼Charles C. Vinton은 제중원 운영 원칙에 대해 정부와 자주 갈등을 빚었다. 1893년 에비슨이 부임해서야 제중원은 새로운 발전을 모색하게 되었다.

| 고종의 불침번까지, 외교와 선교사역의 중간에서 |

1890년 한국을 다시 찾은 알렌은 주한미국 공사관 서기관직을 맡아 대리공사와 주한미국공사를 역임했다. 알렌은 선교사로 4년, 외교관으로 16년을 한국에서 일했는데 그의 정체성에 대한 논란의 여지가 종종 있다.

알렌은 그리스도인들이 선한 행위 자체를 통해 얼마든지 복음을 전할 수 있다고 믿었기 때문에 모든 활동이 선교라고 확신했지만, 당시 다른 많은 선교사는 복음의 소식이 실제적인 말로 전해지지 않는다면 선교라 부를 수 없다고 생각했다. 그래서 다른 선교사들은 병원과 학교에서 개인 간의 사사로운 대화를 통해 조용히 전도의 일을 진행하였다. 이처럼 선교 방식의 차이로 인해 알렌은 동료 선교사들과 갈등을 겪었고, 이것은 그가 외교관으로 전향하는 계기 중 하나가 되었다.

알렌은 한국정부와 친밀한 관계를 유지하며 외교관으로서의 역할을 감당했다. 알렌은 1894년 명성황후가 시해당한 후, 사건의 전모를 파악하기 위해 일본 외무공사 미우라고로三浦悟樓를 만났으며 미국 워싱턴으로도 수많은 전보와 서신을 보내 일본의 만행을 알렸다. 일본의 폭압적인 행동 때문에 공포에 떨며 잠을 취하지 못한 고종을 위해 알렌은 7주간 에비슨 등과 함께 불침번을 서며 음식에 독이 있는지 검사하는 등 왕을 돌보는 데 힘썼다.

미국 공사관 관저에서 부인과 함께

한편 알렌은 고종에게 평안도의 운산금광을 미국이 관리하도록 제안했으며, 미국이 경인철도부설권과 한성전기부설권을 얻는 데에도 도움을 주었다. 알렌은 미국정부가 한국과 적극적 외교관계를 맺어 한국이 중국과 일본으로부터 벗어날 것을 기대한 것이다.

미국이 일본의 한국 지배를 암묵적으로 인정하려 하자 알렌은 미국의 정치적 입장에 대해 배신감을 느끼며 미국의 입장을 돌이키려고 했다. 그러나 결국 1905년 6월 미국의 대통령 루즈벨트로부터 해임통보를 받고 알렌은 한국 땅을 떠났다.

내한/이한 1893/1935

Oliver R. Avison

에비슨

어비신

1860~1956

캐나다 NP

세브란스병원

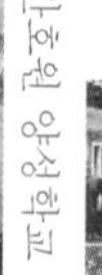
간호원 양성학교

연희전문학교

세브란스의학교

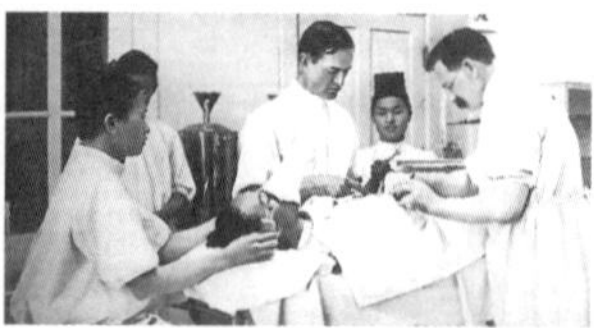

올리버 에비슨은 1860년 영국 요크셔주에서 출생하여, 1866년 어린 나이에 캐나다로 이민을 온 후 온타리오주에서 자라서 토론토대학 약학대학과 의과대학에서 공부했다. 에비슨의 한국 이름은 어비신인데, 그 이름은 "물속에 사는 모든 동물은 다 드높고 거대한 믿음을 가졌기 때문에 살 수 있다."는 뜻으로 "하나님의 은혜의 바다 안에서 살 때에만 생존이 가능하다."는 영적인 뜻을 담고 있다.

에비슨은 한국에 오기 전에 토론토대학교 기독교청년회YMCA의 핵심 인물인 로버트 하디와 제임스 게일과 함께 토론토대학교 의과대학 내에 의료기독청년회를 조직하였다. 유능한 의사이자 교수였던 그는 이처럼 초교파적인 연합사역에 대한 확신을 지니고 있었다.

| 에비슨과 언더우드와의 만남 |

1890년 헤론이 순직한 후 제중원이 존폐 위기를 맞고 있던 상황에서 언더우드는 1892년 안식년을 맞아 미국에 머물면서 제중원을 책임질 의사를 찾기 시작했다. 언더우드는 *The Missionary Review of the World*에 "전도자와 의사의 연합사역"에 관한 글을 기고했다. 이 기고문에서 언더우드는 선교가 의료사역과 결합하여 진행될 때 얻게 되는 큰 효과를 강조하면서 조선에 의료선교사가 절대적으로 부족함을 역설하였다.

이 무렵 언더우드는 에비슨의 초청으로 토론토 기독교청년회에서 강연을 한 후 그들 부부와 식사를 했는데, 에비슨에게 한국에서 의료선교사로 활동할 생각이 없는지 물었다. 한동안의 논의 끝에 에비슨은 한국에 가서 제중원의 의료선교사로 책임을 맡겠다는 결심을 굳혔다. 그러나 에비슨은 자기가 소속된 캐나다 감리교회에서 한국 지원에 대한 프로그램이 없는 것을 알고, 미국북장로회의 후원 하에 의료선교사로 방한하게 되었다.

| 제중원에서 세브란스 병원으로 |

1893년 6월 미국북장로회 선교사로 한국에 온 에비슨은 부산에서 어학공부를 한 후, 1893년 11월 1일부터 고종황제의 시의를 겸해 제중원에서 의료활동을 시작했다. 그는 먼저 한국정부와 미국 선교부가 공동으로 운영하던 제중원을 미국북장로회가 단독으로 운영하도록 정부를 설득했다. 그 결과 제중원에서도 자유로운 선교활동이 가능해졌는데, 매일 아침 예배와 기도회 그리고 주일 예배를 병원에서 진행하고, 진료를 기다리는 환자들에게 성경과 소책자 등을 나누어줄 수 있었다.

세브란스병원과 에비슨 사택(1905)

1899년 병환으로 안식년을 얻어 캐나다로 귀국한 에비슨은 1900년 봄 뉴욕에서 열린 에큐메니칼선교대회Ecumenical Conference of Mission에서 "조선 의료 선교 업무의 협조"라는 주제로 강연을 했는데, 그의 강연을 들은 미국 클리블랜드의 실업가 루이스 세브란스Louis H. Severance의 재정 후원으로 1904년 남대문 밖에 새 병원이 건립되었다. 세브란스의 아들 존 세브란스와 딸 엘리자베스 역시 세브란스병원에 거액을 기부하였으며, 존 세브란스는 세브란스 기금을 만들어 세브란스 병원에 계속 후원금을 보냈다. 1909년부터 교육령 개정에 따라

루이스 세브란스

제중원 의학교는 '사립 세브란스 의학교'로 이름이 바뀌어 운영되었고, 1913년 '세브란스연합의학교'는 정식으로 교단들의 연합교육기관이 되었다.

| 한국 의학의 기초 놓기, 7인의 최초 의대 졸업생을 배출하다 |

1900년 캐나다에서 돌아온 에비슨은 그 동안 중단되었던 의료교육을 재개했다. 에비슨이 화학, 약물학, 해부학 등을 강의했고, 1906년 세브란스병원 간호원 양성학교를 설립한 쉴즈Esther L. Shields가 간호 기술을 가르쳤다. 에비슨은 학교의 학칙과 교과과정, 그리고 졸업시험과 의사 자격증 수여를 관장하는 의무위원회를 만들어 현대적 의학교육을 위한 제도 개선에도 힘썼다. 《그레이 해부학》Henry Gray's Anatomy of the Human Body, 1899 한글 번역을 시작으로 에비슨은 김필순과 같은 한국학생의 도움을 받아 해부학, 생리학, 화학, 세균학, 약물학 등의 의학서적을 번역하고 편찬하였다.

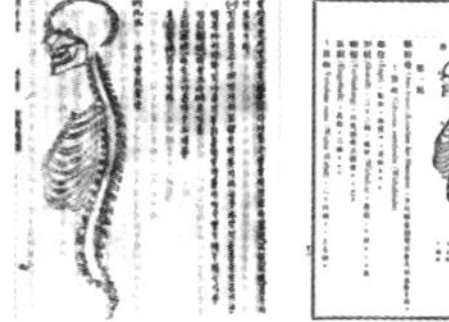

《해부학》 번역본과 원본(1906)

에비슨이 처음 의학서적을 번역하기 시작해 학생들을 모으기까지 의료 교육을 시작했던 때를 기록한 에비슨의 글이 전기《에비슨박사 소전》에 묶여 1932년 간행되었다.

> 우리는 해부학을 번역하기 시작할 때에 한국말로 여러 가지 과학상 술어를 번역할 수 없음을 알고 어찌할 바를 몰랐다. 그래서 우리는 이 교과서를 번역만 할 뿐 아니라 새말을 만들지 않으면 안 되었다. ……처음에 나는 교육을 받았을 것 같은 고등계급 사람들을 대상으로 학생들을 모으기 시작했다. 그들 몇몇을 인터뷰하는데 내가 "의사되기를 원하지 않는가?" 라고 묻자 그들은 도리어 "의사되면 무엇을 합니까?"라고 물었다. 그래서 나는 "의사가 되면 병원에 와서 더러운 난환자와 여러 가지 속병

과 여러 가지로 고통받는 환자들을 치료하는 것인데 이 일을 하려면 먼저 의학공부를 하여야 한다." 고 대답하였다. 그러자 그들은 "우리는 그런 일을 감당할 수 없다." 하고 가 버렸다. 이 광경을 보고 나는 누구든지 이런 험한 일 하기를 좋아하는 사람을 모아서 학교를 시작하기로 했다.

세브란스의학교 제1회 졸업생(1908)

에비슨은 김필순, 김희영, 박서양(백정 박성춘의 아들), 신창희, 주현칙, 홍석우, 홍종은 등 7명의 청년에게 엄격한 의학교육을 시켜 1908년에 제1회 졸업생을 배출했는데, 이는 1907년 한국 최초의 장로교목사 7인을 배출한 사건만큼 중요했다. 복음-교육-의료를 강조한 선교사들이 또 하나의 굳건한 토대를 형성한 사건이기 때문이다. 에비슨은 이들이 의학이라는 기술을 가지고 세상에 나가 복음을 전하기를 원했다. 그는 졸업생들이 정식 의사로 개업하는데 어려움이 없도록 정부의 내부 위생국에 의술개업 승인을 청원해 받아냈다. 한국인의 자립적인 의료사업을 주장했던 에비슨은 1935년 병원의 운영권을 세브란스 의학교의 첫 한국인 교수였던 오긍선1879-1963에게 양도하였는데, 은퇴할 당시 세브란스 병원에서는 의료 선교사 9명, 한국인 의사 32명이 활동했으며, 그동안 의사 352명과 간호원 165명을 배출해 내었다.

올리버 에비슨은 1916-1934년까지 18년 동안 연희전문학교 교장으로도 일하면서 의학교육은 물론 고등교육에도 힘썼다. 에비슨은 서울에 고등교육 기관을 설립하고자 했던 언더우드를 도와 1915년 경신학교 대학부를 개교하면서 한국의 고등교육에도 기여했는데, 이때 언더우드가 교장을 에비슨이 부교장을 맡았다. 건강이 나빠져 1916년 4월 미국으로 돌아간 언더우드는 안타깝게도 그 해 10월에 타계했고, 부교장 에비슨이 경신학교의 교장으로 취임했다.

에비슨, 마틴, 머레이 석탑

에비슨은 1917년 4월 조선 총독부로부터 재단법인과 사립 연희전문학교의 설립을 인가받았다. 이때부터 경신학교 대학부는 연희전문학교라는 이름을 쓰기 시작했다. 지금 우리가 알고 있는 연세대학교는 1957년 1월 세브란스의과대학과 연희대학교가 합동할 때 두 학교의 첫 자를 따서 지은 것이다.

연세대학교 동문회에서는 한국 의료사에 큰 공적을 남긴 세 명의 의료 선교사로 에비슨, 스텐리 마틴Stanley H. Martin, 머레이Florence J. Murray 박사를 기리는 석탑을 2009년 캐나다 토론토대학에 세웠다.

| 아버지의 선교사역을 이어받아 |

에비슨의 아들 고든 에비슨Gordon W. Avison(1891-1967)은 1925년에서 1938년까지 광주를 중심으로 YMCA 지도자와 농업학교 교장으로 봉사하였다. 그는 한국 농부들의 환경을 개선하기 위해 농촌 재건 운동, 말라리아 퇴치, 교육 등 YMCA의 농촌 프로그램을 수백 군데의 마을에서 시행하였다. 그가 세운 농업실수학교에서 한국의 프란시스라고 불리는 호남의 성자 이현필1913-1964이 잠시 수학하기도 했다.

고든 에비슨

에비슨 농업학교

에비슨의 아들 더글라스Douglas B. Avion(1893-1951) 또한 토론토대학에서 의과대학을 졸업하고 1920년 북장로교 의료선교사로 내한하여 1920년에서 1923년까지 선천 선교지부에서 활동하다가 서울 선교지부로 전임하여 세브란스의학전문학교에서 교수 및 병원장으로 봉직하였다.

2005년 세브란스 병원은 3층 로비에 세브란스 역사관을 개관하고, 동은의학박물관, 연세치의학박물관, 연세간호역사관, 강남세브란스병원 의학사료실 등의 사료관을 운영하고 있다.

내한/이한 1885/1916

William B. Scranton

스크랜턴 시란돈

1856~1922

미국 M

이화학당

매향여학교

번역서

남대문 거리

상동시병원

상동교회

보구녀관

정동 감리교 선교부지

| 하나님의 부름을 따라 |

1856년 미국 동부 코네티컷 뉴헤이븐에서 출생한 윌리암 스크랜튼은 예일대학과 뉴욕 의과대학에서 공부했다. 그는 학교를 졸업한 후 암즈Loulie W. Arms와 결혼해 클리블랜드에서 병원을 개업했다.

1884년에 일본에서 선교사로 활동하던 미감리교 목사 매클레이가 한국을 방문하면서 한국선교의 장이 준비되고 있었다. 사실 1883년 워싱턴에 온 한국 사절단(보빙사, 報聘使)을 만난 가우처 목사John F. Goucher가 해외선교부에 5천 달러를 기부하여 미감리교의 한국 선교가 이미 움트기 시작했는데, 일본에서 활동하던 매클레이가 1884년 한국을 방문해 고종으로부터 교육과 의료사업에 대한 허락을 받고 한국에 파송할 교사와 의사를 찾고 있었다. 마침 매클레이와 함께 활동하던 해리스Merriman C. Harris가 안식년 휴가를 맞아 미국에 머물면서 스크랜튼에게 한국 선교를 권유했지만, 스크랜튼은 이를 거절했다.

그런데 얼마 후 스크랜튼이 장티푸스에 걸려 심하게 아팠다. 스크랜튼은 "하나님 내 병이 회복되는 대로 곧 의료선교사로 내 지혜와 경험을 하나님께 바치겠나이다."라고 기도했다. 그런 후 그의 병은 급속히 회복되어 건강을 되찾았다. 기도로 큰 병에서 나은 그는 한국 선교를 결심하고 어머니 메어리 스크랜튼Mary F. B. Scranton과 함께 미국 감리회 해외선교부에 한국 선교를 요청했다. 1885년 1월 21일 스크랜튼 목사 일가는 드디어 뉴욕을 출발해 샌프란시스코에서 아펜젤러 목사 부부를 만나 매클레이가 있는 일본 요코하마로 향했다.

그리고 1885년 3월 5일 일본의 매클레이 서재에서 역사적인 제1회 한국 선교사 회의가 열렸다. 이 회의의 참석자는 매클레이 박사, 스크랜튼 부부, 아펜젤러 부부, 그리고 스크랜튼의 어머니 이상 6명이었다.

| "민중이 있는 곳에 병원이 있어야 한다." 스크랜튼과 정동병원 |

1885년 5월 1일 제물포를 거쳐 서울에 도착한 스크랜튼은 서울 정동에 자리를 잡고, 알렌을 도와 제중원에서 의료선교를 시작했다. 스크랜튼은 미국에서 배로 부친 의료기구가 한국에 도착하자 1885년 9월 10일 자신의 집을 개조해 병원을 시작했다. 정동병원 개원 소식은 서울에 삽시간에 퍼졌고, 더군다나 가난한 사람에겐 무료로 치료해 주자 환자가 더욱 북적거렸다. 1886년 6월 15일 스크랜튼은 정동병원을 크게 확장하였고, 이후 1년간 혼자서 치료한 환자 수가 무려 2,000명이 넘었다. 이에 고종황제는 1887년 '시施병원'이라는 이름을 내려 그의 노력을 치하했다. 1888년에는 스크랜튼의 요청으로 한국에 온 여성 의료선교사 하워드Meta Howard가 정동에서 여성 병원인 '보구녀관'을 열어 당시 소외계층 여성들을 위해 의료활동을 시작했다.

시병원 환자들과 스크랜튼

스크랜튼은 1888년부터 일반 사람들이 쉽게 찾을 수 있는 서대문 애오개, 남대문 상동, 동대문 지역에 시약소를 설립하기 시작했다. 서울의 중심 정동에서 가난하고 소외된 백성이 거주하는 변두리로 한 걸음 더 다가간 것이다. 1890년에는 남대문 지역에 남대문시약소를 신설하고 맥길William B. McGill, 맥우원의사와 함께 환자들을 돌보았다. 그리고 그는 선교부에 "민중이 있는 곳에 병원이 있어야 한다."는 건의를 하여 1894년 정동병원을 아예 상동으로 옮겼다. 또한 병원 내에 병원교회라 할 수 있는 상동교회를 설립했다. 그는 한국말이 서툰 맥길 의사를 도와 상동병원 전도는 물론 교회전도까지 맡아 할 사람으로 노병일 전도사를 선택했다. 노병일 전도사가 5년 후 죽자, 스크랜튼은 강훈식 전도사의 도움을 받았다.

| 전환기 민족운동의 요람 상동교회, 전덕기 |

스크랜튼은 1890년대 초 한국의 민중과 함께 복음 사역을 하겠다는 일념으로 당시 한국 민중 활동의 중심지였던 남대문 주변에 병원과 교회를 설립했다. 병원을 중심으로 선교활동을 펼친 스크랜튼은 한국 민족을 가난과 무지, 병고와 미신에서 해방하고 이들의 영혼과 육신의 질병을 고치는 것을 소명으로 삼았다. "가난한 자에게 복음을, 포로된 자에게 자유를, 억눌린 자에게 해방을, 병든 자에게 건강을, 고통받는 자에게 평안을." 이는 그가 전한 복음의 내용이었는데, 바로 예수님의 오신 핵심이유를 그는 한국 땅에서 몸소 실천하였다.

엡웟청년회(1928)

전덕기

이 복음을 받아들인 상동교회 대표적인 인물이 전덕기1875-1914이다. 전덕기는 부모의 반대에도 불구하고, 1896년 17세의 나이에 스크랜튼에게 세례를 받았다. 그 후 그는 독립협회에 가담해 활동하였고, 교회 안에서는 속장으로 전도활동에 힘을 쏟았다. 또한, 감리교 청년조직인 엡웟청년회의 핵심인물로 민족운동을 전개하고, 1899년 공옥학교를 설립해서 교육운동을 전개했다. 1902년에는 전도사로 노방전도에 힘썼으며, 1904년 상동청년학원을 설립해 신학문 보급과 민족운동을 전개하였다.

1905년 일본과의 을사늑약이 체결되자 전덕기는 전국 엡웟청년회를 결집하여 김구, 이준, 이동녕, 조성환 등과 함께 을사늑약 무효 상소운동을 벌였다. 당시 이준은 상동교회 청년회장 출신이었고, 1907년 헤이그 특사 파견에 대한 모의가 있었던 곳은 바로 상동교회 지하실이었다. 또한, 민족독립운동 비밀결사 조직인 신민회는 전덕기와 함께 이동녕, 이회영, 이동휘, 김구, 양기탁 등을 중심으로 안창호가 결합해 상동교회에서 민족 독립을 논하였다. 그리고 3·1운동 당시 33인의 민족대표 가운데 최성모, 오화영, 이필주, 신석구 목사가 이 교회 출신이었다. 이처럼 상동교회는 한국 근대 애국과 독립운동의 본산지라 할 만하다. 그리고 이 모든 일에 민중에게 복음을 전하고자 힘썼던 선교사 윌리암 스크랜튼이 있었다.

| 선교사직을 사임하고서까지 광산 노동자를 찾아 |

스크랜튼은 안식년을 마치고 귀환한 1892년 5월부터 의주·평양·원산·대구·전주·공주 등지에 산재해 있는 감리교 선교사업을 총괄하면서 교회일뿐 아니라 정동의 시병원, 상동과 애오개의 진료소, 정동의 보구녀관 등의 일을 돌보았고, 이에 더해 배재학당과 이화학당 교육까지 감독했다.

사실 1892년 8월 감리교 연회에서는 스크랜튼을 장로사로 임명해서 서울지방을 담당하도록 했고, 존스는 인천, 홀은 평양, 맥길은 원산으로 파송했다. 이후 1901년 5월에 스크랜튼은 남방지방회 장로사로 임명되어 서울을 비롯한 이천, 광주, 수원, 여주지역을 맡아 교인들을 돌보았고, 선교 주관자로서 평안도 지방회, 황해도 지방회, 경기 서부 및 충청도 지방회 그리고 여선교회 사업까지 총감독해야 했다.

그러나 1907년 6월 스크랜튼은 친일파 선교사 해리스감독과의 의견 대립으로 선교사직을 사임하고, 1910년 성공회에 평신도 신분으로 이적하여 의료 선교를 계속해 나갔다. 1911년 1월 평북 운산에 있는 미국인 소유 금광으로 가서 광산 소속 의사로 진료활동을 벌였으며, 1913년에는 충남 직산에 있는 금광 부속병원에서 사역하고, 1916년에는 중국 대련에서 의사로 활동 하였다.

31년간의 한국 사역을 마친 스크랜튼은 1917년 일본 고베로 건너가 개인병원을 차려 말년을 보내다 1922년 3월 별세하였다. 그의 유해는 고베 카스가노春日野 외국인 묘지에 안장되었다.

|'서양 도깨비', 메어리 스크랜튼과 이화학당 |

대부인 스크랜튼

수업받는 이화학당 학생들

흔히 대부인 스크랜튼이라 불리는 스크랜튼의 어머니 메어리 스크랜튼은 정동 자신의 집에서 고급관리의 소실이며, 언젠가 황후의 통역관이 되겠다며 영어를 배우러 온 김부인을 첫 번째 학생으로 맞아 여학교를 운영했다. 이 여학교가 바로 1886년 5월 31일 설립된 우리나라 최초의 여성교육기관인 이화학당이었다. 이후 1887년에 명성황후로부터 '이화학당'梨花學堂이라는 당명을 하사받았는데, 이화는 '배꽃처럼 희고 아름다와라.'라는 뜻이 담겨 있다.

외국인이 많지 않았던 당시 메어리 스크랜튼의 별명은 '서양 도깨비'였는데, 외국인에 대한 한국사람들의 편견이 심해서 학교에 학생들을 받는데 어려움도 컸다. 그래서 학생들을 받을 때 부모의 허락이 없이는 단 10리라도 아이들을 데리고 나가지 않기로 서약증서를 써 주어야 했다. 메어리 스크랜튼은 1892년까지 이화학당을 돌보며 교육사업을 통해 불평등사회와 삶의 억압 속에 살던 여성들에게 자기 계발과 해방의 기쁨을 안겨주었다.

또한, 당시 남녀가 함께 집회를 열 수 없는 시대적 상황에서 성경공부 형태로 추진되는 여성들만의 주일학교를 조직하였다. 19명의 여성으로 시작된 주일학교는 여성들만의 주일 예배로 발전하여 1889년 2월 12일 한국 최초로 여성교회Woman's Church가 조직되기도 했다.

메어리 스크랜튼은 1892년 5월에 미감리회 여선교부가 주관하던 동대문 선교사업에 합류해 여성들을 가르쳤다. 그리고 1894년에는 선교지역을 정동에서 상동으로 옮겨 달성궁매일학교인 일명 공옥여학교를 설립해 여자아이를 가르쳤다. 그리고 1890년대에는 상동교회에서 전도부인을 대상으로 단기성경교육을 시작했는데, 이것이 1900년 어간에는 부인성경학원으로, 1920년에는 감리교 협성여자신학교로 발전하였다.

메어리 스크랜튼의 선교활동은 지방으로 확장되어 나갔다. 1894년 수원과 오산 등 경기도 남부지역의 순회전도를 시작으로 1896년에는 시흥, 과천, 고양, 동막, 용시, 양천 등지에서 선교 사역을 하였다. 또한, 1901년부터 교육이 시작된 무지내여학교에 조신성을 보내 학생들을 교육 했고, 1897년에 교회가 설립된 덕고개의 여자매일학교에서 학생들을 가르쳤다. 1902년 수원 교육사업에도 적극적으로 참여하여 이듬해에는 삼일학교(매향학교)를 설립했다. 메어리 스크랜튼은 1906년 고종황제의 계비繼妃인 순헌황귀비 엄씨와 그의 동생 엄준원을 도와 진명여학교를 설립하고, 1907년에는 상동교회 내 공옥여학교, 무지내여학교, 그리고 덕고개에 있는 여학교 외에 수원에 있는 여학교까지 포함해서 네 곳의 학교를 감독하였다.

메어리 스크랜튼 묘

메어리 스크랜튼은 한국 감리교 여성교육에 어머니 같은 존재였다. 그녀는 나이가 많음에도 대단한 열정을 가진 한국 여성교육의 개척자이며, 열정적인 복음전도자였다. 75세까지 현장에서 일한 그녀는 1909년 10월 8일 한국에서 소천해 양화진에 묻혔다. 비문에는 이렇게 기록되었다.

> "오늘 이 땅에 자유 사랑 평화의 여성 교육이 열매 맺으니, 이는 스크랜튼 여사가 이화동산에 씨 뿌렸기 때문이다."

내한/이한 1885/1916

Horace G. Underwood

언더우드 원두우

1859–1916

미국 NP

전도여행

언더우드학당

문서사역

그리스도신문

서상륜

원한경

새문안교회

| 이수정이 번역한 성경을 가지고 |

1859년 영국 런던에서 태어난 호레이스 언더우드는 미국으로 건너와 동부에 위치한 뉴욕대학과 뉴저지의 뉴브런스윅 신학교New Brunswick Theological Seminary에서 공부했다. 언더우드는 인도에 선교사로 가기 위해 1년간 의학을 공부하면서 선교에 필요한 것들을 준비하던 중 1882년 동경 명치학원에서 사역하던 올버트 올트만스Albert Oltmans에게 한국 이야기를 듣고 하나님께서 한국선교를 위해 자신을 택했다는 사실을 확신했다. 언더우드는 해외선교부 총무 엘린우드Frank F. Elinwood 박사의 지원과 맥윌리암스McWilliams의 기부금 6천 달러를 받고 1884년 7월 28일 미국장로회 선교본부를 통해 한국 최초의 복음선교사로 임명되었다.

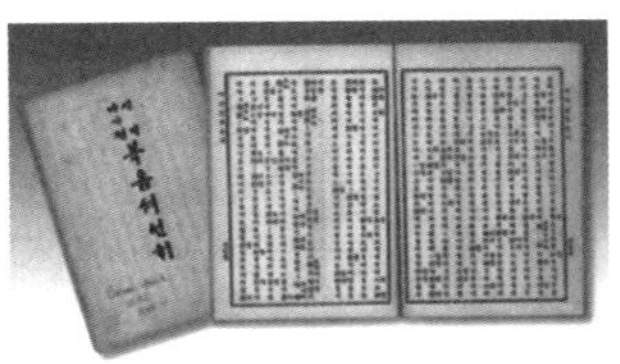

이수정과 《신약마가젼복음셔언해》

언더우드는 1884년 12월 16일 샌프란시스코를 떠나 1885년 1월 25일 요코하마에 도착해 2개월간 일본에 머물면서 이수정1842-1886의 도움을 받아 어학공부를 하였다. 때마침, 1885년 초 이수정은 《신약마가젼복음셔언해》라는 제목의 순 한글 성경을 번역하였는데 언더우드와 아펜젤러가 그 성경을 갖고 1885년 4월에 한국에 들어올 수 있었다. 그리하여 외국 선교사가 선교지에 들어가면서 그 나라 말로 된 성경을 가지고 들어가는 놀라운 역사가 바로 한국에서 이루어지게 되었다.

한편 언더우드는 주한미국공사 푸트Lucius H. Foote로부터 한국의 정치상황이 갑신정변으로 불안정하므로 한국 입국을 연기하라는 충고를 받았다. 그러나 그는 1885년 4월 5일 감리교 선교사 아펜젤러와 함께 부활주일에 제물포에 도착하였다. 임신 중인 부인을 대동하였던 감리교의 아펜젤러 목사는 제물포에 머물다가 다시 일본으로 돌아갔으며 미혼이던 언더우드만이 위험을 무릅 쓰고 서울에 도착하였다.

| 신혼여행과 압록강 세례 |

전도여행중인 언더우드 가족

언더우드는 한국에 도착해 처음 2년간 주로 한국어를 공부하며 조심스럽게 의료와 교육을 통한 선교활동을 모색하였다. 제중원 교사가 그의 공식적 직함이었기 때문에 언더우드는 제중원에서 알렌의 일을 도우며, 물리와 화학을 가르치는 교사로서의 역할을 감당하였다.

1887년 가을에 언더우드는 개성, 소래, 평양, 의주 지역으로 전도여행을 시작했는데, 이는 서울 위쪽 북부 지방으로의 첫 여행이었다. 그러나 의주를 중심으로 한 북쪽 지역에서는 선교사가 들어오기 전부터 성경을 읽고 세례를 받고자 하는 신자 공동체가 곳곳에 형성되어 있었다. 이에 일부 선교사들은 비밀리에 복음을 전하고 세례를 베풀었는데, 언더우드도 1886년 알렌의 어학 선생 노춘경에게 세례를 베풀고, 전도여행을 할 때에도 몇몇 신자들을 문답하고 세례를 주었다.

언더우드는 1888년에 아펜젤러와 함께 개성과 평양을 방문하고, 1889년 3월에는 제중원에서 활동하던 릴리아스Lillias S. Horton과 결혼해 신혼여행으로 평양을 지나 의주, 강계, 압록강변 마을을 여행했다. 진정 복음에 미치지 않고서는 불가능한 일이었다. 이때 언더우드가 의주에 도착했을 때에 세례를 받고자 하는 사람들이 많았다.

세례는 물론 한국인에 대한 포교활동 자체가 금지되어 있던 상황에서 언더우드는 자신의 중국 통행증을 활용해 중국에 건너가 한국인 기독교인들에게 세례를 베풀었다.

| 언더우드 학당과 새문안교회 |

언더우드는 1886년 고아원을 시작하면서 이를 학교 교육과 연계시켰다. 그는 길가에 버려진 고아들을 눈여겨보고 그들을 데려다 돌보기 시작했는데, 이것이 자연스럽게 고아원으로 발전했다. 언더우드학당은 구세학당, 예수교학당1891, 민로아Miller학당1893 등 여러 가지 이름으로 불리다가 1905년에 오늘날의 경신중, 고등학교의 전신인 경신학당으로 바뀌었다. 언더우드 이외에 사무엘 마펫Samuel A. Moffett과 프레드릭 밀러Frederick S. Miller 등 다양한 선교사들이 이 학교를 거쳐 갔다. 그러나 네비우스정책이 채택되고 자립정신을 강조하면서 원아들에게 모든 것을 마련해 주는 고아원이 선교부 정책에 맞지 않는다는 이유로 한 때 폐당되기도 하였다.

1901년 제임스 게일에 의해 연동교회에서 재개된 경신학교는 언더우드의 형 존 언더우드John Underwood와 미국의 부호들로부터 지원받은 돈으로 학교 건물을 지었다. 언더우드는 고등교육을 담당해 줄 교육기관을 세우기 원했지만, 총독부의 방해로 실패하고, 이후 에비슨과 함께 1917년에 경신학교 대학부에 해당하는 연희전문학교를 세웠다.

언더우드의 사랑채에서 시작한 최초의 새문안교회

언더우드는 1887년 9월 27일 정동에 있는 자기 집 사랑방에서 14명의 조선인 성도들과 함께 예배를 드렸는데, 이것이 새문안교회의 시작이었다. 교회 창립에 모인 14명 중 13명은 언더우드가 입국하기 전 만주에서 존 로스 목사로부터 세례를 받았던 서상륜과 한국인들의 인도로 신자가 된 이들이었다. 이처럼 새문안교회는 언더우드와 서상륜 같은 한국 신자들의 공동 노력으로 세워진, 한국인 스스로 전도하고 신앙을 고백한 한국 신자들의 첫 번째 교회였다.

언더우드 고아원에서 김규식
맨 앞줄에서 가운데(1888)

언더우드를 통해 많은 민족 지도자가 배출되었다. 몇몇 예를 들면, 한국의 독립운동가 우사 김규식은 언더우드 고아원 출신으로 새문안교회의 장로였고, 겨레의 스승이라 불린 도산 안창호는 민로아학당 출신이며 그 학당의 선생에 해당하는 접장이었다.

| 한국선교 동력화에 모델을 세우다 |

언더우드는 미국, 일본, 유럽을 오가며 한국에 대한 강연, 기고, 선교지원 연설 등을 통해 한국의 실정을 전 세계에 알렸다. 언더우드와 친분을 맺은 한국인들은 세계의 흐름이나 새로운 사조에 새롭게 눈을 뜰 수 있었는데, 이런 면에서 언더우드는 근대 한국의 '문화적 메신저'였다.

미국북장로회에 속해있던 언더우드는 교단을 초월해 많은 외국선교사를 한국으로 끌어들인 사람이다. 안식년을 맞이해 1891년 4월부터 1893년 2월까지 미국을 여행한 언더우드는 미국에 한국을 알리면서 미국 젊은이들에게 큰 영향을 주었다. 1891년 10월 시카고 맥코믹신학교 강연과 10월의 테네시주 내슈빌 미국 신학교연맹 연차대회 강연은 신학생들에게 적지 않은 도전을 주었다. 이 강연을 계기로 남장로회에 소속된 테이트, 존슨, 레이놀즈, 전킨 등이 한국선교에 헌신하여 남장로회 한국선교가 시작되었는데, 이로써 북장로회 소속인 언더우드는 남장로교 한국선교의 아버지로 불리게 되었다.

언더우드의 캐나다 강연을 통해 토론토대학교 의과대학 교수 에비슨을 조선으로 오게 하였다. 이기풍과 김익두 목사의 회심에 큰 영향을 끼친 스왈른William L. Swallen의 경우도 신학교 재학 시절 언더우드에게 들은 한국의 이야기가 그에게 깊은 감명을 주어 장차 한국에서 하나님을 위해 생을 바치겠다고 결심하는 출발점이 되었다.

언더우드는 캐나다 출신 맥켄지 선교사가 소래에서 죽자 소래교회의 교인이었던 서경조의 편지를 번역해 주었는데, 이 편지는 캐나다장로교회에 선교사 파송을 요청하는 내용으로 캐나다 장로교회가 한국선교를 결정하는 데에 결정적인 역할을 했다. 그 결과 1898년 푸트William R. Foote, 그리어슨 Robert G. Grierson, 맥래Duncan M. McRae 선교사가 한국에 오게 되었고, 언더우드는 이들을 이끌고 감격스럽게 소래를 방문했다.

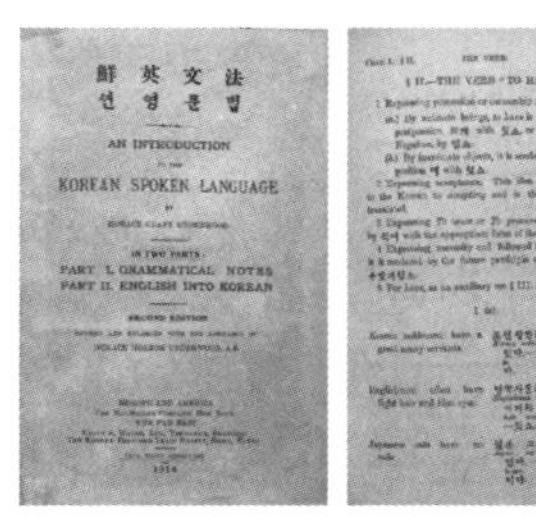
《한영문법》

영국성서공회 소속으로 성경 번역과 반포사역에 큰 공을 세운 휴 밀러 Hugh Miller 또한 언더우드의 요청으로 1899년 한국에 와서 한동안 언더우드의 서기로 일했던 인물이다. 이처럼 언더우드는 해외에서 한국 선교자원 동력화에 최적의 인물이었다.

| 모든 선교사를 위한 학문적 토대 쌓기 |

언더우드의 한국을 알리는 일은 출판 사업으로 이어졌다. 어학에 관심이 많았던 그는 여러 종류의 사전을 편찬해 외국인, 특별히 선교사와 한국인 사이에 가교 역할을 했다. 1889년 《한영문법》An Introduction to the Korean Spoken Language을 출간하였고, 1890년에는 《한어자전》을 간행하였는데, 이는 한국에 처음 부임하였을 때 사전의 필요를 절실히 느낀 언더우드가 5년 동안 단어를 수집하고 체계적으로 정리해서 편찬한 것이다.

이밖에 언더우드는 한국학 연구에도 관심을 가져 1910년에 《동아시아의 종교》The Religions of Eastern Asia를 발간했다. 성서번역에도 공이 큰 언더우드는 1886년부터 1916년 생을 마감할 때까지 줄곧 성서번역의 책임을 졌다.

| 한국학과 한국학 연구 인맥을 만든 호레이스 호튼 언더우드 |

호레이스 그랜트 언더우드의 아들 호레이스 호튼 언더우드의 한국 이름은 원한경이다. 아버지 언더우드가 아들이 태어나자 서울에서 경사가 났다고 해서 지어준 이름이다. 호튼은 미국 뉴욕대학교에서 교육학과 심리학을 공부하고, 1912년 9월에 북장로회 선교사로 내한하여 아버지가 설립한 경신학교에서 교사로 섬겼다. 1917년 4월 아버지의 장례를 마치고 다시 한국에 온 호튼은 연희전문학교 문과교수로 섬겼다. 그는 1917년 연희전문학교 교수가 된 이래, 1920년대에 연전의 문과 과장과 부교장, 1934년에 3대 교장이 되었다.

한복을 입은 호튼 언더우드 가족(1923)

호튼은 아버지 언더우드가 편찬한 책들을 개정하는 작업을 했는데, 1915년에 《한영문법》韓英文法을 개정하고, 1917년에 《한영자전》韓英字典을 개정해 영한사전인 《영선자전》英鮮字典으로 출간했다1925. 호튼 언더우드는 1925년 뉴욕대학에서 박사학위를 받았는데, 그의 박사학위 논문 제목은 "한국의 근대교육"Modern Education in Korea이었다. 특히 이 논문에서 그는 일본이 행한 교육에서의 한국인과 일본인 사이의 차별을 주목했고,

한국인들의 지적 수준을 낮게 보는 서구인들의 글을 비판하고, 상대적으로 높은 한국인들의 교육적 자질을 강조했다.

호레이스 호튼의 한국 문화에 대한 연구는 《한국의 선박 연구》Korean Boats and Ships(1933)로 이어졌다. 또한, 한국 문화와 역사에 애정이 각별해서 연희전문학교에 정인보, 김윤경, 최현배, 백락준, 백남운, 홍이섭으로 이어지는 한국학 연구 인맥을 형성시키는데 공헌하기도 했다.

그리고 호레이스 호튼은 아버지의 뒤를 이어 한국의 독립을 위해 전국 각지를 돌아다녔다. 1919년 3·1운동 때는 제암리 양민 학살 등의 일제 만행을 세계 언론과 교회기관에 알렸다. 1942년 6월에 강제귀국 했던 그는 해방과 함께 미육군 통역으로 한국에 와서 하지John R. Hodge장군의 고문을 맡고, 1947년 10월부터 다시 연희대학교로 복귀했다. 대한민국 정부 수립을 돕던 중 1949년 3월 17일 부인Ethel V. W. Underwood(1888-1949)이 좌익청년에 의해 피살을 당하자 그는 미국으로 귀국했다. 그러나 그의 한국사랑은 여기서 멈추지 않았다. 이런 비운에도 한국을 저버리지 않고 1950년 한국전쟁 때 민간고문단 자격으로 아들 3명과 함께 자진해서 참전했다. 당시 대부분의 외국인 선교사들이 일본이나 미국으로 피난을 떠난 상황에서 그의 가족들의 행보는 얼마나 한국을 사랑했는지를 잘 보여준다. 그는 부산에서 활동하다가 1951년 2월 20일 과로로 소천했다. 순직이었지만 거의 순교의 죽음이나 다름이 없었다.

호레이스 호튼 언더우드의 아들 호레이트 그랜트 언더우드 2세도 1939년 뉴욕의 해밀턴 대학을 졸업하고 내한하여 연희대학교의 교수로 학생들을 가르쳤다. 1941년 강제로 추방을 당하

언더우드가 기념관

〈수선전도〉

고 해방 후 다시 내한하여, 한국전쟁 때 미해군의 해병사단정보부에서 근무했으며, 1956년 경신학교 이사와 왕립아세아학회 회장을 겸임했다.

존 토마스 언더우드John Thomas Underwood(원요한)는 1946년 청주 선교지부에 부임해 청주성경학원에서 학생들을 가르쳤으며, 1966년 전남 광주 선교지부로 전임하여 호남신학교 교수를 역임했다.

1957년 선교사로 한국에 온 리차드 언더우드Richard F. Underwood(원득한)는 한미재단 책임자로 1961년까지 활동을 하였다. 1961년에서 1962년까지 외국인학교 교장으로 있었으며, 1963년 이후 서울 미연합장로회 선교부에서 선교사 교육을 담당하기도 했다.

호레이스 호튼 언더우드 2세Horace Horton Underwood II(원한광)는 호레이스 그랜트 언더우드 2세(원일한)의 장남으로 1971년 연세대학교 초청교수로 한국에 와서 활동하였고, 그의 아내 낸시Nancy K. Underwood(원은혜)는 서강대학교와 서울 외국인학교에서 교사, 서울여자대학교에서 교원으로 일했다. 호레이스 그랜트 언더우드 2세의 3남 피터 언더우드Peter A. Underwood(원한석) 는 연세대학교 개원교수로 봉직하였다.

연세대학교 내에는 언더우드가家 기념관이 있으며, 문헌 자료실이 구비되어 있다. 이곳에는 김정호의 수선전도 위에 언더우드가 친필로 여러 선교기관과 교회들의 지점을 기록한 지도가 보관되어 있다.

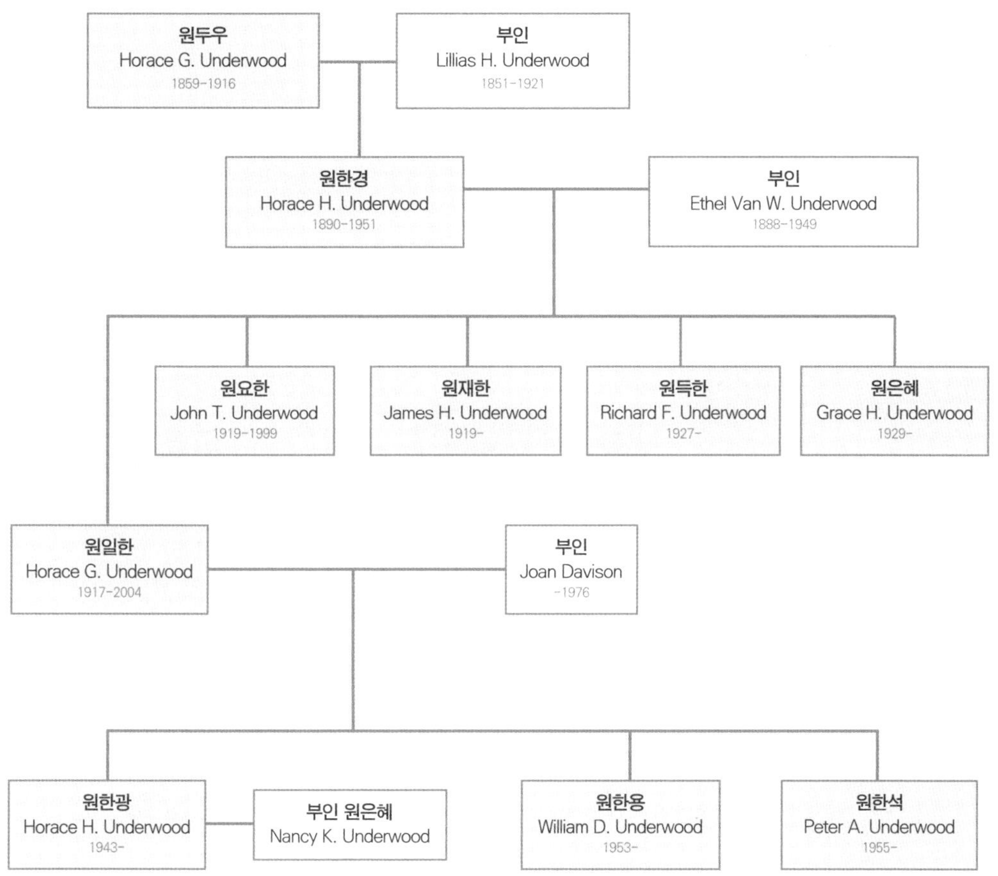
원두우
Horace G. Underwood
1859-1916
부인
Lillias H. Underwood
1851-1921
원한경
Horace H. Underwood
1890-1951
부인
Ethel Van W. Underwood
1888-1949
원요한
John T. Underwood
1919-1999
원재한
James H. Underwood
1919-
원득한
Richard F. Underwood
1927-
원은혜
Grace H. Underwood
1929-
원일한
Horace G. Underwood
1917-2004
부인
Joan Davison
-1976
원한광
Horace H. Underwood
1943-
부인 원은혜
Nancy K. Underwood
원한용
William D. Underwood
1953-
원한석
Peter A. Underwood
1955-

언더우드家 가계도

내한/이한 1885/1902

Henry G. Appenzeller

아펜젤러

아편설라

1858-1902

미국 M

정동교회

성서번역

아펜젤러와 언더우드

구마가와 마루호

배재학당

아펜젤러 가족

예복을 갖춘 아펜젤러

헨리 아펜젤러는 미국 동부 펜실베니아에서 1858년 2월 6일 스위스계 아버지와 독일계 어머니 사이에서 태어났다. 1882년 펜실베니아의 프랭클린 앤 마셜 칼리지Franklin and Marshall College를 졸업하고, 감리교 신학교인 뉴저지의 드루신학교에서 공부했다. 이후 그리피스William E. Griffis가 1882년에 쓴 《은둔의 나라 조선》Corea: The Hermit Nation을 읽고 한국선교사로 나갈 결심을 하고, 1884년 미감리교 선교 위원회에서 한국 선교사로 임명받았다. 아펜젤러는 한국으로 떠나기 전인 1884년 12월 엘라Ella Dodge와 결혼했다.

| 은둔의 나라 조선으로 |

미국 동부에서 지구 반대편을 찾아 나선 아펜젤러의 한국행은 머나먼 고난의 길이었다. 그는 1885년 2월 3일 샌프란시스코에서 출발하여 4월 2일 부산을 거쳐 1885년 4월 5일 부활 주일에 호레이스 언더우드와 함께 제물포에 도착했다. 아펜젤러가 작성한 1885년 연례보고서에 한국 선교를 향한 아펜젤러의 마음을 이렇게 담았다.

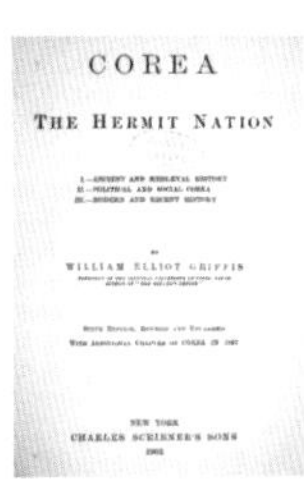

《은둔의 나라 조선》

"우리는 부활절에 여기에 왔습니다. 그날 사망의 철책을 부수고 일어나신 주님께서 이 나라 백성이 얽매여 있는 얽매임을 끊으시고 그들에게 하나님 자녀의 영광과 자유를 얻게 하여 주소서."

하지만 어렵게 제물포에 도착한 아펜젤러는 바로 선교활동을 시작할 수 없었다. 1884년 12월 4일에 일어난 갑신정변의 후유증으로 당시 외국인에 대한 한국인의 감정이 매우 악화되어 있었고 정치적 상황 역시 불안했다. 게다가 당시 아펜젤러의 아내 엘라는 임신을 하고 있었기에 그는 어쩔 수 없이 일본 나가사키로 돌아가 두 달 반 정도 거기에 머물렀다. 그리고 한국 상황이 어느 정도 안정된 6월 20일에야 다시 돌아올 수 있었다.

| 죽음과 맞바꾼 성서번역의 열정 |

1885년 아펜젤러가 한국 땅을 밟기 이전부터 중국과 일본에서 성경이 한글로 번역되고 있었다. 1882년 누가복음과 요한복음을 한국어로 번역한 존 로스는 1887년 신약성서 한글번역본《예수성교전서》를 출판했고, 이수정은 일본에서 한문성서에 이두 토를 단 성경, 일명《현토한한성서》懸吐漢韓聖書를 출간하고, 이어 마가복음 한글 번역본《신약마가젼복음셔언해》를 1885년에 출간했다. 바로 이 성경을 언더우드와 아펜젤러가 한국에 가지고 왔다.

교회가 세워지고 기독교 신자가 늘면서 전도와 예배를 위한 한글 성서에 대한 요구도 늘어났다. 1887년 2월 7일 언더우드, 아펜젤러, 알렌, 스크랜튼, 헤론 선교사는 성서번역위원회를 조직했는데, 아펜젤러와 언더우드가 번역책임자로 선정되었다. 아펜젤러와 언더우드는 먼저 이수정이 번역한 마가복음을 수정하고 보완해 1887년《마가의 젼한 복음서 언해》를 일본 요코하마에서 출간했다.

성서번역위원회

아펜젤러는 1890년에 로스가 번역한《예수셩교누가복음》을 수정한《누가복음젼》과《보라달로마인셔》를 편찬하고, 1892년에는《마태복음젼》을 번역했다.《마태복음젼》은 언더우드와 스크랜튼이 시작한 작업을 아펜젤러가 이어받아 완성한 것으로 기존의 일본에서 진행된 이수정 번역본이나 만주에서 진행된 로스 번역본을 수정한 것이 아닌 국내에서 이루어진 순수 한글번역이라는 점에서 의미가 있다.

아펜젤러는 1889년 배재학당 안에 삼문출판사三文出版社를 세워 전도문서와 정기간행물 등을 인쇄해 한국의 인쇄-출판 문화를 향상시키는데 큰 역할을 했다. 그전에는 기독교 서적 대부분을 일본의 요코하마에서 인쇄했는데, 아펜젤러는 서울에 인쇄기를 설치해 기술을 보급하고 한국의 출판 기술을 성장시켰다. 그는 전도와 교육사업과 동시에 성서번역사업에 열정적으로 참여해 1900년 어간에는 위원회에서 신약성서 대부분을 번역하였다. 그러나 신약의 나머지 부분을 번역하던 중 아펜젤러는 군산 앞바다에서 신약성서의 완성을 보지 못한 채 죽음을 맞게 되었다. 그가 한국에 발을 디딘 지 만 17년 만에 벌어진 일이다.

삼문출판사

| 죽음의 순간까지 |

아펜젤러의 삶과 사역에서 가장 깊은 충격을 준 것은 그 자신의 죽음이다. 그는 1902년 6월 첫 주일에 미국 남장로교 선교사 레이놀즈가 사역하던 목포에서 열릴 성서번역위원회에 참석할 예정이었다. 그런데 6월 1일 시흥에서 그를 러시아첩자로 오인한 일본노무자들에 의해 구타를 당하는 불상사가 생겨 원래 계획보다 늦게 구마가와마루熊川丸호를 타고 목포로 향했다. 그런데 군산 앞 어청도 인근에서 짙은 안개 때문에 아펜젤러가 타고 가던 배가 일본 국적의 기소가와마루木曽川丸호와 충돌해 다른 22명의 사람과 함께 그는 1902년 6월 11일, 17년의 한국선교사역을 뒤로하고 순직했다.

제임스 게일은 아펜젤러의 죽음을 "순교자의 피는 교회의 씨앗이다. 그는 자기 생명을 성경 번역을 위해서 바쳤다. 이제 우리는 그 일을 위해 온 힘을 다해 매진해야 할 것이다."라고 추도하며 그가 생명과 성경을 바꾸었다고 말했다.

미국 인디애나로 돌아가던 길목에 배를 같이 타고 있던 운산 광산의 노동자 보울비J. F. Bowlby의 증언을 토대로 아펜젤러의 전기를 쓴 그리피스는 아펜젤러가 죽는 순간까지 얼마나 조선 사람을 사랑했는지를 보여주었다. 배가 침몰하는 상황에서 아펜젤러는 목포를 향해 같이 가던 조선의 여학생 한 명을 구하기 위해 필사적으로 노력했다. 자신은 살아남을 수 있었음에도, 마지막 순간까지 한국인을 살려내기 위해 애쓰다 하늘로 갔다. 이때 서기와 어학교사로 아펜젤러를 돕던 조한규도 함께 죽음을 맞이하였다.

초기 배재학당

| 교회와 학교를 세워 어두운 조선 땅에 희망을 심다 |

한국 땅에 도착한 초기 선교사들은 우리의 상상을 뛰어넘는 일들을 이루어냈다. 17년을 한국 땅에 살면서 너무나 이른 나이에 순직한 아펜젤러는 많은 사역을 감당했지만, 그 중 가장 중요한 일은 소망 없는 한국 땅에 교회와 학교를 세워 희망의 불을 밝힌 것이었다.

아펜젤러는 1885년부터 영어를 가르치면서 기독교 교육의 기초를 쌓았다. 1887년 2월 21일 그는 고종에게 '배재학당'이라는 학교 이름이 적힌 현판을 하사받았다. 그렇게 시작된 아펜젤러의 교육활동은 1889년에 그 틀을 거의 완성했다. 아펜젤러는 '자조'自助, self-support라는 교육이념을 강조하고, 교육을 통해 사회와 나라를 위해 희생하고 봉사하는 인간을 양육하고자 했다. 그의 교육 이념은 기독교 정신과 결부되어

한국 개신교 최초의 서양식 건물인 벧엘예배당 (1899)

"욕위대자 당위인역欲爲大者 當爲人役(크게 되고자 하는 자는 마땅히 다른 사람의 종이 되어야 한다)"이라는 배재학당의 당훈堂訓, 즉 학교 교훈으로 승화되었다. 이를 통해 아펜젤러가 배재학당을 통해 학생을 단순한 기능인으로 양육하려고 한 것이 아니라, 기독교인 사역자로 훈련해 지방의 전임 교역자뿐만 아니라 스스로 한국을 구할 수 있는 진정한 일꾼을 만들고자 했음을 알 수 있다.

아펜젤러는 1888년 학생 중 지원자를 받아 신학반을 편성해 가르쳤다. 1890년까지는 신학부라는 공식명칭을 사용할 수 없었지만, 본격적인 신학교육이 이미 진행되고 있었다. 이것이 1893년 배재대학 신학부로 이어져 한국 감리교회 공인 신학교가 되었고, 이를 통해 배출된 지도자들은 아펜젤러가 기대한 대로 전국을 다니며 복음을 전하는 신앙 지도자가 되었다.

서양 선교사에 의해 시작된 배재학당은 한국 학생들에게 서구의 과학과 문학, 한국의 전통교육을 병행해 가르쳤다. 동시에 수업 대부분을 영어로 진행했지만 모든 학생이 한문고전 과목을 의무적으로 익히게 하였다.

한편, 1887년에는 '벧엘' 신앙공동체인 정동감리교회가 시작되었다. 아펜젤러는 정동에 작은 한옥 한 채를 사 '하나님의 집'이라는 뜻의 '벧엘'이라 부르고 10월 9일 첫 공중 예배를 드렸다. 2주 뒤에는 최씨, 장씨, 강씨, 한씨 등과 스크랜튼 선교사가 참석한 가운데 성찬식을 베풀었다.

"이렇게 생명의 떡을 이 백성에게 떼어주다니 그 얼마나 큰 은혜인가! 감사함으로 우리의 마음이 그 떡을 먹고 살아가게 하옵소서!"

성찬식을 집례한 아펜젤러가 드린 기도다. 이후 벧엘 예배당은 현재 자리로 옮겨 115평 규모의 고딕 건물로 새롭게 지어져 당시 많은 사람의 관심을 불러일으켰다. 이후 배재학당과 정동교회는 감리교 청년운동인 엡웟청년회 운동을 전개하는 등 한국의 개화와 독립운동의 산실이 되었다.

정동교회 앞에 세워진 흉상과 기념비

내한/이한 1888/1927

James S. Gale

게일 기일

1863~1937

캐나다 YMCA/NP

연동교회

게일의 묘

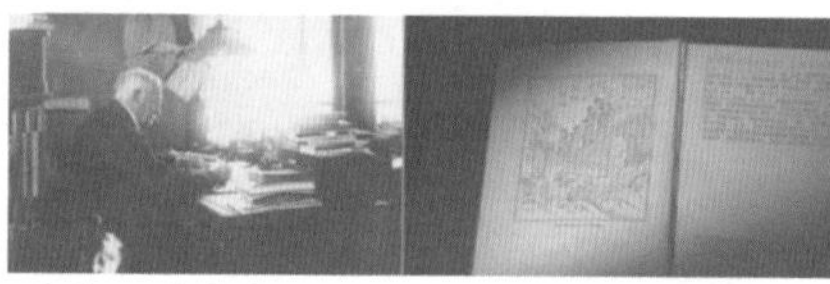

제임스 게일과 구운몽

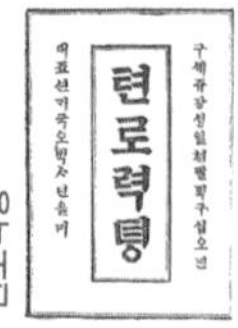

천로역정

게일의 가족 사진

전환기의 조선

Korean Sketches

| 토론토의 시골 알마에서 서울까지 |

제임스 게일은 1863년 2월 19일 캐나다 동부 온타리오주 알마Alma라는 농촌지역에서 태어나, 1884년 토론토 유니버시티 칼리지에 입학하여 1888년 6월에 문학사 학위를 받고 졸업을 했다. 대학 시절에 이미 선교에 대한 열정을 품고 있던 게일은 1885년 프랑스에서 반년을 보내면서 프랑스지역 선교를 위한 맥콜McAll선교단에서 활동했고, 1887년 학생선교운동의 선구자인 프린스턴신학교의 윌더R. P. Wilder와 포만J. N. Forman이 토론토를 방문한 이후 한국 선교사역을 구체적으로 결심하게 되었다.

토론토 대학 YMCA의 후원으로 1888년 12월 15일 부산에 도착한 게일은 몇 번의 안식년과 해외 일정을 제외하고 자기 인생의 절반이 넘는 40년의 세월을 한국에서 보내면서 한국개신교 형성기에 중추적 역할을 감당했다. 한국명 기일奇一은 '낯선 자' 혹은 '기이하거나 놀라운 사람'으로 풀이될 수 있다. 게일은 한국개신교의 형성, 성서번역, 동서양의 가교 역할에서 참으로 위대한 인물이었고 동시에 어느 교단이나 특정한 신학사상에 얽매이지 않는 자유롭고 낭만적 나그네의 면모를 가지고 살아갔다.

| 광대한 조선 여행 |

게일은 한국의 여러 곳을 심도 있게 여행했다. 첫 번째로 게일은 한국에 도착한 바로 이듬해인 1889년 3월 17일 해주에 도착해 3개월 남짓한 시간을 해주에서도 좀 더 들어간 한국개신교의 산실 장연의 소래에서 보냈다. 소래는 바로 캐나다 선교사 멕켄지가 소천한 곳이다. 이 기간 게일은 한국어와 한국문화, 한국인, 그리고 한국기독교의 초기 상황을 배웠는데, 이때의 경험이 게일의 반평생 한국에서의 활동의 기틀을 마련해 주었다. 그리고 바로 이곳에서 평생 그의 학문적 동반자로 사역했던 이창직을 만났다.

게일이 쓴《밴가드》 한글번역

두 번째로 1891년 2월에서 5월까지 사무엘 마펫과 서상륜과 함께 평양과 만주에 이르는 2천만km의 대장정을 진행했다. 그곳의 한국 기독교인과 한국어 성경 번역을 살펴보기 위한 이 여행 기간 중 중국 땅 봉천, 지금의 심양瀋陽에서 존 로스를 만났고, 동시에 게일의 장편소설 *The Vanguard*에서 묘사한 북쪽 지역을 광범위하게 여행했다.

게일에 있어서 세 번째 중요한 여행지는 헤론의 미망인 깁슨Harriet E. Gibson과 결혼을 한 후에 1892년 6월 선교지 개척을 위해 3년 정도 머물렀던 원산지역이다. 게일은 1898년 4월 바로 이곳 원산에서 술꾼 고찬익을 만나 복음을 전했으며, 이후 연동교회의 초대 장로가 된 전설적인 망나니 고찬익은 게일이 쓴 선교소설인 *The Vanguard*의 중심인물이 되었다.

이렇게 제임스 게일은 한국에 도착한 지 5년도 안 되는 기간 동안 한국 곳곳을 여행하면서 보고 듣고 체험하였고, 여행을 통해 게일이 이해한 조선의 글과 역사와 풍속은 그의 작품과 선교사역에 깊은 영향을 미쳤다.

| 마펫과의 만남 |

1890년 7월 게일은 교단적 배경과 신앙적인 측면에서 자신에게 많은 도움을 주었던 사무엘 마펫을 만났다. 특히 마펫은 게일의 절친한 친구 헤론의 갑작스러운 죽음 이후 그의 공허한 마음을 채워 주었다. 마펫이 학장으로 있던 예수교학당에서 게일은 영어를 가르치면서 성서공회 번역위원으로 활동하기 시작했다. 그리고 자신을 파송한 YMCA선교부가 해체되고 약속한 재정지원을 중단할 수밖에 없는 상황에 이르자 게일은 마펫의 도움으로 1891년 8월 31일 미국북장로교 선교사로 임명되어 안정적인 선교활동을 할 수 있었다. 게일은 1897년 5월에 안식년으로 미국에 건너간 후 미국 인디애나 주 뉴 알바니장로교 노회에서 마펫의 주관으로 목사안수를 받았다. 조선에 대한 게일의 열정과 선교의 마음을 보았던 마펫이 아니었다면, 게일의 한국 활동 역시 초기에 끝날 수밖에 없었을 것이다.

마펫과 게일의 전도 여행(1891)

이후에도 게일과 마펫은 성서번역 과정에서 뜻을 같이했고, 게일은 마펫의 평양선교와 신학교 수업에 많은 도움을 주었다. 1916년 평양신학교에 대한 게일의 비판적 평가로 둘 사이가 멀어지며 결국 그해 5월 게일이 교수직을 사임하기에 이르렀지만, 마펫은 게일의 선교생활의 매 순간 중요한 역할을 해주었다. 게일 역시 마펫의 평양 선교를 바탕으로 한 소설 *The Vanguard*를 출간할 정도로 깊은 교유를 했다.

| 사도행전 번역, 가장 훌륭한 최초의 번역 |

성서번역에 깊은 관심이 있던 게일은 1890년도부터 영국성서공회 전임 번역위원으로 활동하기 시작했다. 한국에 온 지 2년 만에 성서 번역에 참여했다는 점은 그의 한국어 습득과 이해가 얼마나 빠르고 깊었는지 보여주었다. 그의 첫 성서

성서번역

번역은 1892년에 간행된 《사도행전》이었는데, 동료 마펫은 이 번역을 "근대 번역 중 가장 훌륭한 것"이라고 평가했다.

이후 게일은 한국 내 선교사들에 의해 조직된 성서번역위원회에서 본격적인 성서번역활동을 시작했다. 그는 한국인들의 언어와 품성에 더 적합한 성경 번역을 주장하였고, 특히 언더우드와는 'God'의 번역을 '천주'天主로 할 것인가 '하나님'으로 할 것인가에 대해 1911년 논쟁이 정리될 때까지 대립하기도 했다. 언더우드와 더불어 한글-영어 자전을 편찬했던 게일은 한국인과 한국어에 대한 자신의 경험과 이해를 강하게 믿었다. 이후의 성서번역 과정에서 게일은 축자적 번역에 대한 비판을 제기하며 영국성서공회와도 대립했고, 결국 자신의 성서번역방식을 받아들이지 못하는 성서공회를 뒤로 하고 1923년 성서번역위원회 의장직을 사임했다.

그리고 윤치호가 설립한 창문사를 통해 자신이 그동안 번역한 성경 《신역신구약전서》New Revised Old and New Testaments를 1925년에 출간했다. 이것이 바로 한국에서 최초의 개인역 성경이었으며 한국인의 정서에 맞게 한국을 마음에 품고 번역한 게일역 성경이었다. 게일은 번역주체(신의 이름 표기), 번역의 스타일(번역 이론과 문체), 맞춤법 논쟁에 이르는 한국개신교의 성서번역 역사의 모든 부분에서 빼놓을 수 없는 주요한 역할을 차지했다.

| 연못골, 연동교회 시절 |

1892년부터 게일은 원산에 정착하여 선교활동과 성서번역 및 사전편찬을 비롯한 출판활동에 집중했다. 그의 곁에는 가족과 함께 그가 한국을 떠날 때까지 함께 했던 이창직, 그리고 원산에서 만난 고찬익 등 많은 이들이 있었다. 1898년 그리어슨Robert G. Grierson과 푸트William R. Foote를 중

게일이 시무한 연동교회

심으로 한 캐나다장로교가 원산에 선교지부를 개설하자, 미국장로교 선교부에 소속되어 있던 게일은 1899년 9월 9일 서울 연못골, 지금의 연동으로 이주했다. 그리고 1900년 5월 서울 중심부 연못골 교회, 즉 지금의 연동교회의 담임목사가 되어 1927년 한국을 떠나기 전까지 이곳에서 봉사했다.

그는 연동교회 담임목사로 사역하는 기간에도 사회의 제반분야에 관여해 활동했으며, 벙커Dalziel A. Bunker선교사와 함께 이상재, 이승만 등 당시 개화파 지식인이 수감되어 있던 한성감옥에 근대서적, 성경, 기독교 서적을 보급하고 교육하여 지식인들의 개종을 이끌었다. 이는 낮은 계층의 사람들에게 전파되어 있던 기독교가 지식인 계층으로 확대된 결정적인 계기가 되었으며, 기독교가 민족의 자주독립을 위한 통로 역할을 하도록 했다.

황성기독교청년회YMCA의 초대회장, 조선예수교장로회 독노회 노회장, 평양신학교 교수, 연희전문학교 이사, 피어슨기념성서학원 원장 등 그가 맡았던 직책들과 책임은 초기 한국선교에서 그의 영향력을 보여주는 것이다. 1927년 미국 선교부와의 계약 기간을 1년 앞두고 연동교회를 사임하며 게일은 "내 언제까지 내 마음에 한국을……."이라는 말을 남기고 한국에서의 기나긴 사역을 정리했다.

| 문학과 역사와 종교를 통해 한국과 세계를 이어준 사람 |

한국사회와 시대상을 어느 내국인보다 더 객관적으로 그려주고, 한국의 이야기를 서구세계에 알리며, 서구의 문학과 기독교작품을 한국사회에 알려준 가교 역할을 게일보다 더 훌륭하게 해낸 사람은 없을 것이다. 게일은 그런 의미에서 명나라 말 중국에서 기독교 작품을 위주로 중국과 서양세계 사이의 가교역할을 담당했던 마테오 리

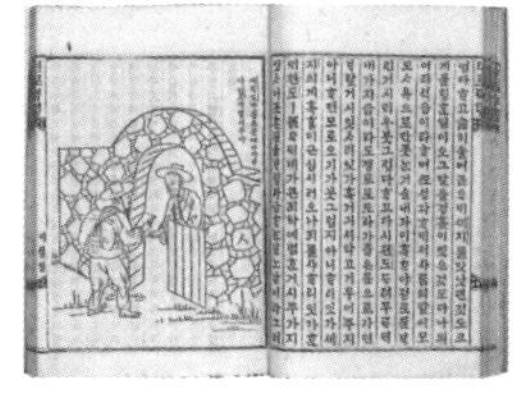
《천로역정》

치Matteo Ricci와 비견할 만하다. 게일이 1895년 완역해서 소개한《천로역정》은 한국어로 번역된 최초의 서양서적이었으며 선교현장에 엄청난 영향을 미쳤다. 또한《구운몽》을 영어로 번역하여 한국문학을 해외에 최초로 소개하였다. 심지어 조선시대 도깨비와 민담 등을 영어로 번역해서 세계에 알리고 동시에 한국인의 정신의 밑바닥을 알고자 했다. 이런 의미에서 우리가 게일을 '한국의 마테오 리치'라 부르는 것은 결코 지나친 일이 아닐 것이다.

이러한 일들은 한국 사회를 깊이 있게 알고자 했던 게일 자신의 열정과 그의 타고난 문학성 때문에 가능했다. 게일은 한국 사람들을 알기 위해 그 어느 선교사보다 현장을 더 많이 여행해서 직접 경험하고, 한국의 풍습과 관습을 더 객관적으로 살피는 작업을 게을리하지 않았다. 게일은 선교사에게 현장이 얼마나 중요한지를 잘 보여주는 사람이다.

그렇지만 게일의 한국 사역 초창기부터 그를 도왔던 한국 사람들의 헌신이 없었다면 그는 '한국의 마테오 리치'가 되지 못했을 것이다. 예를 들어 게일이 한국에 온 다음 해인 1889년 해주와 소래 여행에서 이창직을 만난 것은 개인 차원뿐만 아니라 한국개신교 역사에서 중요한 사건이었다. 게일은 이창직과 함께 원산에서《사과지남》과《천로역정》작업을 진행했다. 이창직 외에도 이원모 역시 게일의 작품활동에 중요한 인물이었다.

현재 그의 대부분의 저서는 워싱턴 국회도서관과 그의 모교 토론토대학교에 소장되어 있다. 한국을 가장 잘 이해하고 서구세계와 한국을 연결하려했던 선교사 게일을 우리는 얼마나 이해하고 기억하고 있는가 되돌아본다.

긴 항해를 견디며 동양, 그중에서도 '닫혀진 은국의 나라' 조선에 도착한 한 청년이 67세의 나이가 될 때까지 낯선 언어를 배우고, 문화와 역사를 익히며 그 가운데에서 하나님이 이 땅에 심어놓은 복음의 섭리와 진리의 빛을 찾아내었다. 그리고 이 '닫혀진 은국의 나라'가 아시아 복음의 중심이 될 가능성을 보았고, 서구의 많은 사람에게 한국을 알려주었다. '한국의 마테오리치' 게일은 동양과 서양, 은국의 땅 한국과 세계, 그리고 지상과 천상을 연결한 견실한 다리였다.

내한/이한 1887/1909

George H. Jones

존 스

조원시

1867–1919

인천

하와이 이민사업 후원

내리교회

배재학당

영화학교

존스 가족

미국 M

| 탁사 최병헌과의 만남 |

조지 존스는 1867년 8월 14일 미국 뉴욕주 모호크Mohawk에서 태어났다. 테네시Tennessee주 해리슨Harrison에 있는 아메리칸대학교American University에서 1887년 문학사 학위를 받은 후, 존스는 1887년 20세의 젊은 나이에 미감리회 해외선교부에 선교사로 자원하였다. 1888년 5월 9일 서울에 도착한 존스는 한국어를 배우며 아펜젤러를 도와 배재학당에서 수학을 가르치는 일반교사로 근무했다. 이때 존스와 한국 감리교의 태두 탁사 최병헌1858-1927의 만남이 이루어졌다. 배재학당에 다니던 윤치호가 그의 친구 최병헌을 존스의 어학 선생으로 추천한 것이다. 1888년 존스의 어학 선생이 된 최병헌은 5년간 진지하게 기독교를 탐구한 뒤, 1893년 2월 8일 존스에게 세례를 받았다. 이후 존스와 최병헌은 협성신학교에서 함께 활동했으며, 감리교 기관지 〈신학월보〉 편찬 책임자로 함께 일하는 등 신앙의 동반자로 초기 한국 감리교의 형성과 발전을 이끌었다. 존스는 1892년 아펜젤러가 본국으로 잠시 귀국하자 그 이듬해 1893년까지 배재학당 교장으로 시무했으며, 1892년부터는 서울의 관문인 인천과 강화를 중심으로 경기도 김포와 남양, 황해도 연안과 해주까지 선교활동을 펼쳐 나갔다.

최병헌

| 인천에서의 전도와 교육사업 |

1892년 인천지역 책임자로 임명된 존스는 이듬해 제물포로 거처를 옮기고 아펜젤러가 세운 내리교회의 제2대 담임목사로 부임해 1903년까지 11년간 제물포와 강화지역을 중심으로 전도와 교육사업을 전개해 나갔다. 그의 열정적인 노력으로 1893년에 강화도와 교동도에 교회가 세워졌으며, 1895년 담방리교회(현 만수교회), 1898년 부평 굴재교회, 1899년 부천 하리교회, 1900년 부평읍교회, 1901년 관청리교회(현 문학교회), 1907년 화도교회 등이 설립되었다.

1897년 제13차 미감리회 한국선교회에서 엡윗청년회 설립이 결정되었다. 존스는 엡윗청년회의 감회관을 맡아 인천 제물포교회를 비롯해 서울 상동교회와 정동교회, 평양 남산현교회 등에 청년회를 조직하고 연합회 총무로 감리교 청년운동을 지도하였다.

영화여학교(1913)

존스는 동시에 교육사업을 전개했다. 배재학당에서 일하던 강재형 부부를 인천으로 이주시켜 복음전도와 함께 남학교를 세우도록 했는데 이 학교가 인천 최초의 근대 교육기관인 영화학교로 발전하였다.

한편 1892년 미감리회 해외여선교회The Woman's Foreign Missionary Society의 마가레트Margaret J. Bengel가 제물포에 부임하면서 여성교육을 시작했다. 마가레트는 1893년 5월 존스와 결혼했고 이들은 영화학당의 부부교장이 되었다. 1904년 미국인 자선 사업가 콜린스E. S. Collins의 기부로 중구 경동 싸리재에 벽돌로 된 단층 교사를 신축하였으며, 1911년에는 지금의 영화초등학교가 자리한 인천 동구 창영동에 2층 벽돌 교사를 마련했다.

손기정 선수 가슴의 일장기를 지워버린 동아일보 이길용 기자, 우리나라 최초의 여성 박사이자 여성계 지도자 김활란, 유아교육의 개척자 서은숙 박사, 이화여대의 교육자 김애마 학장, 미국 줄리아드 출신 음악가 김영의 교수, 영화배우 황정순 등이 영화학교 출신이다. 현재 영화초등학교 내에 1910년에 완공한 영화학당 건물이 보존되어 있으며, 초등학교 옆에는 옛 여선교사 기숙사가 남아 있다.

| 협성신학당 설립과 〈신학월보〉 창간 |

협성신학당

존스는 1900년 1월부터는 평신도들을 위한 사경회와 초기 지방 교역자 양성을 위한 신학회를 운영하였다. 이는 초기 한국 감리교회의 성경중심 신앙과 신학 발전에 중추적 역할을 했을 뿐만 아니라, 이 신학회는 점차 자리를 잡아 1906년에는 성경학원으로 발전하는 등 한국인 교역자와 평신도 사역자 양성의 토대를 이루었다.

존스는 1900년 12월에 최초의 한국어 월간지이자 한국 최초의 신학잡지인 〈신학월보〉神學月報를 창간해 신학교육을 지원했다. 〈신학월보〉는 목사 후보생과 평신도들을 신학적으로 훈련하기 위해서 존스를 편집책임자로 최병헌을 부책임자로 환상적인 콤비를 이루어 감리교회에서 발행한 월간지이다. 이를 통해 한국 평신도 지도자들의 신학교육에 크게 기여하였다.

존스는 1903년 5월 미국으로 귀국했다가 3년간 선교본부에서 총무로 봉사하였고, 1906년 미국 오하이오 주 웨슬리안 대학교에서 명예 신학박사 학위를 받고 한국에 돌아왔다. 1906년 여름 한국으로 돌아온 존스는 서울과 평양에 성경학원을 열고, 중단되었던 〈신학월보〉를 다시 발간하면서 신학교육에 더욱 열심을 내었다. 이 같은 존스의 노력이 더해져서 1907년 북감리회와 남감리회의 연합으로 협성신학당이 세워졌으며, 존스는 초대 학장으로 취임해 초기 한국 신학교육에 이바지하였다.

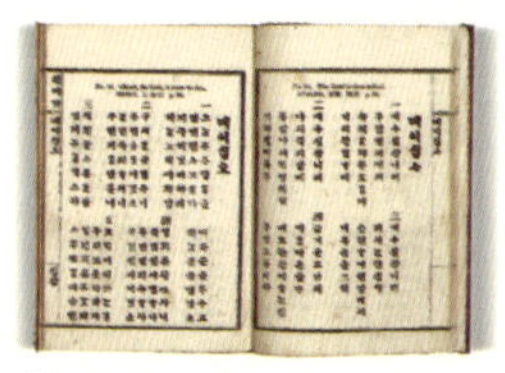
《찬미가》(1897)

존스는 한국어 실력이 향상되면서 문서선교를 통해 많은 활동을 하였다. 1892년 로스와일러Louisa C. Rothweiler와 함께 총 30장으로 된 한국 최초의 찬송가인 《찬미가》를 편찬해 한국 찬송가에 선구적인 역할을 하였다. 그 뿐만 아니라 1898년 8월 제14차 선교회 때에 상임 성서실행위원회의 위원으로 선출되어 1903년까지 성서 번역 및 개정작업에 참여하였다. 존스은 1892년 올린저Franklin Olinger가 창간했다가 휴간된 *The Korean Repository*의 주필로 1892년부터 1898년까지 활동하였고, 1901년에는 헐버트가 편집한 *The Korea Review*에서 주필을 담당했다.

이밖에 존스의 저서로는 교리해설서 《미이미교회문답》1889, *Korea-The Land, People and Customs*1907, *The Korea Mission of the Methodist Episcopal Church*1910, *Education in Korea: A Supreme Opportunity for the Christian Church*1910, *The Rise of the Church in Korea*1917 등이 있다.

이중 존스는 한국역사에 대한 독특한 책을 남겼다. 그는 *The Rise of the Church in Korea*라는 책을 남겼는데, 이는 한국선교 초기역사, 한국의 지리, 선교사들의 활동과 경험, 토착교회의 형성, 유교, 불교, 무교 등에 대한 이야기뿐만 아니라 한국의 종교적 상황과 기독교와의 접촉점이 될 많은 소재를 담고 있으며, 많은 그림을 포함해 일반평신도들도 쉽게 읽을 수 있는 형식으로 구성되었다. 특히 이 책은 한국 개신교 첫 번째 통사로 알려진 백낙준1895-1985의 1927년 논문 "한국개신교사"The History of Protestant Missions in Korea, 1832-1910보다 10년이 앞선 최초의 통사이며, '조용한 아침의 나라'The Land of the Morning Calm

신학반 학생들

《한국교회 형성사》

로 알려진 한국의 부정적인 이미지를 쇄신하고 힘차게 솟아 오르는 한국교회에 희망을 주기 위해 책 제목도 이같이 지었다. 1919년 그의 사망으로 출간되지 못하고 컬럼비아 대학 유니온신학교의 고문서실에 있던 것을 옥성득 교수가 발굴하여 2013년 《한국교회형성사》라는 이름으로 한국에서 빛을 보게 되었다.

| 1902년 하와이 이민사업 후원과 재미한인사회 형성 |

1902년 5월 하와이 사탕수수재배자협회의 찰스Charles 감독이 한국 노동자를 취업이민 시키기 위해 한국에 데슬러David W. Deshler를 파견하였다. 이에 한국 조정에서는 궁내부에 수민원綏民院을 설치하고 이민사업을 추진해 나갔다. 이때 존스는 한국인의 하와이 이민사업에 큰 후원을 아끼지 않았고 재미한인사회가 형성되는데 공헌을 하였다. 하지만 동료 선교사들은 존스의 이민사업 지원이 많은 초기 한국 교인들을 미국으로 보냄으로써 한국 선교사업에 좋지 않은 영향을 끼친다는 비난을 하기도 했다. 실제로 당시 인천 내리교회의 많은 교인과 유력한 초기 교인들이 이민 길에 올랐고, 신학회를 통해 교역자로 지식과 수양을 쌓은 홍승하 전도사가 존스의 당부에 따라 이민을 온 기독교인들의 신앙지도를 위해 하와이에 파송되기도 하였다.

하와이 이민대표 회의(1912)

21세의 젊은 나이로 한국에 와서 20여 년간 헌신한 존스는 1909년 부모를 섬기고 자녀를 교육시키기 위해 귀국하여 뉴욕 북감리회 선교부 총무로 활동했으며, 1919년 5월 플로리다 마이애미에서 52세로 병사했다.

내한/이한 1899/1937

Hugh Miller

밀러 민휴

1872-?

영국 BFBS

성경을 가지고 한글을 가르치는 권서

권서인들

신약전서

Chalmers Church

언더우드

| 밀러를 움직인 캐나다 순직자 맥켄지 |

휴 밀러는 1872년 스코틀랜드의 윅Wick이란 농어촌에서 태어나 다섯 살부터 열다섯 살까지 초등과 중등교육을 받았다. 그러나 그 이후의 학업은 갑작스러운 재해로 인한 집안 경제의 악화로 더 이상 계속할 수 없었다. 열여섯 살이 된 밀러는 한 상회의 직원으로 들어가 약 6년 동안 일을 하였다. 이때 기독교에 깊은 관심을 가지고 주일에는 주일학교 교사로 오후에는 교인을 심방하거나 노방 전도를 하는 등 복음 전파에 힘썼다.

1894년 22세가 된 밀러는 캐나다로 건너가 캐나다 동쪽 끝자락에 위치한 할리팍스Halifax에 정착한 후 도매무역회사에 취직하여 야간에 상과전문대학을 다니면서 학교를 졸업하였다. 밀러는 이때 찰머스교회Chalmers Church에 출석하며 주일학교에서 성경을 가르쳤다.

밀러가 출석한 이 찰머스교회는 황해도 장연에서 선교하다 1895년에 순직한 맥켄지선교사를 한국에 파송한 교회로, 한국의 계속되는 선교사 파견 요구로 1898년에도 그리어슨Robert G. Grierson, 구례선과 맥래Duncan M. McRae, 마구례를 파송했다. 밀러는 한국에서의 선교 소식을 접하면서 자연스레 한국 선교에 관심을 갖게 되었다.

| 언더우드를 도와 전국을 돌았던 평신도 선교사 밀러 |

밀러는 정식으로 신학을 공부한 복음선교사도 아니고 의료 교육을 받은 의료선교사도 아니었다. 그래서 밀러가 선교사로 파송받기 위해서는 신학이나 의학을 공부해야 했지만, 자신의 서기로 일을 해 달라는 언더우드 선교사의 초청으로 평신도 선교사로 파송을 받아 1899년에 한국에 왔다.

제물포를 거쳐 언더우드와 합류한 밀러는 언더우드의 서신 거래와 교회 사역을 도왔고, 언더우드의 선교여행에도 동행하였다. 언더우드는 밀러의 도움으로 예전에 비해 두 배 가까이 일을 할 수 있게 되었고 수많은 세세한 일의 부담에서 벗어나게 되었다.

밀러가 맡은 또 다른 일은 〈그리스도신문〉의 선전과 수금이었다. 1897년 4월 1일 언더우드가 창간한 〈그리스도신문〉은 매주 목요일 국문으로 발행한 주간신문으로 기독교 신앙을 전파하면서 일반 백성에게 생업에 도움이 되는 다양한 정보를 제공했기 때문에 정부도 이 신문을 보급하는데 협조를 아끼지 않았다. 특히 지방의 경우 관찰사가 신문의 배부를 독려하기도 하였다. 밀러는 전국 13도를 모두 돌며 신문을 선전하고 요금을 수금하였는데, 1899년부터 1901년 사이에 전국을 두 차례나 순행하며 이 일을 감당하였다.

그리스도신문

〈그리스도신문〉

| 켄뮤어의 뒤를 이어 한국성서위원회 연합지부를 이끌다 |

1901년 함께 사역하던 언더우드가 건강상의 이유로 귀국하게 되면서 밀러의 사역도 변화를 맞았다. 밀러는 1901년 9월 영국성서공회British and Foreign Bible Society에 취직하여, 후에 정년으로 은퇴하는 날까지 영국성서공회를 중심으로 한 성경의 번역과 발간, 보급을 총괄하는 일에 전념했다.

밀러가 영국성서공회에 들어간 시기는 한국의 성경 관련사업이 교단 간의 연합사업으로 전환되는 시기였다. 당시에 한국에 있던 영국성서공회, 미국성서공회American Bible Society, 스코틀랜드성서공회National Bible Society of Scotland는 성경 번역에서만 공동보조를 취하고 그 외에는 각기 활동해 오다가 1904년 효율적인 성경 번역과 반포 사역을 위해 각 교단의 선교사 대표와 연합하여 한국성서위원회The Bible Committee of Korea를 조직했다. 그리고 한국성서위원회의 성경반포 사업을 전담할 부서로 연합지부Joint Agency를 신설하고 영국성서공회의 켄뮤어Alex Kenmure를 총무로 임명했다.

켄뮤어의 무덤

알렉스 켄뮤어는 성경 번역을 지원하고, 성경의 판매를 위해 각 도시에 성경판매부를 두는 등 의욕적으로 일을 추진해 나갔다. 그리고 사업이 확장되자 1901년 밀러가 부총무로 취임해 켄뮤어의 사역을 도왔다. 1905년 6월 30일 연합지부 초대 총무였던 켄뮤어가 신경쇠약을 이유로 사임하게 되면서 밀러가 그 후임이 되어 1907년 연합지부가 해체될 때까지 총무로 일했다. 연합지부는 이 기간에 성경전서, 신약전서, 단편성경을 포함해 약 45만 권의 성경을 반포하였다. 영국성서공회, 미국성서공회, 스코틀랜드성서공회의 연합지부가 해체된 뒤에도 밀러는 영국성서공회 한국지부의 총 책임자로 성경반포 사업을 적극적으로 추진해 나갔다.

연도	성경전서	신약전서	단편성경	계
1903	333	7,204	21,316	28,853
1904	325	2,669	48,009	52,003
1905	733	16,076	81,689	98,498
1906	962	25,323	100,984	127,269
1907	721	54,551	95,958	151,230

성경반포 상황(1903-1907)

권서들의 활동 모습(1890)

| 권서들의 아버지 |

한국 선교 초기에는 선교사와 한국인 교역자의 숫자가 절대적으로 부족했기 때문에 전국 방방곡곡을 다니며 성경과 전도지를 나누어 주는 권서의 역할이 컸다. 권서들은 성경을 전해줄 뿐만 아니라 전도자의 역할도 감당했으며, 그들이 뿌린 복음의 씨앗은 한국교회가 빠르게 성장하는 모판 역할을 했다. 이러한 권서의 중요성 때문에 밀러는 각 선교부와 협조하여 권서교육에 힘써 달라고 당부하는 한편, 특별히 권서들에게 성경지식과 판매방법을 지속적으로 교육했다.

1915년에 처음으로 권서총회를 개최하였는데, 전국의 권서 200명 중 177명이 참여해 성황을 이루었다. 밀러는 또한 권서의 활동이 없는 지역을 직접 방문해 현장조사를 했다. 1906년에는 당시 '기쁜 소식'에서 소외된 지역인 강원도를 방문한 뒤 고재범을 강릉에 파견했는데, 그 결과 옥계 조월평교회, 망상교회, 삼척교회 등이 개척되는 역사가 일어났다. 밀러는 1918년 여름에 서간도를 방문하여 블라디보스토크와 그 근교에서 활동하던 한국인들과 성경 보급을 논의하고 조기학과 박정엽 등을 파송하였다.

| 사람들을 감동시켜 재정을 이끌어내는 능력 |

밀러는 특별히 재정지원을 이끌어 내는데 각별한 주의를 기울였다. 성경반포 사업은 권서를 고용하고 책방이나 판매대를 설치하는 비용이 많이 발생했기 때문이다. 밀러는 1907년 이후로 한국에서 철수한 스코틀랜드 성서공회로부터 1919년부터 1930년까지 매월 200파운드의 자금을 지원받았으며 영국성서공회 런던본부의 총무 릿슨T. H. Ritson이 한국을 방문했을 때 한국교회의 급속한 성장을 역설하여 한국지부가 요청하는 대로 자금을 지원하도록 했다. 릿츤 총무의 은퇴 이후 신임 총무 템플J. R. Temple이 일본이나 중국보다 과다한 한국지부의 예산을 삭감하려고 하자 밀러는 그에게 여러 차례 편지를 보내 한국을 시찰해 줄 것을 요구했다. 이에 템플은 결국 1934년 한국을 방문해 전도의 실상을 보고 한국 성경사업의 대폭적인 지원을 약속하였다.

| 민휴선생 일기 |

밀러는 성경 번역에도 커다란 업적을 남겼다. 신약성경의 초역은 밀러가 부임하기 전인 1900년에 이뤄졌지만, 구약성경의 초역은 1910년 4월 2일에 번역이 완료되고 1911년에 구약 전체가 인쇄되었다. 이후 번역작업은 개정작업으로 전환되어 1937년에 개역을 완료하였고, 그 이듬해 1938년에《성경개역》이 발행되었다. 밀러는 성경위원으로 성경 번역에 직접 참여하지는 않았지만, 이 모든 과정에서 다양한 모양으로 성경 번역 작업을 뒷받침했다. 1926년 11월 14일 이러한 밀러의 노력과 성과를 기념하기 위해 '밀러의 총무 근속 25주년 기념식'이 열렸다.

밀러는 신구약 번역이 실질적으로 완성된 1937년에 은퇴식을 맞아 귀국하였다. 1937년 9월 22일 YMCA강당에서 거행된 은퇴식에서 밀러는 그의 일생과 한국에서의 활동을 담은《민휴선생실기》를 비롯해 동으로 만든 커다란 흉상과 병풍, 자수와 한복, 장로교 총회에서 준 족자, 여자 절제회에서 준비한 은수저 등 많은 선물을 받고, 이것들을 고향으로 운송할 비용까지 선물로 받았다. 성서공회에서도 동판 초상 제막식을 거행하여 밀러의 초상을 성서공회 입구에 설치하였다.

내한/이한 1886/1907

Homer B. Hulbert

헐버트 訖法/轄甫

1863~1949

미국 M

육영공원

한성사범학교

을사늑약(중명전)

춘생문 사건

The Korean Repository

제2차 헤이그 세계평화회의장

| 미국 정부의 공식 교육 선교사 |

호머 헐버트는 1863년 1월 26일 미국 북동부 버몬트주의 목사이며, 미들베리 대학Middlebury College 학장인 칼빈 헐버트Calvin B. Hulbert와 인도 선교사 엘리어자 휠록Eleazar Wheelock의 딸 메리 헐버트Mary W. Hulbert 사이에 3형제 중 차남으로 태어났다. 독실한 기독교 가정에서 성장한 헐버트는 외가에서 1769년에 설립한 다트마우스대학Dartmouth College을 거쳐, 1884년 뉴욕의 유니언 신학교Union Theological Seminary에서 신학을 공부하였다.

개화기 한국정부는 1882년 미국과 조미수호통상조약을 맺고 미국 정부에 교육을 맡을 교사를 요청했다. 미 정부는 교사 선발을 미국 교육국장 존 이튼John Eaton에게 맡겼는데, 그는 뉴욕시에 있는 유니온신학교에서 교사들을 선발하려 했다. 이튼은 다트마우스대학 동창 칼빈 헐버트에게 유니온신학교에 재학 중인 두 아들 중 하나를 교사로 보낼 것을 문의했다. 4학년에 재학 중이던 헐버트의 형 헨리Henry W. Hulbert는 그 제안을 거절했고, 형보다 성격이 적극적인 헐버트가 이를 받아들여 교사로 오게 되었다. 헐버트는 다른 초빙교사 벙커Dalziel A. Bunker, 길모어와 함께 미국정부 추천 교사로 한국으로 파송되어 1886년 7월 4일 서울에 도착했다. 고종으로부터 매클레이가 학교와 병원 선교를 허락받은 지 정확히 2년 만이었다.

헐버트의 첫 공식활동은 '육영공원설학절목'育英公院說學節目을 제정하는 일이었는데, 이는 육영공원의 운영 및 교육내용과 방법을 상세히 다루는 일

종의 규약문이었다. 이를 통해 육영공원의 운영은 조선왕실이 맡고, 교육은 외국인 교사들에게 전적으로 위임되었다.

헐버트와 동료 교사들은 영어, 역사, 자연과학, 지리, 수학 등 근대적인 서양학문을 가르쳤고, 학생들도 현직 관리와 재능 있는 선비 중에서 선발했기 때문에 호응이 좋았다. 특히 학생들이 세계 지리에 큰 관심을 보이자 헐버트는 1891년 간이 천문지리서의 성격을 가진 《사민필지》士民必知를 순 한글판으로 출간했다. 1892년 이후 기독교 계통 학교는 물론 일반 학교도 이 책을 필수교재로 사용했는데, 이것이 헐버트의 육영공원에서의 활동 가운데 가장 주목할 만한 일이다.

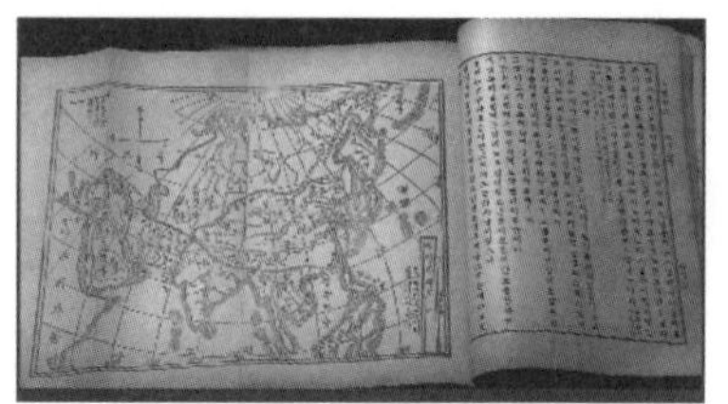
헐버트가 제작한 한글 교과서《사민필지》

1891년 정부와 2차 계약기간을 마치고 미국으로 돌아간 헐버트는 2년 후 1893년 감리교 선교사 자격으로 부인과 딸과 함께 한국을 다시 찾았다. 그는 육영공원에 이어 정부의 교육활동에 다시 참여했다. 헐버트는 1897년부터 1900년까지는 한성사범학교와 1900년부터 1905년까지 한성중학교에 고용되어 신학문 교육과 교과서 편찬 임무를 맡았다. 헐버트는 사범학교에서 점차 많은 졸업생이 나와서 각 마을까지 학교가 설립되고, 우수한 졸업생을 선발해 중등 또는 고등학교 교사로 훈련하는 것을 꿈꾸었다.

| 출판과 언론을 통한 계몽운동과 한국독립운동 |

헐버트는 백성을 계몽하고 한국을 해외에 알리기 위해 왕성한 저술활동과 출판사업을 전개했다. 1890년 아펜젤러에 의해 시작된 삼문출판사三文出版社, Tri-lingual Press는 국내 유일의 인쇄소였는데, 1892년 한국을 외국에 알리기 위해 최초의 영문 월간지 *The Korean Repository*1892-1899를 간행하고, 각

종 종교 서적을 대량으로 출판해 보급하였다. 출판사의 모든 업무를 맡은 올린저가 1893년 한국을 떠나자 헐버트가 책임자가 되어 휴간되었던 *The Korean Repository*를 다시 간행하고 1897년까지 삼문출판사를 이끌었다. 이 기간 삼문출판사는 재정적인 자립을 이루고, 1895년 성서번역사업이 진척되면서 일도 늘어났다. 1896년 제본기를 새로 들여와 배재학당 안에 제본소를 설립하면서 신문도 인쇄할 수 있는 대형 출판사로 거듭났다.

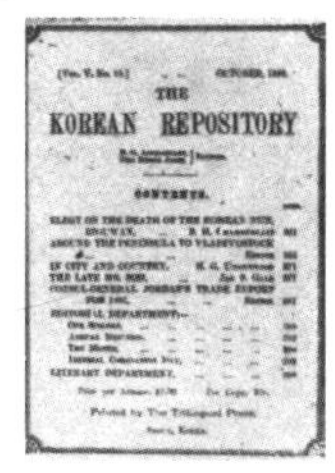
THE KOREAN REPOSITORY

The Korean Repository

헐버트는 1896년부터 발간된 〈독립신문〉 출판에도 참여했다. 그는 인쇄 직원 두 명을 지원했을 뿐만 아니라 〈독립신문〉 영문판 편집을 책임졌다. 그는 이 신문이 한국인들에게 매우 유익할 것으로 생각하고 기쁘게 신문의 창간에 관여하였다. 헐버트의 저술 및 출판활동은 1901년 *The Korea Review* 1901-1907 창간으로 이어졌다. *The Korea Review*는 *The Korean Repository*가 1899년에 폐간된 후 한국 사정을 알리는 유일한 영문 월간지였다. 초반기에는 한국 문화를 주제로 주로 발표했지만 1904년 러일전쟁을 겪으면서 헐버트는 일본의 야심과 야만적인 탄압행위를 신랄하게 비판했다. 그는 일본이 한국을 강제로 보호국으로 만들고, 일본의 자본가와 투기꾼들의 이익을 위해 한국이 착취당하고 있다고 주장했다. 또한, 아편 판매나 놀음 같은 사업형태를 운영하고 민간인들에게 정규 임금을 지급하지 않는 일본 관리들과 자본가들의 부도덕한 모습을 비판했다. 결국, 헐버트가 발행하는 *The Korea Review*는 일본당국의 감시 아래 놓이게 되었고, 1907년 1월부터 마침내 발행이 중단되었다.

THE INDEPENDENT.

〈독립신문〉 영문판

헐버트는 1905년 *The Korean Repository*와 *The Korea Review* 등에 발표한 글을 모아 *The History of Korea* 《한국사 드라마가 되다》(리베르, 2009)를 단행본으로 출간했다. 물론 외국인이 한국 역사를 서술하면서 발생하는 여러 오류가 지적되고 있지만, 서양인으로는 최초로 한국사를 서술하였다는 것 자체로 의미가 있다. 1906년에는 *The Korean Repository*와 *The History of Korea*를 요약해 *The Passing of Korea*《대한제국멸망사》(집문당, 1999)를 간행하여 러일전쟁 이후의 한국 현실에 관해 자신의 견해를 자세하게 서술하였다.

한편, 헐버트는 1896년 그동안 입에서 입으로 구전으로만 전해오던 "아리랑"을 최초로 채보採譜해서 *The Korean Repository*에 싣기도 하였다. 이 같은 저서들을 통해 우리는 당시 헐버트가 한국에 가지고 있던 관심과 애정을 알 수 있다.

| 헐버트의 민족운동과 강제 귀국 |

1904년 청일전쟁이 일본의 승리로 끝나자, 미국 정부는 한국문제에 깊이 개입했을 때 일본과의 관계가 악화되지 않을까 우려했다. 그래서 미국 공사관은 물론 선교사를 포함한 주한 미국인들이 한국의 정치적 문제에 일체 개입하지 말도록 강력하게 지시하였다. 이런 이유 때문에 대부분의 선교사는 본국의 지시대로 직접적인 선교사업 이외에는 한국의 정치문제에 개입하지 않으려 했다. 그러나 헐버트는 당시 한국인의 민족적인 문제를 외면한 상태에서 선교하는 것은 불가능하다고 생각하였다.

헐버트의 구체적인 정치 참여는 1895년 11월 28일 국왕탈출미수사건인 '춘생문사건'을 통해 이루어졌다. 춘생문사건은 을미사변 이후 친일정권에 포위된 채 불안과 공포에 떨고 있던 고종을 궁 밖으로 나오게 하여 친일정권을 타도하고 새 정권을 수립하고자 했던 일이다. 을미사변으로 명성황후가 시해된 후 신변의 위험을 느끼고 있던 고종은 항상 자기 주변에 외국인 선교사들을 두어 보호를 받으려 하였는데, 외국 선교사들과 함께 있으면 안전할 것이라는 판단에서였다. 그래서 헐버트를 비롯하여 존스, 게일, 언더우드, 에비슨 등이 교대로 고종을 호위하기도 했다. 춘생문사건은 비록 거사에 참여했다가 변심한 무관출신 이진호李軫鎬의 배신으로 실패했으나 이런 일련의 움직임은 1896년 고종과 세자가 궁궐을 탈출하여 러시아 공사관으로 가는 데 큰 도움을 주었다.

헐버트의 한국을 위한 민족운동은 여기서 그치지 않았다. 1905년 을사늑약이 체결되자 헐버트는 한국의 자주독립을 강조해 미국 루즈벨트 대통령에게 고종의 친서를 전달하려고 하였다. 그러나 이미 친일정책을 쓰고 있던 루즈벨트는 미국의 국익을 위해 한국의 사정에 귀를 기울이려 하지 않았고, 때문에 헐버트의 시도는 결과적으로 실패로 끝나고 말았다.

헐버트는 1907년 또다시 한국의 민족운동에 동참했다. 1907년 6월 제2차 세계평화회의가 헤이그에서 개최된다는 사실을 알게 된 그는 고종에게 이 사실을 알려서 헤이그에 밀사를 파견하도록 제안했다. 나아가 헐버트는 한국인 밀사들보다 먼저 헤이그에 가서 자신도 한국대표로 회의에 참석하기 위해 백방으로 노력했다. 하지만 일본의 방해로 헐버트를 비롯한 이상설, 이준, 이위종 등은 결국 회의에 참석하지 못했고, 오히려 이 일로 이준은 그곳에서 분사憤死했고 고종은 7월 19일 강제로 퇴위를 당했다. 헐버트 역시 일제의 압력을 받고 미국정부의 소환형식으로 한국을 떠날 수밖에 없었다.

하지만 헐버트는 한국을 떠난 후에도 기고와 저술활동을 통해 한국의 독립운동을 지원했으며, 1949년 8월 이승만 대통령의 초청으로 해방된 한국을 방문했으나 여독으로 서울 위생병원에 입원했다 1949년 8월 5일, 그렇게 사랑하던 한국에 몸을 묻었다.

헤이그 특사(이준, 이상설, 이위종)

고종의 신임장

내한/이한 1886/1926

Dalziel A. Bunker

벙커

방거

1853-1932

미국 NP/M

육영공원

배재학당

서재필

한성감옥

이승만

정신여학교

아내 엘리스

이상재

| 한국정부 요청으로 미국정부가 교사를 보내다 |

달지엘 벙커는 1853년 8월 10일 출생하여 미국 오하이오주 오벌린대학과 뉴욕 유니언신학교에서 공부했다. 1886년 한국 정부의 요청으로 길모어, 헐버트와 함께 교사로 한국에 들어왔다. 다음 해인 1887년 명성황후의 시의이며 제중원에서 의료선교사로 활동하던 엘러스Annie Ellers와 결혼했다.

1882년 5월 한국과 미국 사이에 '조미수호 통상조약'이 체결된 후 미국의 여러 문물과 제도를 파악하고 돌아온 민영익과 홍영식 등은 국내에 서양의 신식교육기관을 설치하는 것이 필요하다고 조정에 건의하였다. 이 건의로 한국 정부는 새로운 공립교육기관을 설치하기로 하고, 주한미공사관에 교사초빙을 요청했다. 이에 미공사관은 1884년 9월 10일 미국 국무장관에게 3명의 교사를 선발해 달라고 요청했고, 교사 선발은 미국 국무부를 통해 당시 미국 교육국장 존 이튼이 맡았다. 이튼은 뉴욕에 있는 유니언 신학교에서 벙커, 헐버트, 길모어를 선발해 한국으로 파송했다. 예기치 못한 하나님의 섭리로 한국의 근대교육은 미국 정부가 주선한 기독교 교육에 그 뿌리를 두고 있었다.

한국 최초의 근대 공립교육기관인 육영공원1884-1894은 하루 6시간 동안 교육을 진행하였고, 벙커와 헐버트, 그리고 길모어가 각각 2시간씩 수업을 했다. 초기에는 주로 영어를 가르쳤으며, 이후 문법, 지리, 수학 등 고등교육을 실

육영공원 영어 교재

시 했다. 1891년 재정난 등의 이유로 헐버트와 길모어가 학교를 떠났고, 벙커는 1894년 육영공원이 폐교될 때까지 홀로 학교를 지켰다. 교육에 대한 그의 공로가 인정되어 1892년 3월에 '호조참의'라는 벼슬을 내리기도 했다.

| 민족운동의 요람 – 배재학당과 독립협회, 최초로 애국가를 부르고 |

육영공원이 문을 닫자 벙커는 감리교 선교부의 요청으로 아펜젤러가 설립한 배재학당으로 자리를 옮겼다. 그는 배재학당의 학감으로 활동하며 기존의 주입과 암기 위주의 교육방식에서 탈피해 고대사, 물리학, 화학, 수학, 정치학 등 새로운 교과과목을 도입하여 배재학당의 교육체제를 바꾸는데 힘썼다. 그리고 1902년 설립자 아펜젤러의 갑작스러운 죽음으로 벙커가 배재학당의 제3대 학당장[1906-1912]이 되어 학교를 섬겼다.

1894년 육영공원이 폐교되자 신학문과 영어를 배우려는 젊은 이들이 배재학당으로 몰려들었다. 배재학당은 1895년부터 정부 지원을 받아 재학생들의 학비를 보조했으며, 소정의 과정을 수료한 학생들은 정부의 하급관리로 임용되도록 알선해 주기도 했다. 이처럼 배재학당이 정부의 위탁교육기관 같은 역할을 수행하자 개화와 구국의 뜻을 품은 학생들이 학교로 속속 모이기 시작했다.

협성회회보

배재학당의 협성회에서 발간한 한국 최초 주간지 〈협성회회보〉

벙커가 학감과 학당장으로 재직할 당시 배재학당은 독립협회 인사들과 깊은 관계를 맺으며 조선의 자주독립과 민중계몽 운동에 앞장섰다. 독립협회를 창립하고 〈독립신문〉을 발간한 서재필은 1896년부터 매주 목요일마다 배재학당에서 서양의 역사와 지리, 정치학에 대해 강의를 했는데, 그 결과 배재학당 학생이 중심이 되어 협성회라는 토론회를 만들었다. 협성회의 회장 양홍묵은 배재학당 교원이었고, 서기 이승만은 1895년 배재학당을 졸업하고 같은 학교에서 영어 교사로 근무하고 있었다. 또한, 질레트Philip L. Gillett가 1903년에 설립한 황성기독교청년회YMCA는 배재학당의 학생들이 중심이 되어 활동하였다. 또한, 음악에 조예가 깊은 벙커는 1896년 독립문 정초식에서 윤치호가 작사한 국가를 스코틀랜드 민요 로렐라이에 맞추어 학생에게 부르게 하여 한국 최초의 애국가를 만들기도 했다.

| 천국이 된 한성감옥, 이승만을 개종시킨 옥중학교를 열다 |

벙커의 한국 이름은 '방거'房居로 감옥에 있는 사람들을 기독교에 입교시킨 선교사의 이름과도 잘 어울린다. 독립협회와 만민공동회에 연루되어 있던 민족 지도자들이 대거 한성감옥에 투옥되어 있을 때, 벙커는 게일과 언더우드 등과 협력해 수감자들의 석방운동을 돕고 예배를 드리며 이들을 위로했다. 선교사들은 성경책을 비롯한 기독교 관련서적과 역사책을 넣어주고, 선진국에서 시행되는 죄수들의 처우 개선, 야만적 고문제도의 폐지, 음식과 의복의 자유로운 차입, 독서의 자유, 죄수들의 인권 향상을 한국정부에 건의했다.

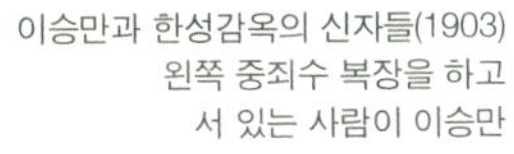

이승만과 한성감옥의 신자들(1903)
왼쪽 중죄수 복장을 하고
서 있는 사람이 이승만

이승만의 《독립정신》

벙커와 선교사들의 노력으로 이승만은 한성감옥의 첫 개종자가 되었다. 이승만의 요청으로 에비슨이 영문 《신약성서》와 《영어대사전》을 그에게 보내주었는데, 이 책은 그를 기도와 개종의 자리로 이끌었다. 영어를 배우려는 목적으로 배재학당에 다녔던 이승만은 독방에 혼자 있을 때마다 성경을 읽었고, 학교에 다닐 때에는 의미 없던 성격책에 깊이 몰두하여 신앙을 갖게 되었다. 그의 개종은 옥중에 수감된 죄수들에게 영향을 미쳐 약 40여 명의 죄수가 그의 영향을 받아 기독교로 개종했다. 이승만의 《독립정신》도 이때 감옥에서 쓰였다.

이승만의 개종과 선교사들의 지원으로 한성감옥은 성경을 연구하고, 예배를 드리며, 책을 읽는 기독교 학교로 변화하였다. 당시 감옥에서는 국문과 한자교육을 비롯해 영어와 일어 등 외국어를 가르쳤으며, 문법, 산수, 지리 등의 일반 과목과 성경 등의 기독교 교육이 함께 이루어졌다. 이때 교육을 맡은 교사는 배재학당에서 공부했던 이승만과 신흥우, 그리고 양기탁 등이었다. 일요일에는 벙커가 감옥을 방문해 공부한 것을 문답하고 성경을 가르쳤다. 특별히 이들의 활동을 통해 이상재, 이원긍, 유성준, 김정식 등 고관 출신의 양반과 선비들이 기독교인이 되었고, 1904년 이상재, 이원긍, 김정식 등은 출옥하여 황성기독교청년회의 활동에 적극적으로 참여하였다.

한편 이승만의 건의로 감옥에 서적실이 개설되었으며, 벙커를 비롯한 배재학당 교사들이 감옥에 책을 공급하였다. 250여 권으로 시작한 서적실은 선교사들의 지원으로 1904년에는 국문책 52종 165권, 한문책 222종 338권, 영어책 20종 40권 등 총 294종 543권을 갖춘 도서관이 되었다. 특히 옥중 서적실에서 가장 많이 읽었던 책은《신약전서》,《그리스도신문》,《사민필지》,《천로역정》등으로 대부분 기독교 계통의 서적이었다.

이렇게 조성된 서적실은 1910년대 전후, 국내에 개설되어 있던 공, 사립 도서관 가운데 기독교와 제도개혁에 관하여 국내에서 가장 많은 장서를 소장하고 있었던 도서관이었다. 후에 한성 감옥서의 장서들이 고스란히 서대문형무소로 넘겨져 백범 김구가 서대문 형무소에서 이곳의 장서를 읽을 수 있었다. 한반도의 기독교적 영맥은 다사다난한 인간사에도 영구히 흐르고 있었던 것이다.

게일은《전환기의 한국》Korea in Transition에서 한성 감옥이 벙커 목사를 통해 어떻게 변화되었는지 다음과 같이 전하고 있다.

"벙커목사와 그의 부인이 정규적으로 방문한 그들의 감옥은 처음에는 '탐구의 방'an inquiry room이었다가 '기도의 집'a house of prayer이 되었고, 나중에는 '예배를 드리는 곳'a chapel for religious exercises이 되었으며, '신학 홀'a theological hall이 되기까지 했다. 이것이 마무리되자 하나님은 그들을 감옥 밖으로 내보내셨고 일하도록 하셨다."

| 동대문교회에 감리교 한국선교 25주년 벙커 선교사의 종 |

1910년에 미감리교회 한국선교 25주년 행사를 했다. 미감리회에서는 존스 선교사의 노력에 힘입어 25주년 기념 기금Quarter Centennial Jubilee Fund을 조성하고 이 기금으로 동대문교회를 건축하기로 했다. 동대문교회 종탑에 매달 종은 벙커가 미국에서 제작해 왔는데 이로써 '미감리회 한국선교 25주년 기념종'이 생겼다. 3·1운동 당시에 고종의 장례에 참여하기 위해 종로 보신각에 모인 사람들은 벙커가 만든 종소리에 마음이 동요되어 만세운동에 가담하게 되었다는 증언이 많았다. 벙커의 종은 국민의 무지를 깨우고, 어둠을 깨우고, 억압을 깨우고, 절망을 깨운 종이 되었다.

미감리회 한국선교
25주년 기념 종

벙커는 1926년 7월 4일 73세에 선교사직에서 은퇴해 부인과 함께 미국으로 귀국했다. 그는 1930년 한국에 잠시 방문했고, 1932년 11월 28일 80세로 캘리포니아 샌디에이고에서 별세했다. "나의 유골이나마 한국 땅에 묻어 달라."는 유언에 따라 부인 애니 엘러스는 남편의 유해를 가슴에 안고 한국으로 왔다. 벙커의 유해는 1933년 4월 8일 정동제일 감리교회에서 고별 예배를 드리고, 양화진 제1묘역에 안장되었다. 묘비에는 'Until the day dawn the shadows free away(날이 새이고 흑암이 물러갈 때까지)'라는 구절이 기록되었다.

| 명성황후의 시의, 정신여학당 설립자 - 애니 엘러스 |

1887년 벙커와 결혼한 애니 엘러스는 한국 여성 의료선교의 개척자요, 여성 교육의 어머니이다. 엘러스는 1860년 미국장로교 목사의 딸로 출생해, 1881년 일리노이주 록포드 대학Rockford University을 졸업하고, 페르시아 선교사로 준비하다가 한국에서 의료사역을 하고 있던 알렌의 요청을 받게 되었다. 그 후 그녀는 보스턴의대에서 공부를 마치고, 1886년 교육선교사 벙커와 함께 한국에 도착했다.

연지동으로 이사 온 정신여학교(1903)

제중원에 부임한 엘러스는 고종황제의 어의로 활동하던 알렌 의사를 돕는 한편 명성황후의 병을 치료해 주면서 자연스럽게 한국 조정의 환대를 받았다. 이 같은 공로로 엘러스는 정 3품 벼슬에 해당하는 당상계 통정대부의 높은 품계에 올라 명성황후의 시의로 임명되어 활동하였다. 1895년 명성황후가 암살된 후 처음 진찰한 날의 일기를 공개하기도 했다.

1887년 언더우드 학당에 고아 몇 명이 들어왔다. 여느 때와 같이 목욕을 시킨 다음 새 바지저고리를 입히고 머리를 곱게 빗겨 주었는데, 목욕을 시키는 과정에서 한 아이가 여자임을 발견하고 언더우드가 기겁했다. 그는 곧바로 아이를 제중원에서 일하던 여자 의사 엘러스에게 보냈고, 엘러스는 1887년 6월에 자신의 집에서 교육을 시작했다. 그리고 이것이 정신여중·고등학교의 모체인 정신여학당의 시작이 되었다.

> 나는 아이를 데리고 와서 이로 가득한 머리를 자르고 씻기고 깨끗한 옷을 입혔다. 그녀는 아주 귀엽고 사랑스러웠다. 그 아이의 이름은 '정네'였다.

소녀들을 돌보고 가르쳤던 초기에는 불안정했다. 어떤 날은 네 명의 소녀들이 있었지만, 다음 날은 한 명도 없기도 했다. 우리가 의료용 칼로 그들의 눈과 심장을 도려낸다는 소문을 듣고 그들은 두려워했다. 소녀들을 도우려던 초창기에 우리는 많은 불안한 날들을 보냈다. 우리가 거리에 나가는 것이 아주 불안했던 때도 있었다.

–엘러스의 회상 "Personal Recollection of Early Days"

이후 세브란스 병원에 거액을 후원한 독지가 세브란스가 정동여학당에 많은 돈을 기부해 학교의 운영을 도왔고, 이를 기념하기 위해 학교 내에 세브란스기념관이 세워졌다.

엘러스는 1887년 벙커와 결혼한 후 선교활동을 하는 데 제약이 있자 정신여학당을 헤이든Mary E. Hayden에게 인계하고, 1894년 배재학당으로 자리를 옮긴 벙커를 따라 자신도 감리교로 전환했다. 그러나 그녀는 계속해서 미국 교과서를 번역해 정신여학당에 넘겨 주었고 정신여학당은 그러한 자료를 수업교재로 사용하였다. 한편, 엘러스에게 교육을 받은 이들은 모두 YWCA에 적극적으로 참여했는데, YWCA에 깊은 관심을 갖고 창설에 협력하여 5천 엔의 창립기금을 헌금하기도 했다. 1926년 은퇴하고 1932년 남편이 사망하자, 1937년에 다시 한국에 와서 소래에 잠시 머물렀으며 1938년에 서울로 와서 생을 마쳤다.

내한/이한 1892/1906

Samuel F. Moore

무 어 모삼열

1846~1906

백정해방운동

무어의 가족

Avison

승동교회

백정 박씨와 만민공동회

미국 NP

사무엘 무어는 1846년 9월 15일 미국 일리노이주에서 목사의 아들로 태어나 1889년 몬타나대학Montana University, 1892년 시카고 맥코믹 신학교 McCormick Seminary를 졸업하였다. 그리고 1892년 아내 로즈Rose E. Moore, 그래함 리 선교사와 함께 46세의 나이로 한국에 들어왔다. 그는 마펫이 시작한 성경 공부반을 도우며 1893년 곤당골현재 승동교회가 자리한 곳에서 교회를 시작했다. 무어는 서울에서 사회 최하층민인 백정을 대상으로 선교활동을 펼치며 신분제한 철폐 등 백정의 권리보장과 계몽에 힘썼다. 서울 근교의 순회전도로 많은 교회를 설립하였으며, 평양신학교에서 한 학기 동안 학생들을 가르치기도 하였다. 무어는 고된 사역을 하다가 폐결핵에 걸려 한국선교 14년 만인 1906년 제중원에서 숨을 거두었다.

| 백정에게도 "기쁜 소식"을 전하는 무어의 복음 선교 |

당시 선교사들은 공식적으로 복음선교를 내세울 수 없었기에 교육과 의료사역을 통해 왕실과 상류층의 신뢰를 쌓으며 조심스러운 행보를 했다. 그러나 무어는 직접적인 방식을 취하며 백정들과 같이 사람취급도 받지 못하는 이 땅에 가장 낮은 자들을 대상으로 복음을 전하는 길을 택했다.

돛배를 타고 다니며 전도하는 선교사(1894)

서울 종로구 연지동에는 미국 장로교 선교사들이 거주하는 작은 마을, 일명 '선교언덕'이 있었다. 내한한 선교사들은 그곳에서 1년 정도 한국어 교습을 받으며 한국문화를 천천히 답습하고 각자의 선교지로 보내졌다. 하지만 무어는 이런 공식적 절차를 밟지 않고 한강변 초가집에 사는 백정들과 직접 생활하며 그들에게서 한국어를 익혔다. 그래서 무어가 백정들에게서 배운 한국어는 욕설과 상스러운 표현이 뒤섞여 있어서 선교사 단체에서 보는 한국어 시험에서 언제나 낙제를 하곤 했다. 그러나 무어는 자기 방식으로 빠른 시간 내에 한국어를 배워, 한국말로 설교할 수 있게 되었다.

무어는 승동교회를 비롯해 동막교회, 대현교회, 용산교회 등 25개의 교회를 설립했고, '기쁜 조류'The Glad Tiding라는 배를 만들어 한강에서 복음을 전했다. 그는 김영옥, 천광실 조사를 대동하여 황해도의 백천군과 평산군, 경기도 북부 지역, 강원도 지역까지 순회 전도사역을 하였다. 천광실 조사는 특히 무어 선교사의 지도로 서울 마포 동막교회의 첫 한국인 목회자가 되었다. 백정을 상대로 복음을 전한 그에게 무서운 것이 있었겠는가? 강원도에서 황해도까지 동서횡단을 하며 복음을 전한 무어는 1898-1899년에 강원도에서 활동하며 2년 동안 12개의 집회장소와 6개의 교회를 세웠다.

| 복음 정신에 따라 한국문화를 폐지하려 하다 |

무어는 순전한 복음주의자로서 한국의 문화풍습이 복음에 반反한다고 생각할 때는 과격한 행동도 서슴지 않았다. 무속신앙과 불교 등 한국의 고유문화에 대하여 무어는 과격할 정도로 부정적이었다.

당시 문화풍습 중 하나로서, 사람이 죽었을 때 석가의 가르침을 요약한 다라니경을 시신과 함께 태우면 극락에 간다고 사람들은 믿었다. 무어는 오직 예수를 통해서만 천국에 갈 수 있다고 전하며 복음의 정신에 맞지 않는 한국의 전통적 문화풍습을 폐지하려 했다. 또한, 1892년 고종의 소유인 북한산 불상을 지팡이로 때려 파괴하여 물의를 빚기도 하였다.

특히 무어는 선교 방식에서 알렌과 갈등을 겪었다. 알렌은 무어를 다루기 어려우며 걷잡을 수 없다고 호소했다. 고종의 종교금지령으로 알렌은 선교사들에게 순회전도활동을 자제할 것을 당부했지만, 무어는 이를 거부하며 고종을 만나게 해달라고 알렌에게 부탁했다. 알렌이 거절하자 무어는 고종이 회개하고 복음을 수용해야 한다고 주장하면서 자기에게 설교를 허락해 줄 것과 원활한 순회전도 활동을 보장해 줄 것을 요구하는 서신을 보냈다. 그러나 무어는 끝내 고종을 만나지 못했고 알렌은 길거리 전도를 하며 고종의 개종을 설득하는 무어의 직접적인 선교활동을 비난하는 편지를 미국 선교부에 보냈다.

순회전도 중에 식사하는 무어

| 시대의 인물이 된 백정 박성춘과 승동교회 |

당시 한국의 신분제도하에서 백정들의 삶은 비참했다. 그들은 거지보다도 낮은 신분이었고 대물림되는 신분제도에 의해 구속되어 살아가는 소망 없는 존재들이었다. 백정들은 기와집에서 살 수 없었고, 걸을 때는 항상 허리를 구부리고 다녀야만 했다. 비단옷이나 짚신도 신을 수 없었으며 자녀가 태어날 때까지 망건은 물론 머리도 묶지 못했다. 무어는 그런 백정들에게 복음을 들고 찾아갔다.

무어는 제중원의 에비슨 의사와 함께 관자골 백정구역을 종종 왕래하며 진료를 하였다. 한번은 백정 박가가 콜레라로 인해 앓아누웠다. 박가의 아들 봉출이가 곤당골교회에 출석하고 있었기에 이 소식을 들은 무어는 에비슨과 진료를 나섰다. 박가는 천민인 자신을 직접 왕진하러 온 선교사들, 특히 왕의 시의인 에비슨의 방문에 감동을 받았다. 치료를 받고 며칠 후 박가는 아들과 나란히 무어가 개척한 곤당골 교회에 출석하게 되었다. 이 박가는 훗날 백정 출신으로 장로가 되고 만민 공동회 당시 개막연설을 한 박성춘이다.

곧이어 박성춘은 곤당골 교회에서 백정 출신자로 세례를 받았다. 소식이 알려지면서 곤당골 교회의 양반들은 백정들만은 함께 예배드릴 수 없다며 박가의 교회출입을 완강히 반대했다. 하지만 무어는 양반과 백정의 구분 없이 함께 예배드리는 교회를 꿈꾸었고 양반들의 주장은 복음 정신에 어긋나는 것이라며 그들을 설득했다. 신씨 성을 가진 양반은 자신들을 위한 자리를 따로 마련하고 백정을 뒤편에 앉혀 한국의 전통 풍습을 지키자고 중재안을 내놓았지만 무어는 이마저 들어주지 않았다. 이에 실망한 양반들은 말없이 곤당골교회를 떠났고 결국 백정들을 뺀 양반들이 자기들끼리 예배를 드리기 위해 1895년에 광교 근처 홍문수골에 교회를 세웠다.

조선시대 백정

1899년 가을, 곤당골 교회가 홍문수골교회로 들어감으로써 두 교회는 무어의 주관 아래 재결합에 성공했다. 분립한 지 4년 6개월 만이었다. 양반과 백정이 같이 예배를 드렸던 승동교회는 1911년 백정 박성춘을 장로로 피택했다. 물론, 하루아침에 백정에 대한 차별의식이 바뀌지는 않았다. 백정 박가가 몇 번이나 장로로 추천되었다가 떨어졌던 것이 예이다.

| 링컨의 노예 해방과 맞먹는 백정 해방운동 |

한편 무어는 1895년부터 본격화된 백정신분 철폐운동을 적극 후원했다. 그 해 4월 무어의 학교에서 교사로 일하던 최 선생은 박성춘을 도와 백정들에 대한 차별대우를 개정해 달라고 정부에 청원서를 제출하였다. 물론 무어의 편지도 첨부되어 있었다. 이때 콜레라 방역의 큰 성과 덕분에 에비슨이 왕실에 가 치하를 받게 되자, 에비슨은 무어 선교사가 귀띔했던 바대로 백정도 상투하고 갓을 쓸 수 있도록 해 달라는 탄원서를 작성해 고종에게 전달했다. 고종은 이 탄원을 받아들였고 이는 백정 해방의 결정적인 계기가 되었다. 가히 에비슨과 무어의 환상적인 합작이 성공한 광경이었다.

이런 노력으로 1895년 6월 6일, 백정신분을 철폐한다는 포고문이 거리에 나붙었다. 무어 선교사는 이 기쁜 소식을 전하고자 자신의 사비로 포고문을 만들어 전국에 배부하고 백정 스스로 자신들의 인권을 회복하도록 크게 계몽하였다. 박성춘도 자신들의 신분해방을 이스라엘의 출애굽과 비교하며 기쁨으로 동료 백정들에게 복음을 전했고, 그를 통해서 많은 백정이 진짜 '복된 소식'Good News을 들을 수 있었다.

| 만민공동회 연설에 백정 박성춘이 서다 |

박서양

1898년 서울 종로에서 열렸던 만민공동회에서 박성춘은 무어의 도움으로 개막연설을 하였다. 민중의 대표로 백정이 목소리를 낸 것은 놀라운 일이었다. 박성춘은 계몽운동에 힘입어 자녀의 교육에 힘썼다. 그의 아들 박봉출은 이름을 '박서양'으로 개칭하고 에비슨의 주선으로 제중원 의학교에 입학해 6년간 공부를 하고 1908년 1회 졸업생으로 한국 최초의 외과의사가 되었다. 1913년부터 1918년까지 세브란스의학전문학교에 교수로 재직했고 후에 만주 간도지방에 가서 병원을 열고 교회와 학교를 세웠다. 그의 누이 박양무도 이화학당을 졸업하고 정신여학교에서 교편을 잡았다. 후에 선교사 마르다 헌틀리Marth W. Huntley는 링컨의 노예해방운동과 맞먹는 무어 선교사의 '백정 해방운동'이라 고백했다.

내한/이한 1916/1920

Frank W. Schofield

스코필드

석호필

1889~1970

캐나다 CP

3·1운동 현장에서

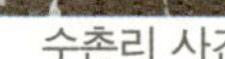

수촌리 사건

제암리사건

민족대표 34인

Schofield

이갑성

제암리 주민들

프랭크 스코필드는 1889년 영국 워릭셔주Warwickshire에서 4남매의 막내로 태어나 19살에 캐나다에 이민을 왔다. 그는 농장에서 가축을 돌보며 수의학에 관심을 갖게 되었고 토론토 대학교 온타리오 수의과대학Ontario Veterinary College에 입학하여 1914년에 졸업하였다. 그러나 21살에 소아마비를 앓아 왼팔과 오른쪽 다리가 불편했던 스코필드는 평생 힘든 몸을 지니고 살았다.

| 스코필드와 한국의 인연 |

스코필드는 여덟 살 때, 아버지가 근무하는 영국 클리프 대학Cliffe College에서 한국에서 온 유학생 여병현을 만나 한국이라는 이름을 처음으로 접했다. 이후 그는 토론토 대학에서 박사 학위를 받은 후 세균학 강사로 있던 중에 한국에서 사역하던 에비슨에게서 한국선교 요청을 받았다. 에비슨과 스코필드는 토론토대학에서 이미 교분이 있었던 터라 에비슨은 신앙과 전문성을 갖춘 스코필드의 세브란스행을 적극 요청했던 것이다.

1916년 한국에 온 스코필드는 세브란스 의학교에서 세균학과 위생학을 가르쳤고, 영어성경반을 조직해 학생들에게 틈틈이 성경을 가르쳤다. 1919년 3·1운동 이후 일본의 압력으로 1920년 캐나다로 귀국하기까지 4년간 한국에 머물면서 3·1운동에 대한 일본의 비인도적인 만행을 세계에 알리고 조선의 독립운동을

여병현과 에비슨

적극적으로 도와 이후 '민족대표 34인'으로 불렸다.

스코필드는 캐나다로 귀국한 뒤에도 캐나다와 미국에 한국을 소개하며 독립운동을 적극적으로 후원했다. 심지어 이승만이 머물던 미국의 수도 워싱턴에 찾아가 자신의 3·1운동견문록인 "끌 수 없는 불꽃"The Unquenchable Fire을 출판하려 했지만, 재정적인 문제로 실패했다. 한국을 위해 그토록 헌신한 사람의 책 한권을 내 줄 수 없었던 한국교회의 자화상이었는지 모른다. 그는 모교 토론토대학교에 봉직하다 1958년 다시 한국으로 돌아와 '스코필드 기금'을 마련해 고아들을 도우며 학생들을 가르쳤고, 언론 활동을 통해 한국의 민주화 운동에 앞장섰다.

세브란스의학교에서 학생들을 지도하고 있는 스코필드(1918)

| 3·1운동 만세와 고난의 현장을 카메라에 담다 |

1919년 3·1운동이 있기 직전에 스코필드는 자신의 연구실에서 이갑성과 비밀리에 만났다. 이갑성은 스코필드에게 독립선언문 사본을 보여주면서 3월 1일 현장에서 사진을 촬영해 줄 것을 요청했다. 민족대표 33명 중 한 명이던 이갑성은 3·1운동을 세계에 알리기 위해 외국선교사들의 도움이 필요하다고 판단해 조심스럽게 선교사들을 방문하고 있었다.

이갑성의 요청을 흔쾌히 수락한 스코필드는 1919년 3월 1일 생생한 현장의 모습을 사진에 담기 위해 시위 군중을 보다 잘 내다볼 수 있는 곳을 물색하였다. 그러던 중 일본인 구역의 상점을 발견하고 2층 베란다로 올라가 사진을 찍었다. 이러한 사정을 알지 못한 일본인 여주인이 낯선 침입자가 들어온 것을 알고, 빗자루를 들고 그를 막무가내로 때렸다. 스코필드는 안 통하는 언어와 몸짓으로 이리저리 변명하다 카메라를 들고 줄행랑을 쳤다. 스코필드의 용맹스런 활동을 이갑성은 이후 이렇게 술회했다.

> "그 당시 외국인 선교사들 거의 전부가 우리에게 적극적으로 협력하기를 꺼린 것은 사실이오. 그런데 박사는 처음부터 달랐지. 나이도 그때 불과 서른 하나 밖에 안 된 그가 어떻게 그렇게 용감하고도 침착하게 우리 편을 들 수 있었는지 모를 일이었소. 아무튼, 다른 외국인은 흉내도 못 낼 노릇이거든. 나는 늘 박사가 우리 민족의 독립운동을 위해 하늘에서 보내준 천사인 것 같이 느껴왔소. 박사는 참으로 우리를 위한 천사였소."

3·1운동 기록 사진

제암리 사건을 기록한 각종 서신과 보고서

3·1운동 만세시위가 시간이 흐르면서 몇몇 지역에서 과격하게 전개되었고, 일부 일본인 순사들이 죽거나 다치는 등 일본의 피해가 생기자 일본은 시위 마을들을 폭력적으로 진압하기 시작했다. 경기도 화성 제암리와 수촌리 지역에서 행해진 일본의 무차별적인 살육과 마을과 교회에 대한 방화는 이러한 상황을 가장 비극적으로 보여준 사건이다. 일본은 이 야만적 행동을 은폐하려 했지만, 스코필드를 비롯한 선교사들이 자신들의 목숨을 걸고 폭로해 세계에 알려지게 되었다.

감리교의 노블과 장로교의 언더우드Horace H. Underwood도 화성을 답사해 보고서를 영사관에 제출했다. 스코필드도 제암리와 수촌리 소식을 듣고 사건 현장을 방문하여 사진으로 담아 고향과 세계에 보냈고, 캐나다 선교부에 "제암리 학살 만행 보고서"와 "수촌리 학살 만행 보고서"를 제출했다. 하지만 어느 국가에서도 외교적 조치를 진지하게 취하지 않았고, 일본은 오히려 이 배후에 선교사들이 있다고 판단하여 그들을 조사하고 체포하였다.

"부산에서 호주 선교회와 관련 있는 두 명의 여성이 이달 초에 체포되었다가 곧 풀려났습니다. 평양에서는 마펫을 포함하여 수 명의 선교사들이 조사를 위해 경찰에 불려 갔고 평양의 북장로교선교회 목사인 모우리Mowry는 그의 집에 다섯 명의 한국인 학생을 숨겨 준 혐의로 6개월 징역을 선고받았습니다. 3월 초에 로버츠S. L. Roverts와 트윙E. W. Thwing이 평양에서 체포되어 경찰서로 끌려갔습니다……"

-1919.4.30. 매클레이에게 보낸 에비슨의 편지 중에서

| 가장 과격한 선동가, 독립운동 수감자들에게 고약까지 넣어주다 |

스코필드는 1919년 5월 11일 자 〈서울프레스〉The Seoul Press에 '서대문감옥'을 두고 '서대문요양소', 혹은 '서대문직업학교'라고 쓴 기사를 보고 분노를 참을 수 없어 그 다음 날 기고문을 작성해 일본의 야만적인 처우와 감방의 상황을 비판하였다. 이 때문에 스코필드는 역설적으로 서대문감옥을 방문하여 야만적 처우의 진실성을 확인하는 계기를 만들었다. 특히 그는 서대문 감옥에서 '여자 감방 8호실'을 심방하고 노순경, 유관순, 어윤희, 이애주 등을 만나 심한 고문과 야만적인 매질이 있었음을 확인하고 여성지도자들을 위로했다. 스코필드는 또한 하세가와長谷川好道 총독과 야마가타山縣伊三郎 정무총감을 찾아가 이에 강력하게 항의를 하기도 했다.

1919년 11월에는 '대한민국 애국부인회' 사건이 일어나 회장 김마리아를 비롯한 여성들이 대구 감옥에 수감되었다. 이때에도 스코필드는 직접 그곳을 방문하여 성경 말씀을 전하며, 고문당한 이들에게 미국제 고약을 넣어 주는 등 그들을 위로하였다. 감히 다른 선교사들이 따라올 수 없는 용맹스런 행동이었다.

1930년대 서대문형무소 전경

일본에 의해 "가장 과격한 선동가"Arch Agitator로 낙인찍힌 스코필드는 1920년 강제로 출국을 당했다.

| 수의학자로서의 스코필드 |

세계적으로 저명한 수의학자인 스코필드는 평생 140여 편이 넘는 논문과 저술을 발표하였다. 수의병리학, 수의세균학 관계 문헌 여러 곳에서 스코필드의 이름을 발견할 수 있고, 미국 수의학회에서 열두 번째로 '국제수의학회상'을 받는 영예를 차지하기도 했다. 특히 스코필드는 온타리오주 농장에서 자란 소의 질병의 원인을 입증하는데 큰 공헌을 했는데, 이 연구는 수의학을 넘어 의학분야까지 영향을 끼쳤다. 그 연구 덕분에 수백만 명의 생명을 구할 수 있었으며, 그 결과 질병 치료에 요즘도 사용되는 중요한 약품인 와파린Warfarin이 만들어졌다.

| 한국의 현대사의 와중에 3·1운동 정신을 일깨우다 |

캐나다 토론토에서 세계적인 수의학자로 우뚝 선 스코필드는 은퇴한 후에도 한국을 잊을 수 없어 1958년 다시 한국을 찾았다. 이제 나이가 들었지만 불의와 부패를 지적하고 정의를 추구하는 스코필드의 삶의 자세만은 여전했다. 할아버지 스코필드는 이승만 정권의 부패와 독재를 신랄하게 비판했고 4·19혁명 속에서 1919년 3·1독립만세의 기개를 확인했다. 한국사회의 혼란과 부패 가운데 박정희의 쿠데타를 옹호했지만, 그가 민선이양 약속을 어기자 호랑이 스코필드의 펜은 이내 무서워졌다. 여느 한국인보다 한국인의 기개와 정신을 더 사랑한 스코필드는 1970년 4월 소천했다.

내한/이한 1897/1920

Josephine P. Campbell

캠벨

강부인/강모인

1853-1920

미국 MS

초기 자골학당
자골교회

자골교회

종교교회

배화학당

전도여행 중인 여선교사들

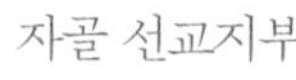

자골 선교지부

배화학당 제1회 졸업생

| 남편과 두 자녀를 잃고서 |

조세핀 캠벨은 1853년 미국 남부 텍사스 웨이코Waco에서 출생해서 어린 시절을 보내다가 9살 때 캘리포니아주로 이동하여 로스앤젤레스 인근에서 자랐다. 21살이 되던 1878년 캠벨A. M. Campbell목사와 결혼해 슬하에 1남 1녀를 두었다. 그러나 둘째 아이를 낳은 후 조지아 주 애틀랜타로 오는 길에 태어난 지 얼마 되지 않은 둘째 아이를 잃었다. 그뿐만 아니라 먼 여정으로 인해 남편의 건강도 악화되어 남편 역시 곧이어 세상을 떠나고 말았다. 남편과 아들을 잃은 캠벨은 딸과 함께 로스앤젤레스로 돌아왔으나, 2년 후 딸마저 성홍열에 걸려 짧은 생을 마감하였다.

| 중국과 한국에서 |

5년간의 짧은 결혼 생활 동안 모든 가족을 잃어버린 캠벨은 자신의 남은 삶을 다른 사람을 위해 공헌하기로 하였다. 그래서 중국 선교사로 나가기로 한 캠벨은 먼저 시카고에 있는 간호사 양성소에 들어가 간호사 교육을 받은 후, 1887년 봄에 중국 선교사로 첫발을 내디뎠다. 그녀는 선교지 중국에서 남감리회 해외 선교부 소속 리드 박사의 부인과 자신의 사역에 많은 영향을 주고받은 로라 헤이굿Laura A. Haygood을 만났다. 캠벨은 상해와 쑤저우蘇州에서 10년간 학교의 음악 교사로, 여성 병원의 보조자이자 관리자로,

복음 전도자로 다양한 분야에서 사역을 감당하였다. 그뿐만 아니라 그녀는 요한복음을 중국 쑤저우 방언으로 번역하기도 했다.

미국 남감리회는 1895년 한국선교를 결정하였다. 이에 1897년 남감리회 해외 여선교부는 10년 동안 중국에서 많은 경험을 쌓은 캠벨을 한국으로 보내기로 했다. 이에 캠벨은 1897년 10월 7일 남감리회 해외여선교부 첫 정식 선교사 자격으로 중국에서 얻은 수양딸 여도라余小姐와 함께 45세 중년의 나이에 한국에 들어왔다. 여도라는 정식 선교사는 아니었지만, 캠벨이 추진하는 선교사업에 훌륭한 조력자로서 선교사 이상의 활약을 보인 위대한 신앙의 여성이었다.

여도라

| 자골 선교지부 개척과 배화학당의 설립 |

1897년 10월 7일 인천에 도착한 캠벨과 여도라는 이틀 후인 10일 서울 용산에 도착해서 리드와 윤치호의 환영을 받았다. 캠벨은 이미 내한한 남감리회 리드 부부가 있던 남대문 안 남송현 선교지부 안에 정착했다. 얼마 지나지 않아 캠벨은 남송현에 있던 선교기지를 다른 곳으로 옮기자는 의견을 내었다. 남송현 선교지부가 시내 한복판에 잘 갖춰져 있지만, 스크랜튼이 세운 상동교회, 병원, 학교와 같은 언덕에 있어서 선교 지역이 중첩되고, 이로 인해 인력이 낭비되고 정쟁이 발생할 수 있다고 판단했기 때문이다. 이에 따라 캠벨은 남송현 선교지부와 다른 곳에 별도의 선교 부지를 확보하고, 그곳에서 학교와 여성 선교를 하려는 계획을 수립했다. 그 결과 1898년 8월 1일 서울 북서부에 주로 궁에 드나들던 내시들이 살던 '고가나무골', 속칭 자골지역인 지금의 종로구 내자동 75번지로 이주하게 되었다.

자골로 선교지부를 옮긴 후, 두 달 뒤인 1898년 10월 2일 캠벨은 6명의 학생으로 학교를 시작했다. 이 학교는 매일학교가 아닌 기숙학교의 형태로

운영되었는데 한국인들은 이 학교를 '자골학당'이라 부르고, 선교사들은 학교 건물을 위해 헌금한 캐롤라이나 주의 선교사 자녀 연합회 어린이들을 기념하여 '캐롤라이나 학당'Carolina Institute이라 불렀다.

그러다가 1903년 12월 조선 정부 학부대신의 정식 인가를 받을 때, 윤치호가 지어준 '배화학당'培花學堂이라는 이름을 사용하기 시작했다. 캠벨과 여도라의 노력으로 처음에는 한문과 한글밖에 배울 수 없었던 학당은 발전을 거듭해 1903년 교과 과정에 성경, 교리문답, 중국 고전, 수학, 지리학, 물리학, 영어, 한국고전, 논술, 그리고 산업 등을 포함했다. 특히 캠벨은 교육을 통한 선교를 구원에 이르는 수단으로 생각했기에 성경공부를 가장 중요하게 여겼다. 캠벨은 교육을 통해 더욱 훈련된 여성들을 배출하기를 원했고 이를 통해 기독교 가정을 만들고, 한국여성들이 사역자로 성장하여 활동하기를 원했다. 그 결과 실제로 배화학당을 졸업한 학생들은 결혼하여 기독교 가정을 꾸려가거나, 선교 현장에 투입되어 사역자로서의 귀중한 역할을 담당해 나갔다. 이처럼 학당은 사역자를 길러 내는 질적인 성장을 이뤄갔다.

캐롤라이나 학당(1900)

배화학당 학생들(1902)

| 자골교회 설립 |

1898년 리드를 도와 남송현 교회에서 설교하며 남송현 선교지부를 이끌었던 윤치호는 독립협회 운동에 참여해 개혁을 추구하다 결국 좌천되어 원산의 덕원 감리로 발령을 받게 되면서 서울을 떠났다. 1899년에는 리드가 부인의 병 치료를 위해 고국으로 귀환하였다. 윤치호와 리드 가족이 떠나면서 남송현의 선교사업은 침체에 빠졌다. 매일학교와 주일학교가 모두 폐지되고, 교회의 주일예배도 중단 위기에 처했다. 이에 캠벨은 침례교 선교부 소유였던 자골지역을 매입해 여선교부 부지로 삼았다. 이런 상황에서 캠벨은 학당의 학생과 교사, 전도부인들을 위한 주일예배를 시작했는데 이것이 바로 자골교회의 시작이었다.

자골교회는 여선교부 안에 설립된 배화여학교 기도실에서 여성들이 시작한 교회이다. 창립예배 때 하디가 설립자로 창립 설교를 했으며 초대 담임자가 되었다. 그러나 1900년 9월 연회에서 서울을 담당했던 하디를 원산 선교 책임자로 파송했으며, 무스James R. Moose가 한국지방 장로사로 임명되면서 서울을 담임하게 되었지만, 한국 선교 전체를 관리하는 지방 장로사라는 직책상 자골교회 목회에만 전념할 수 없었다.

이런 상황에서 캠벨은 실질적인 자골교회의 담임 사역자로 교회를 이끌어 나갔다. 자골교회는 매 주일 60-70명이 예배를 드리는 교회로 발전해 급기야 예배 공간이 부족하게 되었고 새로운 예배공간이 필요하게 되었다. 그렇게 해서 1901년의 루이스 워커Lousie Walker기념 예배당을 마련하였다.

자골교회의 성장에는 여도라, 김세라, 백루이시 같은 전도부인들의 역할이 컸다. 전도부인은 성경반과 성서학원 등의 과정을 마친 뒤, 여 선교사나 선교사 부인의 조력자로 채용되었다. 이들은 당시 외부 출입이 자유롭지 못했던 여성들을 직접 찾아가 복음을 전했는데, 많은 이들이 복음에 흥미를 갖고 전도부인들과 이야기를 나누었다. 이런 캠벨과 전도부인의 노력으로 자골교회는 계속해서 발전해 나갔다.

| 한국을 위해 헌신하였으니, 죽음도 한국에서……. |

한국에 온 첫 남감리회 여선교사로서 많은 사역을 감당해오던 캠벨은

1918년 고국인 미국으로 세 번째 휴가를 떠났다. 캠벨은 휴가 중에도 한국 선교를 위해 강연을 다니고, 후원자를 모집하고, 함께 사역할 사람들을 모집했다. 특히 캠벨은 한국 여성들이 참혹한 가난에서 벗어나기를 원하는 마음으로 한국 여성들을 위한 새로운 사업들을 구상했다. 한국 여성들에게 양계업養鷄業과 양봉養蜂을 가르치는 것도 준비했다. 특히 양봉업은 한국에서 특별히 큰 수요를 갖기 때문에 이 사업을 통해 한국 여성들이 더 나은 경제적 상황을 갖게 될 것이라 확신했다.

한국에서 사역하는 동안 비교적 건강했던 캠벨은 1918년 발목 부상으로 수술을 받은 후, 다시 급성 감염질환인 디프테리아를 앓으면서 심장이 약해졌다. 먼 여행을 하기에는 위험하고, 오히려 집에서 안정을 취해야 하는 상황이었지만, 캠벨은 한국에서 몇 년 더 헌신할 수 있기를 소망했다. 캠벨의 건강을 염려한 지인들은 만류했지만, 캠벨은 "나는 한국을 위해 헌신하였으니, 죽어도 한국에 가서 죽는 것이 마땅합니다."라고 말하고 주변의 만류를 물리치면서 1920년 8월 한국으로 돌아왔다. 그러나 그렇게 원하던 한국에 돌아온 캠벨은 4개월 후인 1920년 11월 12일 하늘의 부름을 받아 양화진에 묻혔다.

조세핀 캠벨의 흉상

배화여고에는 옛 배화학당 건물과 생활관, 1926년 건립된 캠벨기념관 등이 보존되어 있으며, 2008년 배화학원 창립 110주년 및 대학 개교 30주년을 맞아 캠벨의 흉상과 기념비가 세워져 있다. 흉상 옆에는 1995년 리드의 내한 선교 100주년을 기념하는 기념비가 나란히 자리하고 있다.

내한/이한 1921/1924

Ernest A. Kilbourne

킬 보 른 길보른

1865-1928

캐나다 OMS

동경성서학원 한국 유학생들

구리개 복음전도관

염곡동 복음전도관

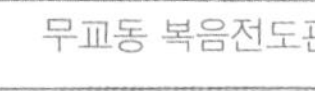

무교동 복음전도관

경성 성서학원

나카다 쥬지

전도부인

복음전도관 지역분포(1921)

| 한국 성결교회의 산 증인 킬보른 |

카우만 부부

1865년 캐나다 온타리오에서 태어난 어니스트 킬보른은 신앙심이 깊은 감리교도 집안에서 자랐다. 아버지의 영향으로 전신기술을 배워 14살 때부터 전신기사로 취업해 생활했다. 이후 미국 버지니아에서 전신기사로 일하며 가톨릭 신자 줄리아Julia Pittinger와 결혼했다. 다시 시카고로 직장을 옮긴 킬보른은 회사 동료 카우만Charles E. Cowman 소개로 시카고 은혜감리교회에서 신앙생활을 계속했다.

1894년 킬보른은 시카고의 무디교회 선교대회에 참석해 강사로 온 '기독교연합선교회'Christian and Mission Alliance, C&MA의 창립자 심프슨Albert B. Simpson의 강연에 큰 감동을 받아 그의 나이 29세에 선교사로 헌신을 결심했다. 그는 직장 안에 전신기사선교단The Telegraphers Mission Band을 조직했고, 선교사가 되기 위해 1899년 무디성서학원을 졸업하고 하나님의 신학교에서 신학을 공부한 후 1902년 만국성결연맹에서 목사안수를 받았다. 1902년 8월 그는 카우만의 초청으로 일본으로 건너가 카우만과 나카다 쥬지中田重治(1870-1939)가 무디성서학원을 모델로 설립한 동경성서학원에서 활동하였다. 선교사로의 헌신을 결심 한 후 그는 8년의 준비과정을 거쳐 일본에서 첫발을 내디뎠다. 이것이 '성결의 복음'이라는 신학적 특색을 지닌 성결교회가 출범하는 계기가 되었다. 그리고 1917년 10월 31일 최초로 성결교단이 탄생되었다.

| 선교의 본질은 영혼 구원, 일본 오지 선교 사역 |

오지 선교사역에 특별히 관심을 둔 킬보른은 "선교의 본질은 영혼 구원"이라 믿고, 특히 복음이 들어가지 않은 곳에 복음을 전하려고 애를 썼다. 그는 1903년 4월 동경 북쪽에 있는 우쓰노미야宇都宮에 도착해 일본어를 배우면서 직접 지방 전도관을 세워 전도활동을 했다. 킬보른은 일본에서의 자신의 전도운동을 이렇게 평가했다.

"오지에 펼쳐진 셀 수 없이 많은 마을에 전도지를 전달할 것을 생각할 때 불가능이라 할 수밖에 없지 않은가? 통과할 수 없는 길, 건널 수 없는 도로, 미치광이 같은 우상 숭배자들 사이에서 만나야만 하는 달갑지 않은 환영, 시골에서, 그리고 특히 산정에서, 숙소가 드문 지역에서 머물 곳을 찾아야 하는 사역자들의 어려움 등을 생각해보라. 불가능 그 자체가 아닌가?" 이에 대한 킬보른의 대답은 한결같았다. "나는 하나님의 소유이기에 내가 지닌 모든 것은 물론 그에게 속한 것이다."

그는 일본 전역에 6년 동안 당시의 화폐 단위로 30만 환을 쓰면서 집집마다 방문전도를 하였다. 그의 저서 《일본에서의 선교 이야기》에서 다음과 같이 일본선교를 회상했다.

> "온 세상에 가서 모든 민족에게 복음을 전하라는 명령을 가슴에 지니고 복음 수용에 아주 용이한 일본의 수백만의 영혼들에게 가야 한다. 일본 제국 내의 모든 지역에는 접근할 수 없는 곳이 없다. 일본의 어떠한 장소도 철로에서 50-60마일이 넘지 않는 범위 내에 위치한다. 철로가 놓여 있지 않은 작은 마을이 있더라도 교통수단이 분명히 있다. 그같이 유리한 조건 때문에 이 조밀하고 아담한 제국은 이 세대가 다 지나기 전에 충분히 복음화 될 수 있다."

아내의 결혼반지마저 선교사역에 내놓을 만큼 아낌없이 헌신하고 희생한 사람, 그가 바로 성결교회의 주춧돌 킬보른이었다.

| 동양선교회 한국 주재 복음전도관 |

김상준

정빈

한국이 동양선교회와 처음 접촉을 한 것은 1904년 나카다 쥬지의 방한 때부터다. 나카다는 한국 전역을 돌아다니면서 '성결의 복음'인 중생, 성결, 신유, 재림의 사중복음을 전했다. 1907년 5월 김상준과 정빈이 일본 동경성서학원을 졸업하고, 카우만 부부와 킬보른이 함께 귀국하면서 동양선교회가 한국에 본격적으로 전해졌다. 동양선교회는 한국인 사역자들이 일할 수 있도록 큰 도움을 주었다. 서울시 종로구 염곡동에서 시작한 복음전도관은 신자가 많아지면서 을지로의 구리개, 무교동으로 장소를 옮겼고, 이 모든 과정은 동양선교회의 재정적인 도움으로 이루어졌다.

1910년 11월까지 한국에 정주하던 동양선교회 선교사는 아직 없었다. 하지만 카우만과 킬보른은 한국을 자주 방문해 사역의 진척을 확인하고 현장지도를 하였다. 한국 복음전도관은 1910년 11월 정주 선교사 존 토마스John Thomas 목사가 내한하면서 성서학원을 개교했다. 그는 경성성서학원의 원장이면서 한국사역의 책임자였는데, 중요한 일이 있을 때에는 일본에 있는 킬보른이 한국에 직접 방문해 결정을 내렸다.

동양선교회 부총재로 본부인 일본에 주재해야 했던 킬보른은 1921년 9월 동양선교회 본부를 한국으로 옮겨 한국에 주재하였다. 당시 일본에서의 동양선교회는 안정적으로 자리를 굳혀가고 선교사들이 대거 한국으로 넘어오는 시기였다. 또한, 경성성서학원의 확장에 따른 재정적 지원이 필요했던 차에 동양선교회는 그 중심을 일본에서 한국으로 옮겨 버렸다. 그리고 선교단체의 성격에서 이제 교파조직을 갖게 된 한국의 복음전도관의 명칭을 조선예수교 동양선교회로 바꾸었는데 이로써 성결교회 시대가 열렸다.

| "불면불휴" 기도하는 사람 |

1921년 한국에 재입국한 킬보른은 5년 동안 성결교회의 발전을 위해 온 힘을 다했다. 가족을 이끌고 한국에 이주해 와서 한국인들의 영혼을 위해 심혈을 기울였다. 당시 최석모 목사는 "그는 조선의 모든 영혼을 위하여 또는 전 동양을 위하여 불면불휴不眠不休하고 기도하였다."라고 술회하였다. 이명직 목사도 킬보른을 선교 사업과 모든 영혼을 위하여 쉬지 않고 기도의 생애를 보냈다고 술회했다. 킬보른은 밤새 기도하여 두 눈에 핏발이 가득하여 나타날 때가 잦았다. 성결교회가 세워지는 초기에 기도하는 사람이 모든 일에 앞장선 것은 다행스러운 일이었다. 기도가 킬보른을 만들었고, 성결교회는 기도의 영성을 자랑으로 여기는 교단으로 한국에 뿌리내렸던 것이다.

| 성결교회 문서선교 〈활천〉 창간 |

1922년 11월 25일 성결교회에서는 〈활천〉이란 이름의 교단지를 창간하였다. 초대 사장 킬보른은 창간사에서 "활천의 발행은 광야와 같은 조선에 영의 양식을 공급하기 위한 것"이라고 강조했다. 그는 〈활천〉에 60여 편의 사설을 남겼는데, 복음전도자며 교육가였던 모리슨H. C. Morrison은 "성경 다음으로 내 영혼을 감동시켰던 책은 킬보른 선교사의 작품 외에는 없었다."고 말했다. 킬보른의 글은 직설적이면서 사람들의 폐부를 파고드는 힘이 있었다.

〈활천〉

| 에녹이 하나님과 동행하듯이 |

킬보른은 1924년 10월 카우만의 소천으로 동양선교회 총재가 되었다. 그리고 이듬해 중국에까지 건너가 선교활동을 펼쳤으며, 일본과 한국, 중국에 이르는 3개국에 신학교를 통해 교역자 양성과 선교적 사명을 감당했다. 그런 후 1928년 4월 13일 미국 로스앤젤레스에서 갑작스런 뇌일혈로 하나님의 부름을 받았다. 그의 동료는 "에녹이 하나님과 동행하더니 하나님이 그를 데려가시므로 세상에 있지 아니하였더라."창 5:24라며 그를 추모했다. 킬보른의 마지막 일기장에는 다음과 같이 쓰여 있었다.

> "내가 하나님 앞에 감사하며 담대히 말할 수 있는 것은 수십 년간에 수백만 금을 출납하였으나 나의 소유라고는 송곳 한 대 박을만한 땅도 없고 집도 없고 화려한 가구도 없으며 내 생활비로 쓰다가 남은 돈 60달러밖에 없는 것이 나의 기쁨이요 자랑이다."

킬보른 가족

그의 외아들 어니스트 킬보른Ernest L. Kilbourne은 하젤Hazel Williams과 결혼해 아버지의 뒤를 이어 한국에서 선교 사역을 감당했다. 1922년 내한해 경성성서학원 교수와 동양선교회 성결교회 부총재로 활동한 그는 신사참배 강요에 반대하였으며, 중국 선교사업에도 힘썼다. 어니스트 킬보른과 하젤은 에드윈Edwin W. Kilbourne, 엘머Elmer J. Kilbourne, 어니스트Ernest A. Kilbourne 3형제를 두었는데 이들은 서울과 중국의 미국인 학교와 미국 켄터키 에즈버리 대학에서 교육을 받고, 모두 동양선교회 선교사로 활동했다. 3대를 이은 아름다운 선교사역을 한 것이다.

내한/이한 1908/1916

Robert Hoggard

호가드 허가두

1861-1935

영국 SA

호가드와 군우들

선교사와 군우들

구세군 가정부인단

성경수업

구제사업

제일영문(제일교회)

"영혼구원이라는 사역에서 승리하기 위해 나를 도왔던 것은 교육을 통해서 얻은 것이 아니다. 나는 전혀 알지 못하였다. 그러나 이 모든 것을 가능하게 하시고, 오늘의 내가 누구인지를 알게 하신 것은 오직 하나님의 능력 때문이다"

– 〈구세공보〉The War Cry에 호가드 사령관의 말

| 16세에 "성령의 검"을 받은 한국 구세군의 개척 사령관 호가드 |

로버트 호가드는 1861년 영국 요크셔Yorkshire 베벌리Beverley에서 석탄 운반선 선장의 아들로 태어났다. 베벌리는 헐강Hull유역에 있는 작고 가난한 항구도시였는데, 호가드는 청년 시절에 학교에서 퇴학을 당할 정도로 방탕한 생활을 하는 갱단 두목이었다. 그는 아버지의 뒤를 이어 1급 석탄운반선 선원으로 일하면서 여가에는 헐강 수로를 따라 즐비해 있는 술집에서 음주와 가무에 빠져 살았다. 그러던 어느 날 구세군의 길거리 전도와 예배 장면을 목격하게 되었는데, 전도 대원이 부르는 노랫소리가 그의 심금을 파고들었다.

"오 돌아오시오. 방황하는 자여, 하늘 앞에 구하시오. 타오르는 새로운 야망들이 주님의 은총으로 채워지리라."

이 찬양의 메시지는 청년 호가드의 영혼을 사로잡는 '성령의 검'이었다. 이후 그는 구세군의 템퍼런스 회관에서 드리는 예배에 참석하였다. 성령의 검에 사로잡혀 찬양과 말씀과 기도의 시간을 보낸 호가드는 간증 시간을

윌리엄 부스의 대중 설교

지켜보면서 큰 감동을 느꼈다. 그 또한 '자비석'이라 불리는 회개의 단에 나가 회개와 고백을 나누었다. 후에 호가드는 〈구세공보〉에서 자신의 회심 사건을 이렇게 고백했다.

> "그날 밤 나는 지금껏 내가 입고 있던 모든 것을 벗어버리는 느낌을 받았다. ……술을 마시고 싶어 하던 욕망과 습관은 나도 모르는 사이에 자연스럽게 사라졌으며 그것 자체가 내게는 매우 주목할만한 것이었다."

성령을 뜨겁게 경험한 호가드는 구세군 찬송가 뒷면에 실린 "젊은 사람을 구합니다."라는 광고를 보고, 곧장 지원하여 하나님과 인간의 영혼을 위해 일하는 전도자가 되었다. 1887년, 그의 나이 16살에 일어난 일이다.

호가드는 구세군의 창립자인 윌리엄 부스William Booth에 의해 구세군 부위로 특별히 임명을 받은 후 부관, 부담임사관을 거쳐 17개 영문, 즉 교회를 담임하였다. 이후 10개 지방에서 지방의 최종 책임 목회자인 지방장관을 10년 동안 역임하였다. 1905년에는 4개월간 영국군국 후보생 서기관을 역임했으며, 약 20년간에 걸쳐 중요한 직분을 수행하였다. 이처럼 구령전선의 경험과 영적 지도력을 훈련받은 호가드는 한국 해외 선교사의 사명을 띠고 초대 개척사령관으로 임명을 받아 1908년에 한국에 오게 되었다.

| 구세군 개척 선교사들 |

호가드는 1908년 10월 1일 증기선 자이텐 호Zieten를 타고, 이탈리아와 일본을 거쳐 부산에 도착했다. 그는 한국 최초의 구세군 본영을 서울시 서대문구 평동 76번지(현 종로구 평동 76번지, 강북삼성병원 뒤편)로 잡고, 후에 올 선교사들을 위해 세 채의 집을 확보하였다. 1908년 10월 11일 호가드의 주택에서 6명의 신자가 회개를 했는데, 이날이 바로 구세군이 한국에서 최초로 공식적 예배를 드린 날이다.

10월 15일에는 참령 본윅 부부Major and Mrs. Bonwick, 반우거와 기관 밀톤부부Ensign and Mrs. Milton, 밀톤, 기관 에디스 워드Ensign Edith Ward, 우의도, 병사 매기 포스터Maggie Forster 등이 자녀와 한국에 들어왔다. 호가드 동부인을 포함한 구세군 개척선교팀 일행은 사관 7명, 병사 1명, 자녀 5명 등 모두 13명이었다. 이들과 함께 10월 20일에 호가드는 군국본영에서 최초의 병사집회를 인도하였는데, 이날 참석한 사람들은 호가드가 그동안 회개시킨 사람들을 중심으로 모두 78명이나 되었다.

호가드가 한국에 온 1908년 당시 한국에는 다양한 교단에 속한 교회가 이미 1,186개나 설립되어 있었고, 50,089명의 세례교인이 있었다. 기독교 신자는 총 161,468명에 이르렀으며, 10개의 선교국에서 220명 이상의 선교사가 한국 내에 활동하고 있었다. 비록 기존 교파들이 적은 선교사 숫자로 한국 전체를 효과적으로 선교하기 위해 교단별 담당구역을 정한, 일명 교계예양으로 선교 구역이 나누어져 있던 상황이었지만 구세군은 적극적인 선교활동으로 급성장하였다. 1909년 3월 24일에는 첫 번째 한국인 견습참위로 임문상이 승인되어 은진군 강경포를 중앙 지역으로 삼아 파송되었다. 두 번째는 대전에 파송된 송규식이며, 연이어 금강 서편 홍산에 이남주, 경기도 북서부 장단에 성재헌이 견습참위로 파송되었다.

한국 구세군은 1908년 11월 11일에 서울에 첫 번째 영문을 세우기로 하고 11월 16일에는 경기도 시흥에 영문을 개척하기 위해 탐색을 나갔다. 그들은 시흥을 방문한 첫 번째 유럽인이었는데 그곳엔 아직 기독교인이 없었다. 11월 22일 서울 제일영문이 서대문역 부근에 문을 열었고, 그 날 하루 '자비석'에 나와 회개를 한 사람은 모두 100여 명에 이르렀다.

| 구세군 호가드의 진취적인 구령 운동 |

전도여행

진취적인 구령운동Salvation War을 펼치기 위해 시간을 허비할 수 없다고 생각한 구세군교회 호가드는 선교 사역 초기부터 적극적이고 대담한 전도활동을 펼쳤다. 그는 바울 사도가 각지에 다니며 전도했던 모습을 본받아 자신들의 전도사역을 사도행전적 전도라 하여, 조랑말을 타고 다니며 시골에 전도여행을 했다. 때로는 말에서 떨어지기도 하고, 비를 맞으며 강을 건너야 했다. 그러나 호가드는 "선교사들이 이루고자 했던 노력은 하나님으로 인해 성결케 하는 것이며 영광스러운 열매를 맺는 것"이라고 믿으며 어려운 상황을 극복해 나갔다.

호가드는 예배 장소를 특별히 정해놓지 않고, 상황에 따라 예배를 드렸는데, 길거리와 시장, 천막 어디서든 사람이 모이면 예배를 드렸다. 특히 장날을 찾아 시장에서 집회를 열고 수백 명의 영혼을 그리스도에게 인도했는데, 때로는 천막을 치고 예배를 드린 인원이 한번에 300명에 이르기도 했다. 그는 구세군 본영이 발행하는 〈전 세계〉All the World 1910년 2월 자 신문에 "우리 사업처의 일부는 철도에서 16km 떨어졌고, 97km 안으로는 서양사람이 없는 외딴곳에서 개척하고 있다."라고 보고했다. 그의 설교활동이 왜 그러했는지를 짐작하게 하는 기사이다.

호가드는 지칠 줄 모르는 열정으로 한국 전역을 누비며 선교사업을 했다. 1909년에는 송도와 평양을 방문해 집회를 했는데, 이남주와 동행한 4월 13일 평양집회에서는 1,000여 명 이상이 구세군인이 되겠다고 청원서에 서명하였다. 본윅도 충청도 보은 지역에 8일간이나 방문해 전도를 하였는데 12회에 걸친 집회를 통해 32명이 개심하였고 80여 명이 영문, 즉 교회를 시작해 줄 것을 그에게 간청했다. 밀톤의 경우 한 달 동안 충남 전역을 전도 여행했는데 그가 간 곳은 대천, 은진, 서산, 그 외 대구, 군산 등지였다. 한국 곳곳에 생명을 추수할 들판이 산재한 곳마다 구세군도 열정을 다해 복음전파를 한 것이다.

| 그리스도의 정병을 육성하는 구세군의 교육과 문서 선교 |

한국 구세군은 사관을 양성하기 위한 구세군 사관학교의 전신인 최초의 '사관훈련반'을 1909년 4월 20일 종로에서 시작했다. 사관훈련반은 서울에서 16명과 지방에서 4명, 총 20명의 남성으로 이루어졌다. 이들은 6개월의 학습 과정을 마치고 서울 제일영문에서 견습참위로 임관을 받고, 전국 각지 영문, 즉 교회로 임명되었다.

사관 양성을 본격적으로 진행하기 위해 호가드는 1910년 2월 15일에 서대문 밖 평동에 성경대학교를 설립하였다. 성경대학교 1회 졸업생으로 황종률이 있었는데, 그는 한국 구세군 조직과 행정의 기초를 세운 지도자이다. 이후 전국에서 올라온 20여 명의 사관후보생은 8개월 과정의 사관교육을 받았다. 또한, 10월에는 여성들을 위한 성경연구과가 개설되었고, 가난한 민중에게 교육의 기회를 주기 위해 구세전진학교를 설립하기도 했다. 이 학교는 고등학교와 대등한 교육을 하였고, 학비는 전액 무료로 가난한 청년들을 모집하여 교육하였다.

호가드는 문서선교로 1909년 7월 〈구세공보〉를 매월 1회 발행하였는데, 복음을 전파해 영혼들을 천국으로 인도하며, 사관들이 갈 수 없는 곳까지 월보를 보내 사람들을 격려하는 것이 이 잡지의 목적이었다. 이 신문에는 본윅이 '주일성경공부'를 위한 글을 실었고, '구세군 찬송'을 담아 예배 때

〈구세공보〉

와 지방관이 순회하면서 예배를 드릴 때 사용하도록 했다. 또한 '절제호'라는 특집호를 발행해 금주와 금연의 절제운동을 펼치기도 했는데, 절제운동은 무르익어 1921년에는 본격적으로 가두캠페인을 벌이기도 했다.

호가드는 한국 재임 동안 구세군 찬송가 출간, 섬에 영문 개척 시작, 여성 하사관 훈련학교 개최, 주간 성경반 운영, 소녀들을 위한 학교 설립, 구세군 악대 조직 등 왕성한 활동을 펼쳤다. 구세군의 상징인 '자선냄비'는 1928년 사회적으로 혼란하고 어려운 시기에 시작되어 전 국민적인 관심과 호응으로 오늘까지 이르게 됐다.

제 1회 자선냄비 모금 광경

호가드의 부인은 한국인 여성들과 소녀들을 위한 '여성 성경교실'을 개설했는데 회원 수가 한때 1천 5백 명이 넘었다. 호가드는 부인의 선교활동을 보며 〈구세공보〉The War Cry 1911년 8월 자에 다음과 같이 고백했다.

> "하나님은 영적 사업을 위해 구세군 안에서 놀라운 방법으로 우리를 사용하고 계신다. 특히 하나님은 한국 여성들의 깊은 영적 인격을 위해 그들 가운데서 활동하고 있는 호가드 정령 부인을 돕고 계신다."

호가드 재임 동안 한국 구세군은 사관 87명, 교인 2,753명, 영문 78개소 개척 등 놀라운 발전을 보였다. 그의 열정적인 선교사역 활동과 개척자다운 사명이 문화, 풍습, 언어를 비롯한 선교현장의 악조건 속에서 얼마나 크게 발휘됐는지 알 수 있다. 그는 한국사역을 마친 후 남아프리카와 뉴질랜드에서 활동하다 1935년 8월 13일 하나님의 부름을 받았다.

구세군 대한본영은 2008년 한국 구세군 100주년 기념사업의 일환으로 한국 구세군 최초의 선교사관인 호가드의 영국 런던에 있는 묘지를 정비하고, 공적비를 건립하였다. 그 공적비에는 다음과 같이 쓰여있다.

"사람이 모인 곳이면 어디서든 예배를 드려 믿음을 심어주었고, 남녀노소 무론하고 성경을 가르치는 일에 열중하여 소망을 갖게 하였으며, 가난하고 병든 자들을 찾아가서 사랑으로 돌봐 주었다."

구세군

구세군의 군대적 행정조직은 국제본영, 군국 또는 준군국, 지방 또는 지역, 영문으로 이어진다. 국제본영(런던)에는 대장, 군국본영(각 나라)에는 사령관, 지방본영(지역)에는 지방장관, 영문에는 담임사관이 지휘자로 교회를 통솔한다.

구세군에는 대장, 부장, 정령, 부정령, 참령, 정위, 부위 등 7개 계급이 있다. 구세군 사관학교를 졸업하면 사관으로 임관되는데, 첫 계급은 부위이고 정위가 된 후 10년 봉직하면 참령으로 승급하며, 부정령-정령-부장은 행정지도자 보직에 따라 승급한다. 단, 대장은 부장과 2년 이상 군국사령관을 역임한 정령 이상의 추천에 의해 "최고회의"에서 선출한다.

내한/이한 1901/1913

Philip L. Gillett

질레트

길례태

1874-1939

종로 YMCA 회관

세계기독교학생연맹 참가자

YMCA 창립 선교사

YMCA 농촌사업지도자

윤치호 이상재

YMCA

미국 YMCA

| 모트가 추천한 한국 YMCA의 창설자 |

필립 질레트가 한국에 오기 전인 1899년 한국 상류층 청년 150여 명은 언더우드에게 YMCA 창설을 강력히 요구하는 면담을 요청했다. 그 후 언더우드와 아펜젤러는 한국 청년들의 도장이 찍힌 진정서를 첨부한 청원서를 미국 뉴욕 YMCA본부에 보냈다. YMCA 국제위원회는 중국 YMCA를 창설 중이던 라이언David W. Lyon을 한국에 보내 한국YMCA의 창설 가능성을 조사하도록 했다. 이에 라이언은 언더우드, 헐버트, 아펜젤러, 게일, 벙커, 스크랜튼 그리고 여병현 등과 면담을 하였고, 한국 YMCA 창설에 대한 긍정적 조사 보고서를 미국 본부에 제출했다. 이 보고서에 기초하여 뉴욕 본부는 한국 YMCA 창설을 결정했고, 이 책임을 맡아 한국에 파송할 실무 간사를 물색했다.

라이언의 제안을 따라 YMCA 국제위원회가 찾는 인물은 다음과 같은 기준을 갖춰야 했다. "지식층의 청년들을 다룰 수 있고, 신앙이 독실하고, 한국말을 열심히 배울 수 있으며, 다재다능하고, 대인 관계가 좋고, 점잖고, 총각이고, 편협한 성격이 아니며, 신중한 성격의 소유자요, 범세계적인 성격의 소유자이고, 사교적인 인물!"

존 모트

결국 그들이 찾아낸 사람이 필립 질레트였다. 질레트를 면담한 YMCA국제위원회 학생부 간사 존 모트John R. Mott는 다음과 같은 추천서를 제출했다.

"질레트는 1874년 일리올스에서 탄생하여 일리노이주 콜로라도 대학 Colorado University을 졸업했는데, 그는 재학 당시 기독교 신앙운동에 열중하여 콜로라도 스프링스의 부간사가 되었다. 그 뒤 예일 대학에서 1년 반 동안 공부하고 그 대학 YMCA의 전도 사업을 담당하는 부목사가 되었다. 그는 아주 적극적인 성격의 소유자이며, 능란하고, 열정적이며, 운동을 즐겼다. 그는 유망한 Y간사이며, 학생 합창단과 문학 클럽을 조직했고, 신문기자의 소질도 있는 사람이다."

이렇게 질레트는 미국 YMCA 국제위원회에 추천을 받고 한국 YMCA 창설 책임자로 선임되어 1901년 9월에 한국에 들어오게 되었다. 그의 나이 27세였다.

| 한국 청년들을 위하여 일생을 바치겠나이다 |

언더우드와 아펜젤러 등 선교사들의 영접을 받으며 한국에 도착한 질레트는 인사동에 있는 태화관을 임시회관으로 사용하면서, 한국말과 한국 정서 익히기에 총력을 쏟았다. 그러는 동안 어느새 선교사뿐만 아니라 외국인들과도 친숙해지고, 한국 사람들과도 정이 들었다. 그는 대여섯 명의 한국 청년들과 등산도 가고, 성경반을 조직하여 운동도 같이 했다.

그는 "하나님께서 나를 이 땅에 보내셨으니 뜻대로 이루소서. 한국 청년들을 위하여 일생을 바치겠나이다."라는 간절한 기도를 올렸다. 그는 우선 서울에 있는 외국인들이 YMCA 사업에 관심을 갖게 하고, 회관을 짓기 위한 건축비 모금 운동을 시작하며, 한국 청년들에게 접근할 수 있는 방법을 강구한다는 방침으로 활동을 시작했다.

우선, 그는 중국, 한국, 홍콩 YMCA 전체위원회의 총무 플레쳐 브로크만

Fletcher F. Brockman을 한국으로 초청해 도움을 요청했는데, 그는 1903년 3월 3주간 서울에 머물면서 질레트를 도왔다. 브로크만의 동생 프랭크 브로크만 Frank M. Brockman은 1905년에 한국에 와서, 한국 YMCA의 부총무로 사역했고, 1908년 황성기독교청년회YMCA의 공동총무를 맡기도 했다.

또한 질레트는 회관건립을 위한 모금 운동의 일환으로 1903년 3월 18일 저녁에 외국인과 사회유지를 자신의 집으로 초청했다. 이 행사에는 당시 미국 공사였던 알렌을 비롯해 영국, 독일, 일본, 중국, 러시아 등 각국 공사와 각 선교회의 선교사들, 그리고 선교회들이 세운 학교의 장들, 은행가, 실업가, 세관장, 이민관을 포함해 한국 정부 측 고관들도 많이 참석했다. 알렌이 사회를 보고, 게일과 존스가 주제 강연을 했다. 그리고 YMCA 운동의 목적과 필요성에 관한 브로크만의 강연이 이어졌다. 이날 모임의 가장 큰 수확은 한국 정부측 고관들이 이 운동에 협조할 것을 약속한 것이었다. 질레트는 이 모임에 자문위원회를 조직하여, 6천원의 모금을 목적으로 두었는데 이 행사로 모금한 돈은 7,600원에 이르렀다.

황성기독교청년회(YMCA)

2년간의 준비과정을 거쳐 질레트는 1903년 10월 28일 황성기독교청년회YMCA를 창립하고, 초대 총무가 됐다. 초대회장은 헐버트가, 부회장은 윤치호가 선정되었다. 조직과 행정력에 뛰어난 질레트는 YMCA회관 건립을 위해 계속 기금을 모금하였고, 결국 종로회관을 건축했다. 1908년 12월 3일 현재 종로 2가에 있는 YMCA 회관이 준공되면서 이른바 '종로 YMCA시대'를 열었다. 《매천야록》의 저자 황현은 말하기를 "그 집은 높기가 산과 같고 종현의 천주교당과 함께 남과 북에 우뚝 마주 서서 서울 장안 가운데 제일 큰 집이 되었다."라고 평했다.

| "종교의 탈을 쓰고 정치운동을 한 YMCA", 한국인들의 꿈을 품다 |

한국을 강제로 속국으로 만들고 무단정치를 꿈꾸던 일제가 기독교사상에 기초를 둔 YMCA의 창설을 긍정적으로 볼리가 없었다. 일본은 YMCA를 "선교사들과 손잡고 종교의 탈을 쓰고 정치적 선동을 하는" 단체로 규정하고 창립초기부터 해산시킬 명분만 찾고 있었다. 선교사들이 주축이 되어 계몽과 교육과 문화를 앞세운 YMCA는 나라의 운명을 보고 비탄에 잠긴 지도자들에게는 민족운동의 일환으로도 더 없이 좋은 대안이었다. 1902년 한성감옥에서 풀려난 이후 "기독교가 아니면 민족을 구원할 힘이 없다."고 믿으며 활동해온 민족지도자 이상재는 59세의 나이에 YMCA의 종교부 간사라는 말단 직책을 맡아 청년들을 계몽하고, 수많은 성경연구반 지도자들을 배출해 내었다. 영원한 청년 이상재가 한국의 청년에게 고한 3요소인 청년성, 예언자성, 야성도 질레트 등의 요청을 받고 YMCA에 합류하면서 만들어진 것이다.

YMCA 야구단

이런 맥락에서 독립협회 계통의 상류층 지도자들과 후에 가담한 평민과 천민 출신의 애국지사들이 YMCA에 대거 참여하여 민족 사상 최대의 연합 세력을 구축한 것은 전혀 놀랄만한 일이 아니다. YMCA는 질레트를 비롯해 선교사 언더우드와 아펜젤러, 헐버트, 게일 등의 헌신을 바탕으로 윤치호, 이상재, 신흥우, 김정식, 조만식, 전덕기, 남궁억, 이승훈, 이승만 등 YMCA 운동 지도자들에 의해 굳건하게 뿌리를 내렸다.

YMCA는 1912년에 '105인 사건' 등으로 일제의 탄압을 받았지만, 1919년 2·8 독립선언과 3·1운동 등 독립운동을 선도했고, 1922년부터 물산장려운동, 농촌강습소개소운동 등으로 자립 경제운동을 펼친 핵심 기관이었다.

또한, YWCA, 보이 스카우트, 신간회 등의 단체도 지원했다.

| YMCA야구단을 만든 한국 근대 체육의 아버지 |

질레트는 1905년 이 땅에 처음으로 야구를 소개했다. 당시 YMCA 임시회관이 있던 인사동 태화관 앞에서 미국 병사들이 캐치볼을 즐기곤 했다. 이 모습을 본 한국인들이 무척 신기해하자 질레트는 1904년 미국에서 야구용품을 들여왔다. 그는 이렇게 들여온 야구용품과 교본을 청년회원들에게 나누어 주고, 태화관 앞에서 시연회를 하며 야구를 보급하기 시작했다. 야구의 인기는 그야말로 폭발적이어서 태화관 앞은 야구를 배우기 위한 사람들로 북적거렸다.

야구의 인기가 절정을 치닫던 1905년, 질레트는 YMCA 소속 청년들을 모아 한국 역사상 최초의 야구단인 'YMCA야구단'을 조직하였다. YMCA야구단의 창단은 당시 대단한 화젯거리였는데 이에 자극받은 국내 학교들이 일제히 야구를 가르치는 진풍경이 연출되기도 했다. 창단 초기 YMCA야구단은 청년부터 어린 소년까지 다양한 연령층이 모인 오합지졸이었는데 여러 번의 시합을 거쳐 탄탄한 실력을 갖추었다. 야구 열기가 확산된 1911년, 질레트는 YMCA 야구단을 이끌고 서북원정에 나서 서북지방의 최강팀으로 불리던 오산, 숭실, 대성학교의 연합팀을 완파하고 평양과 선천에서도 모든 게임을 휩쓸었다. 2005년 한국야구 100주년 기념식에는 질레트의 외손자 로렌스 허바드Lawrence Hubbard가 참석해 외조부 대신 공로패를 받았다. 질레트는 야구뿐만 아니라 농구, 스케이트 등 한국 스포츠계 발전에 초석이 된 기독교 선교사였다. 일제의 폭정으로 숨 한번 제대로 쉴수 없던 당시에 질레트는 가슴을 뛰게 하는 방법으로 스포츠를 보급했다.

| 105인 사건을 에딘버러 세계선교대회에 알리다 |

1911년 10월에 일어난 105인 사건은 당시 기독교계 민족지도자들을 제거할 목적으로 조작한 허위사건이었다. 일제 경찰은 이 사건에 선교사들까지 연루시켜 선교사들을 궁지에 몰아넣었고, 선교사들은 이에 대응하지 않을 수 없었다. 질레트 또한 당시 YMCA 부회장 윤치호가 이 사건에 연루되어 1912년 2월 9일 체포되자 YMCA 회장 저다인Joseph L. Gerdine과 함께 이 사건을 조사해 보고서를 준비했다. 이 보고서를 후에 중국 상하이로 가져가 5월 22일 자로 국제 YMCA 대표이자 에딘버러 세계선교대회 계속위원회 위원장을 맡고 있던 모트에게 보냈다. 에딘버러 세계선교 계속위원회는 이 사건 보고서를 정식 의제로 채택해 각국 위원들을 통해 해당국에 있는 일본대사관에 압력을 행사하게 하였다. 이에 따라 영국 선교연합회에서도 영국 주재 일본 대사관을 찾아가 이 사건에 대한 공정한 처리를 요구했다.

에딘버러 세계선교대회

국제 여론의 압력을 받은 일제의 경성복심법원 재판은 보다 신중하게 이루어졌고, 1심에서 유죄판결을 받은 105인 가운데 99명에게 1913년 3월 20일 판결에서 무죄를 선고하고, 윤치호, 양기탁, 이승훈 등 6명에게만 유죄를 선고했다. 유죄를 받은 이들은 고등법원에 상고했으나 최종 기각되어 형을 확정받았다. 그렇지만 이들도 형기를 다 채우기 전인 1915년 2월 13일 일본 천황의 특사 형식으로 석방되었다. 이로써 105인 사건은 3년 만에 일단락되었다.

하지만 질레트는 일제의 조치로 1913년 6월 강제로 추방되었다. 이유인즉슨 그가 암암리에 독립운동가들을 지원하며 일제에 항거해 왔고, 105인

사건의 부당성을 알리는 보고서를 에딘버러 세계선교대회 계속위원회에 발송했기 때문이었다. 영악한 일본인들은 스포츠로 한국 민족의 심장을 뛰게 한 질레트의 사역 이면에 숨겨진 한국민의 독립지원과 정의의 추구를 제대로 보았던 것이다.

그가 추방되자 일본 기독교계 관계자들로부터 비난이 쏟아졌고, 결국 총독부는 질레트에게 저항운동을 하지 않겠다는 다짐을 한다면 한국에 재입국을 허용한다는 단서를 붙여 그를 회유했다. 그러자 질레트는 "죄 없는 윤치호를 석방한다면 돌아가겠다."라며 받아쳤다.

그 후 질레트는 중국의 남경, 북경, 상해 등지에서 YMCA 총무로 활동하다 1932년 퇴임했다. 한국에 대한 질레트의 사랑은 그곳에서도 여전했다. 상해에서는 목사로 사역활동을 하면서 한국 독립운동을 지원했고, 상해임시정부에 재정을 지원하기도 했다. 그 후 1936년에는 방콕 선교사로 활동하였고, 1937년 미국으로 돌아가 1939년 11월 26일 심장마비로 66세에 별세했다.

서울
한양 도성
전도

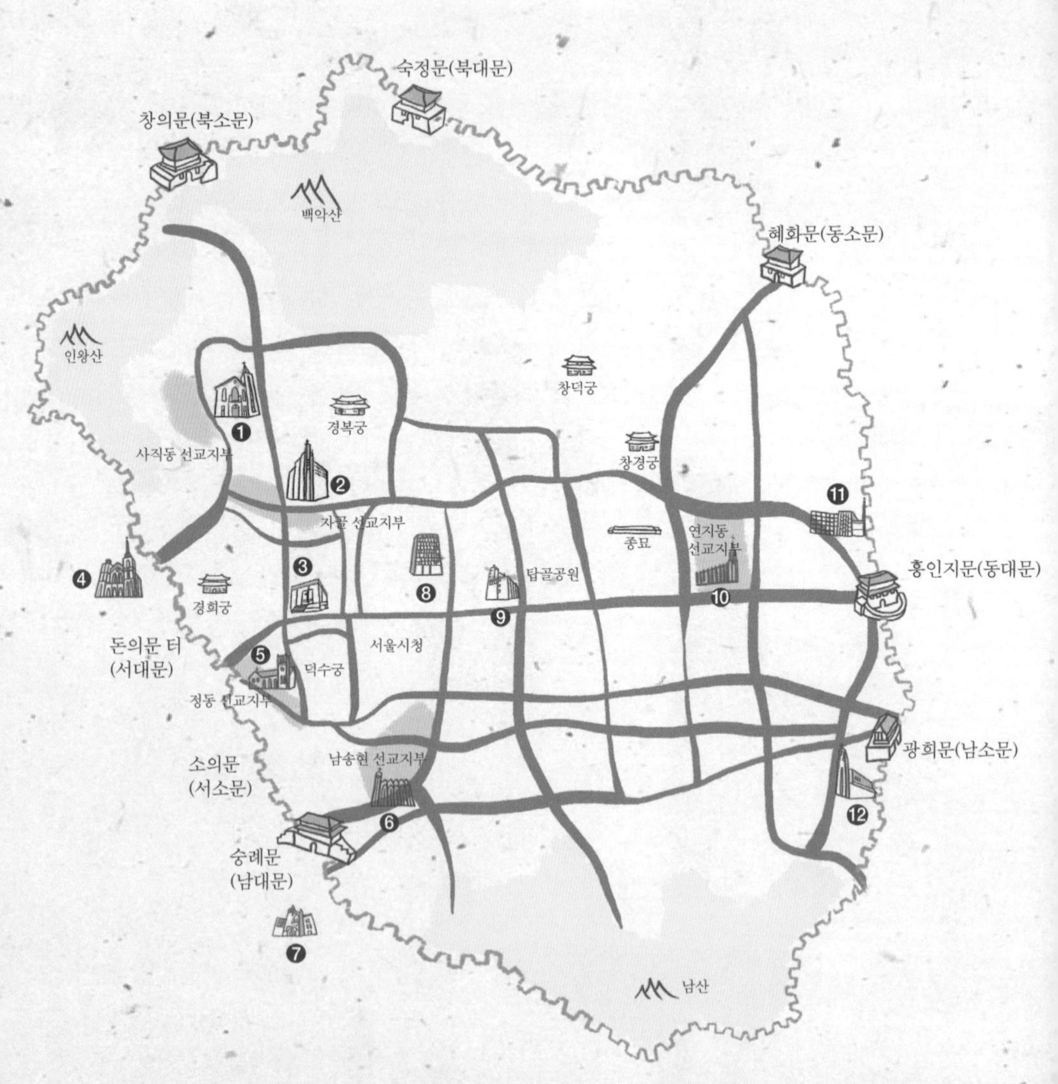

숙정문(북대문)
창의문(북소문)
백악산
혜화문(동소문)
인왕산
창덕궁
1
경복궁
사직동 선교지부
창경궁
2
11
자골 선교지부
종묘
연지동
선교지부
4
3
8
탑골공원
홍인지문(동대문)
경희궁
10
9
돈의문 터
(서대문)
5
서울시청
덕수궁
정동 선교지부
광희문(남소문)
소의문
(서소문)
남송현 선교지부
12
6
숭례문
(남대문)
7
남산

❶ 자교교회

❷ 종교교회

❸ 새문안교회

❹ 아현교회

❺ 정동교회

❻ 상동교회

❼ 남대문교회

❽ 중앙교회

❾ 승동교회

❿ 연동교회

⓫ 동대문교회

⓬ 광희문교회

서울 정동 기독교 유적지도

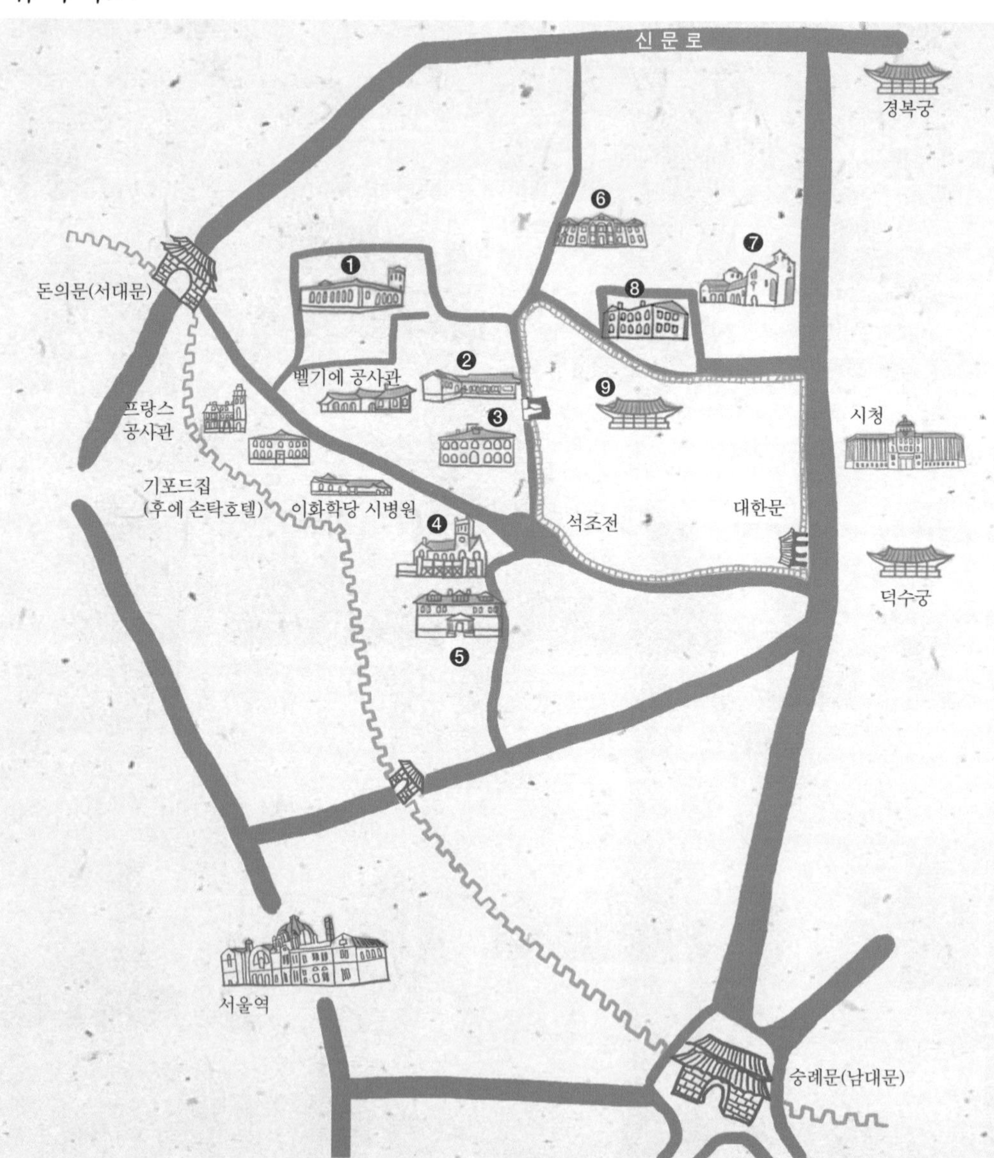

❶ 러시아 공사관 일부

❷ 미국 공사관 관저

❸ 중명전

❹ 정동교회

❺ 배재학당, 삼문출판사

❻ 구세군 본영

❼ 성공회 성당

❽ 영국 공사관

❾ 덕수궁

1890년대 정동 지역 장로교 관련 건물 분포도

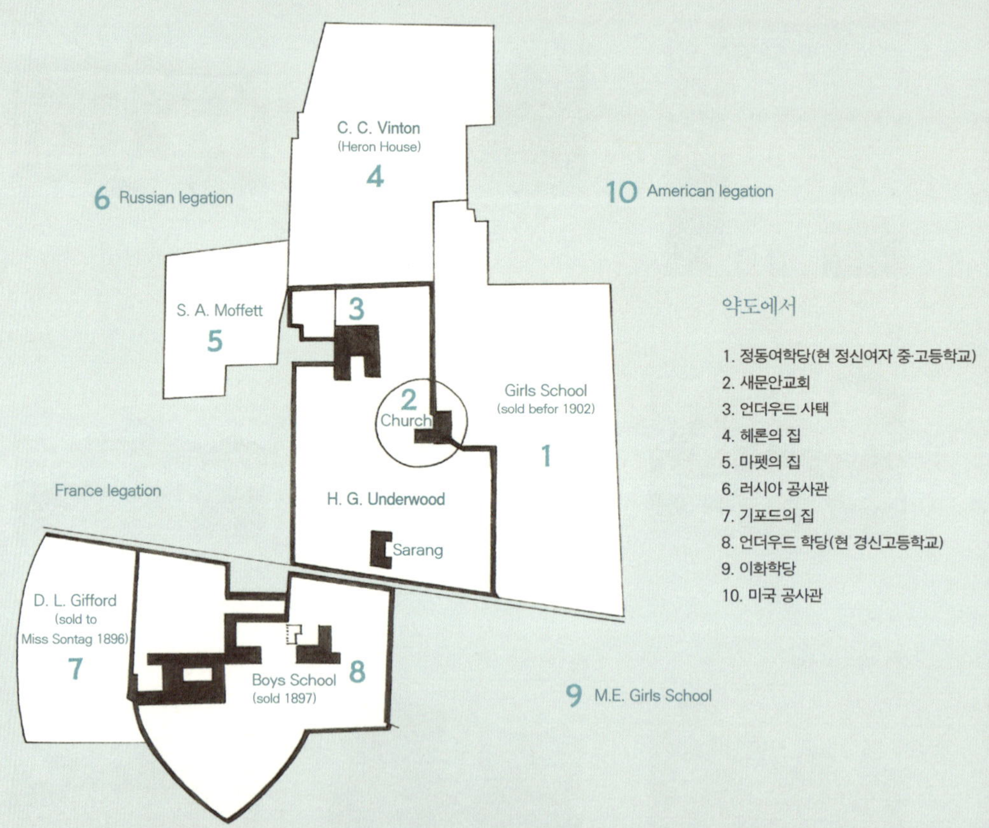

1930년대
정동 지역 감리교 관련
건물 분포도

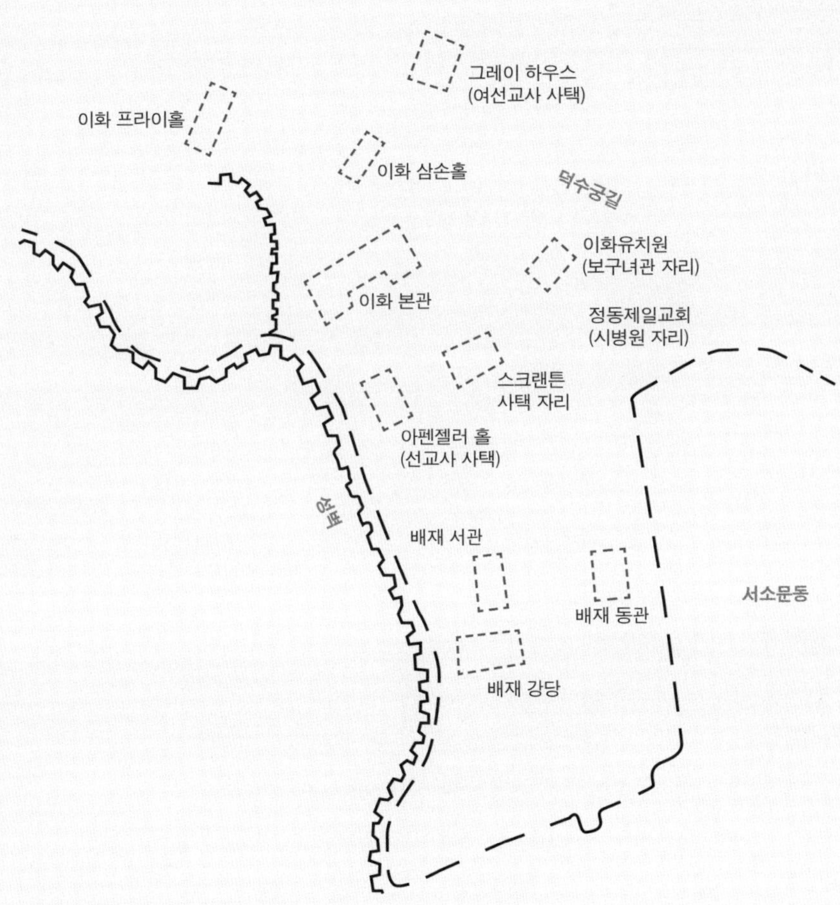

생몰연도

내한/이한

	생몰연도	내한/이한	내한
제임스 홀	1860-1894	1891-1894	31세
마펫	1864-1939	1890-1934	26세
스왈른	1865-1954	1892-1939	27세
베어드	1862-1931	1891-1931	29세
맥큔	1872-1941	1905-1936	33세
클라크	1878-1961	1902-1941	24세
맥켄지	1861-1895	1893-1895	32세
헌트	1869-1953	1897-1939	28세

1850 1860 1870 1880 1890 1900 1910 1920 1930 1940 1950 1960

제2장

평안·황해도

평안·황해도 Timeline

연도	해주	평양		개성	선천
	미북감리회	미북감리회	미북장로회	미남감리회	미북장로회
1866					
1882					
1884					
1888			*마펫 내한		
1891		*제임스 홀 내한	*베어드 내한		
1892		평양 선교지부	*스왈른 내한		
1893	*캐나다 독립선교사 맥켄지 내한		평양 선교지부		
			장대현교회		
1894		제임스 홀 순직	여 맹학교		
		남산현교회			
		광성학교			
		숭덕학교			
		기독병원			
1895	소래교회 건축				
	김세학당				
	맥켄지 사망				
1897				개성선교부	
			숭실학당		
1898	해주 선교지부				선천읍교회
1899					
1900			산정현교회		
1901			장로회신학교		선천 선교지부
1902			*클라크 내한		
1903			숭의여학교		
1904	의창학교			호수돈여학교	
1905			*맥큔 내한		미동병원
1906				한영서원	신성학교
				미리흠여학교	보성여학교
1907		평양대부흥		남성병원	
			장로회신학교 1회졸업		
1908					
1909					
1910					
1911					
1918					
1919					
1921					
1926	*셔우드 홀 내한				
1928	구세요양원				
1929					
1930					
1931					
1937					
1938			숭실전문학교 폐교		
1939					
1941					
1942	선교사 강제 출국 조치				

✝교회 학교 병원

재령	영변	강계	흥경	시대배경
미북장로회	미북감리회	미북장로회	미북장로회	
				로버트 토마스 순교
				존 로스〈예수셩교누가복음〉출간
				황해도 장연 소래교회
✝ 신환포교회				
				청일전쟁
✝ 재령읍교회				
*윌리엄 헌트 내한				
명신학교				
		✝ 강계읍교회		
				러일전쟁
재령 선교지부	영변 선교지부			
재령 제중원		강계 선교지부		
		영실학교		
				한일합병
		계례지병원		선천역, 데라우치 총독 암살미수 사건
				105인 사건
				3.1운동
			흥경 선교지부	
				미북감리회 미남감리회 합동
				만주사변
				중일전쟁
				태평양전쟁
선교사 강제 출국 조치				

내한/이한 1891/1894

William J. Hall

제임스 홀 하락 1860~1894

미국 M

박에스더

남산현교회

맹인학교

평양기독병원

홀기념병원

Sherwood Hall

광성학교

| "나 한 사람을 희생시켜 평양의 문을 열 수 있다면" |

캐나다 온타리오 출신의 제임스 홀은 미국 감리회 소속 평양 개척 의료 선교사로 나이 30이 갓 넘은 1891년 12월 한국에 첫발을 디뎠다. 제임스 홀은 1885년에 캐나다 퀸즈대학 의과대학에 입학해 공부하다 해외선교를 위한 학생운동 단체인 '학생자원운동'The Student Volunteer Movement for Foreign Missions의 인도 책임자 포먼John Forman 목사의 강연을 듣고 선교사가 되기로 결심했다. 이후 1889년 뉴욕의 벨레뷰Bellevue대학에서 의학박사 학위를 받고 한국에 왔다.

제임스 홀은 1892년 3월 감리교 조지 존스 선교사와 함께 개성, 평양, 의주 등을 방문하고, 이후 평양 선교기지 개척 담당자로 임명받아 이곳을 빈번히 왕래했다. 초기 선교사들의 단골 코스인 서울에서 평양까지의 평양 순회여행은 약 300km로 그는 작은 조랑말 위에 약과 책자들을 싣고 개울과 산을 넘고 거친 도로를 지나는 힘든 여행을 했다. 홀은 해충의 괴롭힘과 배고픔에 지치고 환자들을 돌보는 가운데 천연두와 이질에 늘 노출되어 있었다. 하지만 병으로 고통 받는 사람들을 치료해 준다는 자체가 홀에게는 대단한 기쁨이었다.

제임스 홀과 거지 아이

보수적이고 외세에 대하여 강한 거부감을 가진 평양은 외국인과 기독교 복음에 문을 쉽게 열지 않았다. 평양은 제임스 홀이 이곳을 찾기 얼마 전인

1866년 선교사 토마스의 순직 사건이 아직 기억에서 생생하던 곳이다. 외국선교사를 직접 박해하거나 가둘 수 없었던 평양감사 민병석은 홀의 조사 김창식과 마펫 선교사의 조사 한석진 등을 체포해서 고문을 하고 사형의 위협을 가했다. 홀을 도왔던 김창식은 미국 감리회 선교사 올린저의 집에서 일하다가 복음을 받아들이고, 1892년 봄에 미국감리회 한국 선교부에서 당시에는 몇 안 되는 현지 전도인으로 정식 임명되었다.

제임스 홀의 아내 로제타Rosetta S. Hall는 한국인들의 적개심이 어떻게 터져 나올지 예측할 수 없는 상황에서 홀에게 이 상황의 전망에 대해 물어보았다. 홀의 대답은 다음과 같았다.

"만일 하나님이 한 사람을 희생시켜서 이 도시의 문을 여실 생각이라면 나는 그 희생자가 되기를 피하지 않겠소." 홀은 자신과 마펫을 도와 기꺼이 감옥에 갇혀 사형의 위협을 받은 사람들을 외교채널을 통해 가까스로 구해내었고 풀려난 김창식은 끝까지 홀을 도와 평양에서 사역하다가 1901년 한국인 최초로 목사 안수를 받았다.

| 청일전쟁의 한 가운데서 |

제임스 홀은 1893년 평양을 방문해 병원과 집으로 쓸 건물 두 채를 사고, 1894년부터 평양에 가정을 꾸리고 병원, 학교, 교회사역을 본격적으로 시작했다. 청일전쟁이 불과 몇 개월 남지 않은 이 짧은 기간에 가장 비참한 삶의 현장에 가장 값진 생명의 뿌리가 먼 이국 사람 홀에 의해 심어지고 있었다.

1894년 홀의 인생을 바꾼 청일전쟁이 일어났는데, 평양은 청일전쟁 당시 가장 치열한 전투가 벌어진 곳으로 평양에서 죽은 청나라 군인만 2천 명이 넘었다. 전쟁을 잠시 피해 평양을 떠났던 홀은 1894년 10월 1일 마펫, 그레함 리와 함께 평양에 다시 돌아왔다. 전쟁으로 인해 시체 썩는 냄새가 진동하고 가축들의 잔해가 곳곳에 널려 있었다. 제임스 홀은 흩어진 신자들을 다시 모으고, 부상당한 수많은 병사와 환자들을 정성껏 돌보았다. 그의 아들 셔우드 홀이 서울에서 첫돌을 맞았지만, 아버지 홀은 그곳에 갈 시간도, 마음의 여유도 없었다. 제임스 홀의 마음속에는 셔우드 홀이라는 한 명의 아들이 아니라 평양의 정처 없이 울부짖던 수많은 한국 사람이 아들과 딸과 아버지와 어머니로 자리하고 있었다.

그런데 밤낮으로 환자들을 치료하던 홀이 안타깝게 열병에 걸렸다. 병에 걸린 홀은 서울로 이송되어 에비슨의 치료를 받았지만, 1894년 11월 24일 토요일 저녁 34세의 나이로 짧은 생을 마감했다. 첫아이가 태어난 지 1년 2주 만의 일이었다. 제임스 홀은 아내 로제타에게 마지막 말을 남겼다.

아버지 일생을 그린 셔우드 홀의 책 《닥터 홀의 조선회상》

"내가 평양으로 간 것을 후회하지 마시오. 나는 그리스도를 위해 그 일을 했고 하나님이 내게 갚으실 것이오."

| 계속되는 조선 사랑 - 아내 로제타 홀 |

제임스 홀은 비록 짧은 생애를 보냈지만, 그의 선교사역은 아내와 아들에 의해 더 강력하고 오랫동안 계속되었다. 당시 임신 7개월째이던 아내 로제타는 잠시 고국으로 돌아갔다 1897년 한국 땅에 다시 돌아와 남편이 기초를 놓은 평양기독병원을 더욱 발전시켰다. 남편을 잃은 후 로제타는 4년 만에 딸 마가레트를 이질로 잃었으나, 이에 굴하지 않고 한국 최

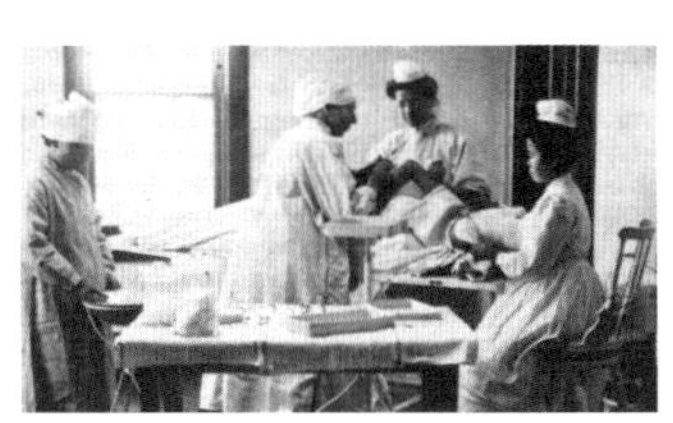
로제타의 수술 모습

초의 맹인학교와 서울에 여자의학교(경성여자 의학 전문학교-고려대학 의과대학의 전신)를 세웠다. 로제타는 남편 제임스 홀이 처음 얻은 오석형의 딸 오봉래에게 맹인교육과 점자교육을 하고, 미국 뉴욕에서 사용하고 있던 점자를 한글로 고쳐 내었다. 남편이 심은 나무를 열매 맺게 한 것이다.

로제타는 김점동이라는 여자를 유학시켜 한국 최초의 여자 의사를 만드는데 결정적인 역할을 했다. 박 에스더1877-1910로 이름을 바꾼 김점동은 1895년 로제타를 따라 미국으로 건너가서 다음해에 볼티모어 여자의과대학에 입학했다. 그리고 1900년 한국으로 돌아와 보구녀관과 평양기홀병원의 의사로 활동하다, 1910년 하나님의 부름을 받았다.

| 박 에스더의 죽음이 의사 셔우드 홀을 만들다 |

1893년 11월 10일 한국에서 태어난 셔우드 홀은 한 살 때 아버지 제임스 홀을 잃었는데, 1900년 6월 평양외국인학교 첫 입학생으로 베어드 주니어William M. Baird Jr. 등과 1908년까지 같이 공부했다. 셔우드는 한국 최초의 여자 의사요 자신과 너무나 친했던 박 에스더가 1910년 결핵으로 죽은 것에 충격을 받아 어린 나이에 의사가 될 결심을 했다. 10대 청소년기 대부분을 한국에서 보낸 셔우드 홀은 이후 미국에서 마운트 헐몬Mount Hermon학교, 마운트 유니온 대학, 토론토 의과대학을 졸업하고, 1924년 뉴욕 롱아일랜드의 홀츠빌 서퍼크 결핵요양소에서 결핵을 주제로 공부했다.

그리고 아버지와 비슷한 나이인 1925년 8월 미감리회 의료선교사로 임명되어 1926년 4월 19일 부인과 함께 자신이 태어나고 아버지가 순직하고 여자 동생 에디스가 죽어 묻혀 있는 한국으로 돌아왔다.

셔우드 홀은 1926년 7월 해주구세병원Norton Memorial Hospital 원장으로 부임해 의창懿昌학교 교장직을 동시에 겸하고 운산금광(동양연합광업회사) 담당의사로 환자들을 진료하기도 했다. 한국에 돌아온 셔우드 홀은 이후 22년간 의료활동과 선교사업을 하며 아버지와 어머니에 이은 조선 사랑을 이어갔다.

| 결핵환자를 향한 셔우드 홀의 헌신 |

셔우드 홀은 1928년 10월 27일 해주 왕신리에 폐결핵 퇴치를 위해 '해주구세요양원'을 설립했는데, 이는 그 당시 불치병으로 인식되던 결핵을 퇴치하기 위해 폐결핵 환자를 수용하고 치료하는 우리나라 최초의 결핵 요양소였다. 셔우드 홀은 결핵요양원의 필요성을 다음과 같이 이야기했다.

셔우드 홀과 해주 요양병원

> "결핵은 다른 나라에서는 20명에 한 사람꼴인데 한국에서는 5명 중 한 명 비율로 희생자가 난다. 일단 병균이 침투하면 한국인은 병을 피할 수 있는 희망이 거의 없다고 생각한다. 또한, 결핵을 불치의 병으로 부끄러운 병이며, 악귀의 기분을 상하게 한 사람이 운명적으로 받는 벌이라고 생각한다. 따라서 요양원은 치료뿐만 아니라 계몽과 교육 목적에서도 꼭 필요하다."

셔우드는 결핵치료 자금을 마련하고 결핵의 심각성을 알리기 위해 '크리스마스 실Seal'을 계획했다. 1932년 12월 3일 한국 최초로 남대문을 그려 넣은 '실'을 발행했는데, 한국의 상징 남대문에 결핵을 방어하는 성루城樓를 더했다. 사실 실의 원래 도안은 거북선에 대포를 배치해 한국인의 적인 결핵을 향해 발포하는 그림을 담으려 했다. 그러나 임진왜란 당시 거북선에 호되게 패한 일본이 이를 승인할 리가 없었고, 결국 크리스마스 실의 첫 번째 도안에 남대문

최초의 크리스마스 실

을 담을 수밖에 없었다. 이러한 악조건 속에서도 크리스마스 실 운동은 성공을 거두며 1940년까지 9년 동안 계속 발행되었다.

일제하 한국의 불안정한 정치적 상황은 셔우드 홀의 크리스마스 실 발행에 적지 않은 영향을 미쳤다. 1940년 관할 행정청의 허가를 받아 실의 인쇄를 모두 마쳤는데 군부가 실을 모두 압수해 버렸다. 실 도안에 서기 연호를 사용했다는 것이 압수이유였다. 때문에 서기 연호를 실 발행 9년 차를 뜻하는 'NINTH YEAR'로 수정해 발행했는데, 이것이 셔우드 홀이 한국에서 발행한 마지막 실이었다.

| 일본의 방해, 그러나 하나님의 사역엔 은퇴란 없다 |

1940년에 접어들면서 일본의 침략전쟁이 본격화되었다. 한국 거주 외국 선교사들에 대한 통제와 감시가 강화되고, 많은 외국인이 체포되고 구금된 후 강제로 본국으로 추방당했다.

셔우드 홀은 1940년 8월 화진포 별장에서 영국 신부 캐럴을 만나고 동해안 지역 사진을 촬영했다는 혐의로 간첩 누명을 쓰고 일제에 의해 재판에 회부되었다. 일명 '캥커루 코트'Kangaroo Court라 불린 이 재판에서 셔우드 홀은 징역 3월 또는 벌금 1,000달러의 판결을 받고, 강제로 한국을 떠나야 했다.

홀과 로제타의 지방 순회 전도

1941년 11월 한국을 떠난 셔우드 홀은 인도의 변방 마르다Marda 연합결핵요양원에서 결핵 퇴치사업을 계속하다 1963년 은퇴했다. 이후 캐나다 밴쿠버로 돌아가 노년을 보내다가 1991년 4월 5일 98세로 별세했다.

그가 남긴 유언은 다음과 같다.

"저는 여전히 한국을 사랑합니다. 제가 죽거든 저를 절대로 미국이나 캐나다 땅에 묻지 마시고, 제가 태어나서 자랐던 사랑하는 이 나라, 또한 제가 사랑하는 어머니와 아버지 그리고 누이동생이 잠들어 있는 한국 땅에 묻어 주시기 바랍니다."

4월 10일 리치먼드 사우스 암 교회에서 장례식을 치르고 유해는 셔우드 홀의 바람대로 한국으로 돌아와 1991년 4월 17일 대한결핵협회 장葬으로 양화진 제1묘역에 안장되었다. 결핵협회는 1993년 11월 10일 셔우드 홀의 탄생 100주년을 맞이해 양화진에 공적비를 세웠다.

내한/이한 1890/1934

Samuel A. Moffett

마펫 마포삼열

1864-1939

미국 NP

평양

산정현교회

토마스

평양신학교

한석진

맥코믹신학교

장대현교회

| 시카고 맥코믹사단과 한국선교 |

동방의 예루살렘이라 불린 평양 지역 선교의 아버지 사무엘 마펫은 1864년 1월 25일 인디애나주 매디슨에서 출생해 성장했다. 하노버 대학에서 화학을 전공한 그는 1888년 동기생이자 후에 한국선교의 동역자가 된 윌리엄 베어드William M. Baird, 배위량, 사무엘 기포드Daniel L. Gifford, 기보와와 함께 맥코믹 신학교McCormick Seminary를 졸업했다. 맥코믹 신학교는 이후에도 많은 한국 선교사를 배출했는데, 1892년에 졸업생 그레함 리Graham Lee, 이길함, 사무엘 무어Samuel F. Moore, 모삼열, 스왈른William L. Swallen, 소안론이 한국에 들어와 서울과 평양에서 활동했고, 1895년 아담스James E. Adams, 안의와, 1900년 번하이젤Charles F. Bernheisel, 편하설, 1901년 블레어William N. Blair, 방위량와 바레트William M. Barrett, 박위렴, 1902년 클락Charles A. Clark, 곽안련 선교사 등이 내한하여 한국선교에 결정적인 영향을 미쳤다. 이처럼 한국기독교의 초기 선교와 신학사상의 형성에 맥코믹사단은 깊은 관계를 맺고 있었다.

맥코믹신학교

마펫은 신학교를 졸업하고 1년간 미주리주 애플톤Appleton에 있는 한 교회를 섬기다 선교의 꿈을 품고 한국 선교사로 지원하였다. 그리고 마침내 1890년 1월 28일 26세의 젊은 나이로 한국에 도착했다.

| 서북지방 선교의 개척자 - 토마스와 로스의 열매를 발견하고 |

마펫은 평양을 중심으로 서북 지방의 놀라운 교회 성장의 기초를 놓은 중심인물이다. 마펫은 평양이 아직 외국인에게 개방된 곳이 아니어서 선교사의 접근이 어렵지만, 만주에서 오랫동안 활동한 존 로스의 영향을 받은 권서인들이 사역하고 있는 지역이라 새 선교지부로 가장 적합한 곳이라 생각했다.

마펫은 한국에 도착하자마자 1890년에 아펜젤러와 헐버트를 동반하고 서울을 떠나 처음으로 평양에 도착했다. 철도가 없는 당시에는 말을 타고 6일간이나 여행을 해야 했는데, 마침 우기라 황주黃州에서 강을 건너다 홍수로 불어난 물에 빠져 익사할 뻔하기도 했다.

어렵게 평양에 도착한 마펫은 2주일을 체류하며 복음을 전했는데, 그가 투숙한 여관은 대동강 변에서 순직한 토마스와 깊은 관련이 있던 장소였다. 박영식이란 사람은 토마스 선교사가 뿌린 한문 성서를 주워 자기 집 벽에 도배했는데, 이후 최치량이 이 집을 사서 여관을 만들었던 것이다. 그 최치량은 이후 예수를 믿고 마펫의 돈독한 동역자가 되었다.

마펫의 2차 전도여행은 1891년 2월부터 5월까지 약 3개월간의 긴 여정이었다. 마펫은 게일과 서상륜과 함께 서울에서 출발해 평양과 의주를 거쳐 중국 봉천에 도착했다. 그는 봉천에서 존 로스를 만나 평안도 북부와 중국 국경지역에서 이루어진 그의 사역에 대해 들었다. 스코틀랜드 장로교회 소속 선교사로 1872년 중국 만주로 파송을 받은 존 로스는 이성하, 백홍준, 서상륜 등과 함께 성경을 한국어로 번역하고 국경을 따라 국내로 성경을 반포한 한국기독교 출발의 핵심 인물이다. 로스의 노력으로 의주를 비롯한 평안도 북부 지역은 조선에 공식

마펫과 게일의 전도 여행 경로

적인 선교사가 들어오기 전부터 복음의 씨앗이 뿌려졌다. 여행을 마친 후 마펫은 이 지역에서 복음을 자유롭게 전할 수 있고, 또 이미 신자 공동체가 형성되어 있다는 이유로 의주에 선교지부를 설치할 것을 선교본부에 건의하였다. 마펫은 중국 봉천을 떠나 함흥과 원산을 거쳐 다시 서울로 돌아왔지만 이후에도 서북지방을 수시로 방문했고, 마침내 1893년 평양에 가옥을 구입하고 선교지부를 설치하는 데 성공했다.

|《밴가드》에 그려진 평양선교의 개척자 |

1900년대 초 평양

마펫의 초기 평양 선교는 순탄치 않았다. 조사 한석진을 통해 평양에 가옥을 구입했으나 강제로 퇴거를 당하기도 했고, 한석진은 제임스 홀의 조사 김창식과 함께 체포를 당해 고문과 사형의 위협을 받기도 하였다. 그러나 얼마 후 1894년에 일어난 청일전쟁은 역설적으로 평양 선교의 문을 여는 기회가 되었는데, 전쟁으로 폐허가 된 평양에서 마펫은 제임스 홀과 함께 본격적인 선교 사역을 시작할 수 있었기 때문이다.

마펫은 1893년 6월 한석진과 최치량 등 교인 4-5명과 더불어 판동板洞 널다리골에 집 한 채를 사들여 예배를 드렸는데, 이것이 평양 최초 교회인 장대현교회의 출발이 되었다. 마펫은 이후 22명으로 구성된 학습반을 만들어 성경을 가르치고 그로부터 3개월 후에 일곱 명을 뽑아 평양에서 처음으로 성찬식을 거행했다. 신도의 수가 늘어나 1899년에는 장대현章臺峴에 새로 예배당을 세우고 마펫이 제1대 담

장대현교회

장대현교회 여성사경회를 마친 마펫

임으로 섬겼다. 장대현교회는 이후 남대현교회, 사창골교회, 산정현교회 등을 개척하였는데, 산정현교회는 마펫의 기부로 크게 지어졌다.

| 평양신학교 건립과 교육선교 |

평양신학교

교회가 성장하고 교역자 양성이 시급해지자 마펫은 평양 서문 밖에 6천여 평의 부지를 마련하고 평양신학교를 설립해 한국 신학교육의 기틀을 마련했다. 1901년 가을 장대현교회 장로 방기창과 김종섭 두 사람으로 시작한 평양신학교는 1907년에 최초로 7인의 졸업생을 배출하고, 1909년에는 재학생이 130명에 이를 정도로 성장했다. 마펫은 1904년 평양신학교 초대교장으로 부임해 24년간 교장으로 활동하며 4백 명이 넘는 졸업생을 배출했다.

평양의 대표 교육기관인 숭실중학교, 숭실대학, 숭의여학교는 삼숭三崇으로 불렸으며, 마펫은 이 학교들과 깊은 관계를 맺고 교육사업에 힘썼다. 마펫은 1903년 숭의여학교를 세우고, 1918년부터 10년간 숭실중학교와 숭실대학의 교장으로 섬겼다. 그런데 교장직에 취임한 지 1년이 못 되어 3·1 만세운동이 일어나 기독교학교 운영의 어려움에 직면했다. 특히 총독부는 성경과목을 폐지할 것을 강요했지만 마펫은 성경만은 가르쳐야 한다고 끝까지 주장했다. 마펫은 평양 창덕학교를 비롯해 의주 및 황해도 일대에 110개 내외의 학교를 지원하는 등 교육사업에 남다른 힘을 쏟았다. 아내와 함께 1900년 자신의 집에서 외국인 학교를 운영하였고, 1903년 맹아들을 위해 평양 남맹학교를 세웠다.

1930년 마펫의 선교 40주년을 기념해 제18회 장로교 총회는 '마펫 목사 선교 40주년 사업회'를 발족했는데, 이는 마펫이 한국 선교에 미친 영향을 가늠해 볼 수 있는 대목이다. 1935년에 한국인의 헌금으로 '마포삼열기념관'을 평양신학교와 서문밖교회 사이에 세웠고, 현재 광나루 장로회신학교 구내에 마펫기념관을 재건했다.

| 마펫 가족의 선교활동 |

사무엘 마펫의 아내 엘리스Alice F. Moffett(1870-1912)는 1897년 북장로교 의료선교사로 한국에 와서 1898년부터 평양지구에서 선교활동을 시작하였다. 이후 부녀자를 위한 성서반을 조직하고 외국인학교와 평양 남맹학교에서 봉사하다 1912년 평양에서 소천하였다.

마펫의 아들로 평양에서 출생한 사무엘 마펫Samuel Hugh Moffett, 마포삼락은 미국에서 휘튼대학, 프린스턴신학교, 예일대학에서 공부하고 코네티컷에서 목회했다. 1947년 중국선교사로 북경에 파송되어 활동하다 1955년 연합장로교 선교사로 내한하였다. 경북 안동에서 3년간 농촌 선교를 하면서 경안성경학교 교장과 경안고등학교 이사장을 역임했다. 그는 1959년 장로회신학교에서 교수로 신학을 가르쳤고, 이후 미국 프린스턴신학교에서 교회사를 가르쳤다. 사무엘 마펫의 아내 에일린Eileen F. Moffett, 마애린은 1956년 결혼 후 안동에서 선교사로 활동하였다. 장로회신학대학에서 기독교교육 교수, 서울여대와 보성여고, 숭의여고, 기독교 아동복지회 이사를 역임했다.

1917년 평양에서 출생한 하워드Howord F. Moffett, 마포화열는 미국에서 의학을 공부한 후 1948년 북장로교 의료선교사로 내한해 대구 동산병원에서 의료활동을 도왔다. 한국전쟁 때 미 해군으로 참전해 9·28 수복 시 평양에 입성하여 북한교회의 재건에 노력했다. 1953년 제대 후 귀국하여 의학공부를 하다가 1956년에 다시 한국에 와서 대구 동산병원에서 근무하였다. 1959년에 동산병원장에 취임, 이후 이사장을 역임했다.

내한/이한 1892/1939

William L. Swallen

스왈른 소안론

1865-1954

미국 NP

493 하늘 가는 밝은 길이

사과나무

평양신학교

이기풍

성경강좌

조선예수교장로회 공의회

김익두

| 평양 - 원산 간 영적 하이웨이 |

윌리암 스왈른은 1865년 미국 오하이오에서 태어나 독실한 신앙을 가진 부모 밑에서 자랐다. 1889년 우스터대학Wooster College을 졸업하고, 1892년에 맥코믹신학교를 졸업했다.

1892년 스왈른은 아내 샐리Sallie W. Swallen와 함께 미국 북장로교 선교사로 서울 선교지부에 왔다. 스왈른은 한국어를 배운 후 1893년 1월 마펫, 그레함 리와 함께 평양 및 관서지방 개척 선교사로 임명을 받았다. 그러나 1894년 곧바로 원산으로 사역지가 옮겨져 그곳에서 활동하고 있던 캐나다 출신 게일 선교사와 함께 일하게 되었다.

아내 샐리와 함께 순회전도여행을 떠나는 스왈른

원산에서 스왈른은 한국인과 같은 옷을 입고, 수염을 기르면서 온 힘을 다해 복음을 전했다. 때로 너무 과로한 나머지 고열로 인해 어려움을 당했지만, 아내 샐리의 애정 어린 간호로 병을 이길 수 있었다. 특히 북쪽 특유의 폭설과 혹한을 뚫고 원산과 함흥 등지를 여행하며 열정적으로 복음을 전하던 스왈른은 1899년 이 지역이 캐나다 장로교로 이양되자 다시 평양 선교지부로 돌아왔다. 스왈른은 베어드가 설립한 숭실학당의 책임자로, 조선예수교장로회 공의회 초대회장으로 활동하였으며, 마펫과 베어드와 함께 평양신학교를 발족하고 교육사업에 매진했다.

| 한국기독교의 인물 김익두와 이기풍의 회심시킨 스왈른 |

황해도 재령과 안악에서 주로 활동한 스왈른은 1900년 어느 날 안악 장날에 맞춰 안악교회에서 부흥사경회를 열었다. 이날 스왈른의 아내가 안악 장터에서 전도지를 나눠주고 있었는데, 때마침 이 지역의 유명한 깡패 김익두가 나타났다. "오늘 밤 안악교회에 나와보세요." 스왈른 부인이 전도지를 건네주자 김익두는 그것으로 코를 풀어 버렸다. 그 모습을 본 부인이 "그렇게 하면 당신 코가 썩습니다."라고 일침을 가했다. 만취가 된 완력가요 천하의 깡패 김익두는 놀랍게도 코가 썩을까 걱정하며 뜬 눈으로 밤잠을 설쳤다. 그런데 이를 계기로 기적적으로 자신의 삶을 되돌아 본 김익두는 이후 친구 박태환의 전도로 안악군에 있는 금산교회에 나가 믿음을 갖게 되었다. 이때가 1900년, 그의 나이 27세였다.

안악골 호랑이 김익두는 예수를 믿고 10개월간 언행을 삼가고, 자신의 생활습관을 정리하는 시간을 가졌는데 이때 신약성경을 100번이나 읽었다. 이전의 친구들이 술을 권할 때면 "내가 요새 구약과 신약을 복용 중인데, 술은 절대 금물이라는 처방이 있어서 안 되겠네."라며 유머를 섞어 이야기했다.

김익두 목사

김익두 목사의 사경회

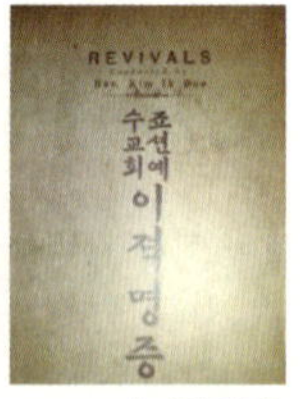

《이적명증》

이런 김익두에게 1901년 1월 스왈른은 세례를 주고 자신의 매서인으로 삼았다. 김익두는 1906년 평양신학교에 입학해 1910년 3회 졸업을 하고 한국교회의 가장 위대한 부흥사요 수많은 기적을 일으킨 사람이 되었다.

스왈른은 한국 최초의 선교사 이기풍의 회심과도 관련이 깊다. 평양신학교 제1회 졸업생이자 제주도와 한국 선교의 아버지인 이기풍 목사는 자신이 예수를 믿기 전에 서양 선교사들이 한국을 삼킨다고 해서 선교사들을 박해했다. 이기풍은 평양장터에서 복음을 전하던 마펫에게 돌을 던져 그의 턱을 상하게 했다. 그런데 역설적이게도 이 사건은 훗날 이기풍이 기독교를 받아들이는 데 중요한 역할을 했다.

1894년 평양에서 치러진 청일전쟁을 피해 원산으로 피신한 이기풍은 마펫과 비슷한 모습을 한 스왈른 선교사를 만났다. 이에 정신이 아찔해진 이기풍은 1894년 이곳 원산에 막 부임한 스왈른 선교사를 평양에서 돌로 때려눕힌 양코배기 마펫의 화신으로 생각했다. 집으로 돌아와 잠시 잠이 든 사이 갑자기 방이 환해지더니 머리에 가시관을 쓴 사람이 나타났다. "기풍아 기풍아, 왜 나를 핍박하느냐? 너는 나의 증인이 될 사람이다." 이것이 바로 한국교회를 향한 주님의 부르심이었다.

평양장로회 신학교 1회 졸업생(1907), 왼쪽 시계방향으로 방기창, 서경조, 양전백, 송인서, 길선주, 이기풍, 한석진

이기풍 가족

잘못을 뉘우친 이기풍은 스왈른을 찾아가 이 모든 일을 고백했다. 이야기를 잠잠이 듣고 있던 스왈른은 이기풍의 손을 꼭 쥐고 머리를 숙여 하나님께 감사의 기도를 드렸다. 그리고 고개를 들고 서투른 한국말로 말했다. "분명히 당신을 예수님이 귀하게 쓰실 징조요. 당신 죄는 예수님이 다 사하여 주셨소. 기뻐하시오."

그날 밤 자신의 잘못을 회개한 이기풍은 이후 전라남도 각지와 제주도에서 복음을 전했으며 일제 말기 신사참배 운동에 반대하다가 1942년 6월 20일 고문 후유증으로 하늘의 부름을 받았다.

| 가정 성경공부: 성경통신강좌의 시작 |

스왈른 부부는 가정에서의 성경공부가 매우 긴요함을 깨닫고 가정에서 성경 전체를 정규적으로 공부할 수 있는 '성경통신과정'을 개발했다. 그는 신자들이 읽고 쓸 수만 있다면 스스로 성경 전체를 공부할 수 있다는 점에서 '성경통신과정'이 큰 장점이 있다고 보았다. 이 과정은 신약과정 12개 단원과 구약 20개 단원에 각각 질문을 담아서 학생들이 질문에 답하는 형태로 구성했으며, 두 번의 시험을 통과하면 학생에게 수료증을 주었다.

이 훈련 과정은 1917년에 시작되어 1924년 12월 31일까지 2,015명이 등록했고 57명이 수료했으며, 구약성경과정에는 1925년에 시작되어 1933년까지 598명이 등록해 363명이 수료했다. 신약과정은 6,229명이 등록해 1,669명이 졸업했다. 1930년부터 이 성경 통신교육과정은 한국 주일학교 연합회Korea Sunday School Association에 의해 계속 이행될 정로로 초기 한국교회의 영적인 기틀이 되었다.

| 희망의 나무를 심다 |

농과대학 출신 스왈른은 평양 숭실대학교에서 농학부 교수로 가르쳤으며, 평양의 도시 외곽에 살면서 농사와 과수원을 경작하고, 그 방법을 한국인들에게 전해주는 효과적인 전도를 하였다. 스왈른은 우리나라에 사과를 보급한 사람인데, 그가 한번은 미국에서 안식년을 보낸 후 사과나무 묘목 300개를 가지고 와서 대구와 황주의 선교본부에 전달했다. 이곳에서 재배와 개량에 성공한 사과나무는 농촌경제 발전에 큰 공헌을 하였고, 이에 맞추어 스왈른은 나무 심기를 권장하는 '식목가'를 작사하기도 했다.

식목가가 실린 《창가집》(1920)

1. 만유 주의 넓고 크신 사랑으로
천지 만물 모두 지으셨도다
그 중 우리 사람 귀히 여김으로
식목하는 법을 허락하시네
후렴: 식목합시다 식목합시다
감사한 마음으로 식목합시다
식목합시다 식목합시다
이후 좋은 기쁨 얻으리로다

2. 우리 학도들이 여기 심은 나무
천주 은택으로 크게 자랄 때
삼동설한 괴롬 인내한 후에야
꽃과 잎과 몸이 왕성하리라

3. 나무 크게 자라 정자 이룬 후에
후생들은 앉아 묵상 기도해
노아방주에서 생명 구원했고
예수 십자가 목 명광되었네

| "하늘 가는 밝은 길이", 순교자의 노래를 만들다 |

특별히 음악에 소질이 있던 스왈른은 수많은 한국기독교의 순교자들이 마지막 순간에 자주 불렀던 찬송가인 '하늘 가는 밝은 길이'를 작사했다. 한국인의 아픈 역사를 누구보다 잘 알았던 스왈른이 1905년 을사늑약이 강행되자 좌절한 한국인들에게 희망을 주기 위해 이 찬송가를 작사했다. 스코틀랜드 포크송인 로리Annie Laurie의 원곡에 스왈른 선교사가 지금의 가사로 번안해 작사했다. 스왈른은 이 밖에도 '내 죄를 회개하고', '찬송하는 소리 있어' 등 한국인이 애창하는 찬송가들을 작사했다.

1932년에 73세의 나이로 은퇴하고, 1939년에 본국으로 돌아간 스왈른은 1954년 5월 8일 플로리다 세인트 피터스버그에서 89세의 삶을 마쳤다. 평양에서 출생한 그의 장녀 올리베트 스왈른Olivette R. Swallen, 소안엽은 1915년 북장로교 선교사로 내한하여 평양 숭의여학교에서 봉직하였고, 둘째 딸 게르투르드Gertrude Swallen Voelkel, 옥귀철도 한국에서 선교사로 활동하여 2세대가 한국 복음화에 헌신하였다.

내한/이한 1891/1931

William M. Baird

베어드 배위량

1862-1931

미국 NP

영남 순회전도여행

부인 애니 베어드

베어드의 다이어리

서경조

평양 숭실학당

Daybreak in Korea

숭실대학

| 부산, 대구, 서울, 평양을 이은 학구파 선교사 |

윌리암 베어드는 1862년 미국 인디애나에서 출생하여, 1885년 하노버대학과 1888년 맥코믹신학교를 졸업하고, 이후 하노버대학에서 철학박사1903와 신학박사1913 학위를 받았다. 이후 선교사역을 하면서 가진 1926년 네 번째 안식년 휴가 때 시카고대학, 히브리대학, 프린스턴신학대학 등에서 연구하기도 했던 학구파 선교사였다.

베어드의 선교 활동은 크게 초기 영남 지역 전도활동과 후기 평양의 교육 사업으로 구분할 수 있다. 1891년 한국에 들어와 부산을 선교 구역으로 배정받은 베어드는 1896년까지 경상도 지역을 순회하며 대구에 선교지부를 개척했고, 이후 서울을 잠시 거쳐 1897년 평양으로 자리를 옮겨 숭실학당을 세우고 교육 사업에 헌신했다. 1916년 숭실대학장을 사임한 뒤에는 교재 발간과 번역 등 문서선교에 치중하였다.

경부선과 경의선을 잇듯이, 부산에서 시작해 대구와 서울을 거쳐, 동방의 예루살렘 평양에서 선교사역을 만개시킨 사람이었다.

| 평양의 마펫, 영남의 베어드 |

미국 북장로회 선교부는 서울 이외의 선교지부 개척을 토론하여 북부지방에는 평양을, 남부지방에는 부산을 그 대상지로 선정했다. 베어드보다 1

년 앞서 한국에 온 마펫은 베어드와 하노버 대학과 맥코믹신학교에서 8년 동안 같이 공부한 가장 친한 친구 사이였다. 베어드는 중국 선교사로 임명되어 있었지만, 선교부 총무 엘린우드 박사가 한국의 남부지역 개척을 간곡히 요청해 한국 땅에 발을 내딛게 되었다. 이로써 맥코믹사단의 마펫은 평양을 중심으로 서북지역 선교와 베어드는 부산을 중심으로 영남지역 선교를 담당했다.

부산에 둥지를 튼 베어드는 1893년부터 본격적인 순회전도에 나섰다. 서상륜의 동생 서경조와 함께 부산을 출발해 하루에 16-32km를 걸으며 밀양, 대구, 상주, 안동, 경주를 돌아 울산을 거쳐 부산에 돌아오는 496km의 긴 전도여행을 기꺼이 하기도 했다. 베어드 일행을 천주교 신자로 착각하여 피하는 사람도 있었지만, 처음 보는 외국인에 대한 호기심과 기독교에 대한 한국인들의 관심은 대단했다. 대게는 식사를 할 시간이 없을 정도로 전도 책자를 사겠다는 사람들이 몰려들었는데 베어드는 이런 기회를 이용해 기독교의 진리를 전했다.

베어드의 사랑방에서 아담스와 함께(1895)

이후에 대구, 상주, 경주, 안동 등지를 포함한 경상북도 지방을 빈번하게 여행한 베어드는 경상 감영과 약령시藥令市가 있는 대구 지역이 정치, 상업적으로 중요할 뿐만 아니라 인구가 많고 교통이 편리해 선교지부로 적합하다고 생각해 선교지부 개설을 추진했다. 그러나 대구 주민은 외국인에게 상당히 적대적이었는데, 1891년에 이곳에 거주하던 프랑스 신부가 주민의 습격을 받았고 청주에서는 프랑스 신부가 살해된 역사를 갖고 있었다. 더군다나 내륙지방에 선교지부를 설치하는 것은 당대 한국정부의 실정법을 위반하는 것이어서 주한 미국공사 알렌도 대구 선교지부 설치를 반대하고 나섰다. 그러나 베어드는 1896년 마침내 대구 선교지부를 개척해 대구에 거주지를 구입했고, 지방관청의 승인을 얻어내고야 말았다. 평양에 의지의 마펫이 있었다면, 대구엔 친구 베어드가 있었던 것이다.

베어드는 부산과 경상남도 일대에 수많은 교회를 세웠다. 1891년 베어드가 부산진에 한옥을 짓고 그 해 11월에 공관에서 일하던 미국인 가족들과 자기 집에서 일하던 한국인 몇 사람과 예배를 드림으로 경남지역 최초의 장로교회인 부산진교회를 시작했다. 1892년에는 이후 주기철 목사가 시무하게 될 영선교회(현 초량교회)를 설립했고, 내륙지방을 여행하는 동안 양산 물금교회, 밀양 유천교회, 청도 화양교회, 영천 조곡교회(현 대창교회)를 세웠다.

| 교육사업으로의 부르심 |

베어드는 1896년 4월 가족과 함께 대구로 이사해 본격적인 영남 전도활동을 시작하였다. 그러나 그해 11월 베어드는 서울선교지부 교육 담당 고문으로 발령이 나서 대구 선교를 처남 제임스 아담스James E. Adams, 안의와에게 인계하고 대구를 떠났다.

교회가 빠르게 성장해 전도자를 훈련할 교육기관에 대한 요구가 폭발적으로 늘어났다. 언더우드가 설립한 서울의 경신학당도 확장되어 당시 교장 밀러는 학교 사역에 경험이 있는 베어드를 선교부에 추천해 그를 초대하였다. 교육사업과 함께 베어드는 첫 휴가를 떠난 마펫의 빈자리를 채우기 위해 많은 시간을 평양을 비롯한 북쪽 지방 복음전도 사역에 할애했다. 그런데 북쪽 지방의 전도여행은 영남지방과는 달랐다. 그는 평양과 한국의 최북단이자 북쪽 관문인 의주지역을 순회하며 정기적으로 예배를 드리고 교회로 조직될 준비가 되어 있는 여러 모임을 발견했으며, 여행 중에 교인이 되려는 후보자를 문답하고 세례를 주었다. 심지어 의주와 압록강을 넘어 중국까지 들어가 복음과 생명을 나누었다. 베어드는 평양과 이북지역에서 교육사업이 절실히 필요함을 느끼고 이듬해 평양으로 옮겨 숭실학당을 시작으로 학교건립에 힘을 썼다.

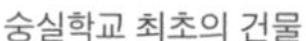
숭실학교 최초의 건물

숭실대학 졸업생과 베어드(1907)

| 평양 숭실학교 |

1897년 10월 베어드의 사택에서 13명의 학생을 모아 학교를 시작한 학교가 바로 숭실학교이다. 이 땅에 예수의 복음을 전파할 수 있는 참된 교사와 교역자 양성을 설립 목적으로 중등교육기관으로 문을 연 숭실은 1900년에 수업 연한 5년으로 하는 정식 중학교 과정을 운영했고, 1904년 마침내 세 명의 졸업생을 배출해 이 땅에 고등교육 출범의 단초를 열었다. 이때 배출한 첫 졸업생을 대상으로 1905년 가을학기부터 대학과정의 교육을 시작하였다. 1906년 9월 15일에는 장로교와 감리교 선교부가 합동으로 학교경영에 참여한 가운데 숭실에 대학과를 설치하여 12명의 학생을 1, 2학년으로 운영하였다. 교명은 'Union Christian College'(합성숭실대학)이었는데, 이로써 숭실은 우리나라에서 정규 대학 교육의 효시가 되었다. 베어드는 한국에 온 지 40주년을 맞은 1931년에 장티푸스에 걸려 하늘의 부름을 받았다. 전염병으로 사망했기 때문에 그의 시신은 보건법에 따라 화장되어, 평양 숭실학교 구내에 안장되었다.

| "멀리멀리 갔더니", 베어드 가족의 선교활동 |

베어드의 아내 애니 베어드 부인Annie L. A. Baird, 안애리은 평양을 중심으로 여성사업, 문서전도, 육영사업에 헌신했고, 평양 외국인 학교, 여자 성경학

평양 외국인학교

교, 숭의여학교 교사와 교장을 역임했다. 평양외국인학교는 1899년 베어드 부인의 자택에서 자모회 모임으로 시작하였는데, 이것이 발전해 다음 해에 6명의 어린이를 모아 마펫의 사택에서 학교를 시작하였다. 초등과정으로 시작한 평양외국인학교는 1903년부터 고등과정으로 개편되었고 1914년에는 기숙사를 개설하였다. 한국에 내한한 선교사의 수가 상당히 증가하여 1935년에는 이 학교에 425명의 재학생이 있었다.

애니 베어드 부인은 찬송가 440장 '멀리 멀리 갔더니' 창작을 비롯하여 한국 찬송가 번역과 편집에 지대한 공헌을 하였다. 평양에서 1916년 6월 9일에 별세하였으며 양화진 제2묘역에 기념비가 있다.

베어드의 두번째 부인 로즈Rose M. F. Baird, 배로사는 평양여자고등성경학교 교사로 성경과 미술을 강의하고 1937년부터 1942년까지 성경학교 교장으로 봉직했으며, 성서 출판위원과 성서번역에 공헌하였다.

애니 베어드

베어드의 아들 베어드 2세William M. Baird Jr., 배의림는 1923년 북장로회 선교사로 한국에 와서 황해도 재령에서 선교사로 활동하였고, 리차드 베어드Richard H. Baird, 배의취는 1923년 내한하여 강계에서 산간벽지를 순회 전도하고 강계성경학교 교장으로 봉직했다. 부인의 병으로 1941년에 귀국했다가 1957년에 한국에 다시 입국하여 북장로회 한국 선교부 총무로 섬겼다. 리차드는 부친의 한국 선교 활동을 적은 책 *William Baird of Korea: A Profile by Richard H. Baird*(1968)를 출간했으며, 이 책은 2004년에 《배위량박사의 한국선교》로 번역되어 한국에서 출간되었다.

내한/이한 1905/1936

George S. McCune

맥 큔 윤산온

1872-1941

미국 NP

신사참배 거부

105인 사건

농민생활사

선천 신성중학교

보성여학교

백낙준

섀논 맥큔

| 노동운동과 인재양성 |

조지 맥큔은 1872년 미국 미주리주에서 출생해, 장인어른이 세운 미주리의 파크대학을 졸업하고, 1905년 9월 12일 부인과 함께 미국 북장로회 교육선교사로 한국에 도착했다. 4년 어간 한국어를 공부하며 숭실학교에서 배어드를 도왔는데, 맥큔은 미국에서 초등학교와 파크중학교에서 교사로 활동했던 경험이 있는 전문가였다.

특별히 맥큔은 신성중학교1909-1921와 숭실전문학교1928-1936 교장을 역임하면서 '자조부'를 운영하고 노동을 강조했다. 자조부自助部, Self-help Department는 가난한 학생들이 일하면서 학교에 다닐 수 있도록 학교에서 노동을 제공하는 제도로 파크대학에서 맥큔이 장인을 도우며 배운 제도였다. 지식교육과 함께 노동의 중요성을 늘 강조했던 맥큔은 1909년 선천 신성중학교 교장으로 부임하자 지智: Head, 덕德: Heart, 공工: Hand 교육을 하며 공작부와 농장을 운영하였다. 이때 맥큔과 같은 파크대학 출신인 샤록스Alfred M. Sharrocks선교사가 교감으로 그를 도왔다. 바로 이 신성중학교를 한국 보수신학의 거두 박윤선 목사가 1927년에, 방지일 목사가 1929년에 졸업했다.

맥큔이 숭실전문학교 교장에 취임했을 때에도 자조부를 확대해 학생들이 노동의 중요성을 깨닫고 학비를 스스로 마련하도록 도왔는데, 당시 유교적 관습으로 노동을 경시하던 한국사회에 노동을 통한 기쁨과 자립정신을 가르치고자 했던 것이다.

맥큔은 공부하려는 학생에게 입학의 기회를 주고, 재목이 될만한 학생은 중국의 기독교계 학교와 미국으로 유학을 보내는 운동을 했다. 한국기독교 역사 연구의 개척자인 백낙준도 그의 주선으로 미국 파크대학, 프린스턴, 예일대학에서 유학하고, 이후 연세대학교 초대 총장이 되어 맥큔과 같이 교육사업에 헌신하였다. 백낙준의 영어 이름 조지 백George Paik은 그가 맥큔과 어떤 친분을 가지고 있었는지를 잘 보여주고 있다.

| 선천 선교지부와 신성중학교, 105인 사건과 3·1 만세 운동 |

맥큔은 1909년 평북 선천 선교지부로 파송을 받아 신성중학교의 교장으로 부임해 지도자 양성에 힘썼다. 선천은 원래 인구가 3천 명을 넘지 않는 작은 도시였지만 미국 북장로회 선교사들이 1901년 선교지부를 세워 병원과 학교를 열고 1905년부터는 철도가 연결되면서 크게 발전하기 시작했다. 이후 선천은 인구 2만여 명 중 60%의 주민이 기독교인일 정도로 복음의 열정이 대단한 곳으로 미국 북장로회가 북방지역인 강계와 만주지역으로 복음을 전하는 중심지가 되었다.

이런 배경에는 휘트모어Norman C. Whittemore, 샤록스, 맥큔의 영향이 컸다. 휘트모어는 선천과 강계 등 평안북도와 만주에서 활동하던 선교사로 1897년부터 이곳에 머물며 선교활동을 시작한 이래 1901년 선천에 선교지부를 설치하고, 의료선교사 샤록스와 함께 1905년에는 미동병원을 개원하였다. 이런 영향으로 1906년에는 신성학교가 이듬해 1907년에는 보성여학교가 각각 설립되었다. 맥큔은 휘트모어와 샤록스의 사업을 이어받아 선천의 교회를 돌보며 교육 사업을 발전시켜 나갔다. 특별히 그는 신성학교에 부임하자 미국의 독지가인 오닐Hugh Oneil 부인으로부터 1만 5천 달러의 기부금을 받아 학교의 발전에 기여했다. 맥큔의 아내 헬렌Helen M. McCune도 보성여학교를 맡아 돌보며 선천여성교육에 힘을 쏟았다.

105인 사건 관련자들 체포 장면

맥큔이 제2대 교장으로 부임한 신성중학교는 휘트모어가 함께 설립한 학교였는데, 보성여학교와 함께 애국자들과 선각자들을 많이 배출하였고, 평북지역에서 독립운동의 중심기지 역할을 하였다. 특히 휘트모어의 조사였던 양전백과 선천읍 교인들이 선교사의 사역에 힘을 더했다. 양전백은 휘트모어와 함께 선천을 중심으로 순회하며 교회를 세웠고, 초등교육기관인 명신학교를 비롯해 신성중학교와 보성여학교 설립을 돕고 대동고아원을 설립해 운영했다. 이후 양전백은 1907년 장로회신학교를 1회로 졸업하고 길선주, 이기풍, 한석진 등과 함께 최초의 장로교 목사가 되었다.

1911년 10월 중순 경부터 조선총독부는 '105인 사건'을 날조해 조선의 기독교 지도자와 교육자들을 대거 투옥시켰는데, 이때 신성중학교와 보성여학교 교사와 학생들도 상당수 검거되었다. 맥큔은 105인 사건의 배후인물로 지목되었고, 선천지역 지도자인 양전백도 이 사건으로 검거되어 재판을 받고 옥고를 치르는 아픔을 겪었다.

1919년 3·1운동이 전개될 때에도 신성중학교는 만세 운동을 주도하며 일제에 저항했는데, 이때 맥큔은 시위 참가자들을 집에 숨겨주고 일제의 가택수사를 거부하며 학생을 보호했다. 이듬해인 1920년에 선천에 신성중학교 학생 박치의가 선천 경찰서를 폭파하는 사건이 발생하자 맥큔은 결국 반일운동의 책임자로 1921년에 미국으로 강제로 귀국하였다. 그는 미국으로 건너가 사우스 다코타 주의 휴론대학Huron College에서 학장에 봉직하면서도 한국의 유학생을 세심히 돌보았다.

| 평양 숭실학교-신사참배와 두 번째 추방 |

1928년 다시 한국을 찾은 맥큔은 1929년 5월 9일 평양 숭실전문학교 학장과 숭실중학교의 교장을 겸임했다. 이때는 숭실대학이 1925년 전문학교로 개편된 뒤였다. 그는 평양 신양리에 실습농장을 조성하고 1931년에는 3년제 농과를 증설하였다. 그러나 만주사변 이후 기독교에 대한 통제를 강화하던 일본은 신사참배는 국가의례일 뿐 종교행사가 아니라고 주장하면서 기독교계 학교에 신사참배를 강요하기 시작했다.

이런 분위기 속에서 1935년 11월 14일 평남 도내 공·사립 중등학교 교장회의가 열렸다. 평남 도지사 야스다케安武直夫는 참석한 교장들에게 회의 개회 전에 평양신사에 참배할 것을 요구했다. 이때 맥큔은 도지사의 요구를 거부하면서 신사참배 거부 의사를 명확히 했다. 한편, 홀드크로프트James G. Holdcroft, 솔타우Theodore S. Soltau, 로즈Harry A. Rhodes로 구성된 북장로회 선교부 실행부가 1935년 12월 13일 맥큔의 집에 모여 일제의 신사참배에 반대할 것을 공식 결정했다. 일본 당국과 도지사 야스다케는 1936년 1월 16일 학교장 및 학생들이 신사참배를 끝까지 거부하면 학교장직 파면과 학교의 강제 폐교도 불사하겠다고 나섰다.

그러나 맥큔은 신사참배 반대 입장을 끝까지 고수하였고, 신사참배 반대의 네 가지 이유를 적은 편지를 야스다케에게 보냈다. 그는 신도의식이 명백한 종교적 중요성을 포함하고 있고, 많은 이들이 신사에서 영령에 대한 제사가 이루어지고 있다는 것을 알고 있으며, 기독교인들에게 조상숭배는 하나님께 죄를 짓는 것이고, 성경에서도 이것을 금하고 있기 때문에 신사참배를 반대한다고 주장하였다.

결국, 맥큔은 1936년 1월 18일 숭실중학교 교장에서, 이어 1월 20일 숭실전문학교 교장에서 파면되었으며, 일제로부터 탄압을 받던 중 1936년 3

월 21일 미국으로 다시 추방되었고, 숭실전문학교를 비롯한 숭실중학교, 숭의여학교는 1938년 3월 폐교를 당했다. 맥큔은 미국으로 가는 도중에 하와이에 잠시 머물면서 일본의 신사참배 강요가 종교자유에 대한 명백한 침해라고 주장하였다. 그리고 1937년에는《신도는 종교이다》를 발간해 일제의 종교정책을 비판하기도 했다.

| 일본의 진주만 기습일에 고이 잠들다 |

맥큔은 신성중학교와 평양 숭실전문학교, 숭실중학교 교장직을 수행하면서, 신사참배에 반대하고 한국인의 독립운동을 지원했다. 그는 미국으로 건너가 국무성 극동국에 신사참배 문제 해결을 촉구했으며, 아들과 함께 한국에 대한 연구자료를 정리하고 연구하면서 저작물을 발간했다. 또한, 시카고 무디성서학교에서 교장으로 활동했다. 그가 숨진 1941년 12월 7일은 일본이 하와이 진주만 기습으로 태평양전쟁이 일어난 날이다. 1962년 3월 1일 3·1절에 대한민국 정부는 그에게 건국공로훈장과 문화훈장을 추서했다.

맥큔의 두 자녀는 태평양 전쟁과 한국전쟁에서 미국정부의 한국 전문가로 활동했다. 평북 선천에서 태어난 조지 맥큔George M. McCune(1908-1948)은 태평양전쟁 때 미중앙정보국CIA 전신인 전략국OSS과 국무성 등에서 활동하였고, 한글 로마자 표기법 중의 하나인 "맥큔-라이샤워"를 1937년 라이샤워와 함께 창안했다.

조지 맥큔의 동생 섀논Shannon McCune(1913-1995)은 한국에서 태어나 1939년 매사추세츠의 클라크대학Clark University에서 박사 학위를 받고 태평양전쟁에서 정보장교로 근무했다. 전쟁이 끝나고 지리학교수로 일하면서 한국과 관련된 논문을 많이 작성하였다.

내한/이한 1902/1941

Charles A. Clark

클라크 곽안련

1878-1961

미국 NP

장터 전도

〈신학지남〉

평양신학교

승동교회

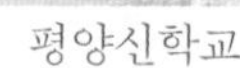

기독교서회

아들 버튼과 고든의 죽음

| 언어에 특출한 재능을 가진 선교사 |

승동교회 건물(1912)

1878년 미국 미네소타주에서 출생한 찰스 클라크는 미네소타대학University of Minnesota과 매컬리스터대학Macalester College을 거쳐 시카고 맥코믹신학교에서 공부했다. 1902년 미국 북장로회 선교사로 한국에 들어온 클라크는 언어에 특별한 재능을 가지고 있었다. 미네소타 대학 재학 시절에는 헬라어에 두각을 나타내 헬라어 보충반 조교를 맡아달라는 제안을 받을 정도였는데, 이 자리는 졸업 후 대학교 내에서 전임 강사 직을 거의 보장받는 지위였지만 매컬리스터대학으로 옮겨 그 제안을 받아들일 수 없었다. 클라크는 히브리어와 아랍어에도 관심을 가졌고, 선교사로 부르심을 받기 전에는 자신의 언어적 재능을 살려 라틴어와 헬라어 교수가 되고자 했다.

클라크는 한국에 파송되어 선교활동을 하면서 학업에도 열심을 내어 휴가기간에 학업을 지속해 나갔으며, 매컬리스터대학에서 1910년에 신학박사 학위를, 시카고대학에서 1921년 문학박사 학위를, 그리고 1929년 종교교육에 관한 논문으로 철학박사 학위를 받았다.

교육선교사로 잘 알려진 클라크의 아버지는 건축업자였다. 어려서부터 아버지의 공사 현장에서 조수로 일했던 그는 목수 노동조합의 조합원증을 가지고 있을 정도로 목수 일에 능숙했다. 이로 인해 그는 20여 년 동안 선교회 건축에 직-간접적으로 관계를 맺었고, 한국 선교에서 건축고문으로 오랫동안 활동했다.

클라크는 미국에서 출판 업계에도 10년여간 몸담았고 이후 한국에서 서적과 문서의 창작과 판매를 담당했으며, 예수교서회의 사장직을 맡기도 했다. 클라크는 교수가 되고 싶었고, 또 형이 물에 빠져 익사하는 사고로 가정을 돌봐야 했기 때문에 이른 시기에 선교의 부르심에 부담을 느꼈다. 그렇지만 그가 선교지 한국으로 오기 전부터 교육가, 건축가, 출판가로 하나님은 그를 철저하게 준비시키고 있었다. 젊어서 사람들은 왜 내가 이런 일까지 해야 하나 하는 질문을 하지만 거기에는 하나님의 오묘하신 뜻이 숨겨져 있을 때가 많다.

| 장터에서 찬송가를 불러 청중을 불러모으고 |

1902년 한국에 도착한 클라크는 서울 새문안교회 앞 길거리에서 거리전도를 하는 것으로 한국 사역을 시작했다. 당시에 선교사의 숫자가 부족하고 한국인 목사가 없는 상황이었기 때문에 그는 경기도와 동해안까지 뻗어 있는 수많은 교회를 순회하며 전도활동을 해야 했다. 도보나 말을 타고 먼 지역을 이동하면서 우기에는 범람하는 물과 전염병의 위험을 무릅쓰고, 겨울에는 얼음 덩어리를 밟고 강을 건너며 복음을 전했다.

장터에서도 많은 시간을 보냈는데, 장터전도는 클라크와 한국인 매서인이 한쪽 구석에 자리를 잡고 찬송가를 부르며 청중을 불러모으는 것으로 시작되었다. 클라크가 먼저 서툰 한국어로 복음을 전하고 이어 매서인이 복음을 상세히 전하는 방식으로 진행되었다. 클라크는 특별히 관심을 보이는 사람의 마을에 함께 들어가 그곳에서 복음을 전하고 교회를 개척하였다.

그가 부임한 지 3년 만에 담당 교회가 20개로 늘었고, 그가 한국을 떠날 때까지 50여 개의 교회를 돌보았다. 특별히 클라크는 무어Samuel F. Moore, 모삼열가 설립한 곤당골교회이후 승동교회에 1906년 제2대 담임목사로 부임해 교회를 돌보았다. 곤당골교회는 양반과 백정 간의 갈등으로 어려움을 겪은 교회였지만 클라크가 부임해 안정을 찾아갔으며, 1912년에는 승동교회의 건축설계와 건축과정에 직접 참여해 예배당을 완공하였다. 1915년 이여한 목사가 승동교회 담임목사로 부임하여 클라크는 평양으로 자리를 옮기기까지 동사목사로 승동교회를 도왔다.

| 실천할 수 있는 실천신학을 평양 신학교에서 가르치다 |

평양 신학교 학생들의 설교 연습(1930)

클라크가 평양신학교에 본격적으로 참여한 것은 1908년부터다. 서울에서 전도활동과 목회를 감당하면서 학기가 시작되면 평양신학교를 오가며 학생들을 가르쳤다. 그는 처음에는 목회신학을 가르치다가 1916년부터는 정교수로 실천신학과 교육법 과정을 맡았다. 철학 박사 학위를 받은 후에는 종교 교육과를 설치하고 1년에 6주씩 3년간 공부하는 석사과정을 가르쳤다. 이 과정은 노회별로 1명밖에 입학이 허용되지 않았으며 졸업자들은 한국 전역에서 주일학교 강습회와 성경학교 교사로 활동하였다. 종교교육 석사과정 외에도 봄과 가을학기 과정이 추가되었는데 클라크는 교수들이 보통 가르치는 8-10시간을 넘어 15시간씩 그리고 심한 경우 22시간씩 강의를 했다.

클라크는 실천신학을 강의하며 학생들을 실제로 실천적으로 만들기 위해 매주 최소한 90분씩 시간을 내어 신학교 주변에서 전도활동에 참여할 것을 권했다. 또한, 학기마다 학생들에게 다섯 종류의 복음 전도사역을 체험하도록 요구했는데, 그것은 시내 가두 예배 처소, 시내 공장들, 철도역 근방, 시내 가게와 병원에서의 전도와 시내 축호 전도였다. 그는 학생들이 부흥회에서 말씀을 전할 기회를 열어주었는데, 특별히 크리스마스 때면 각 교회로 학생들을 내보내 학생들이 실전경험을 쌓도록 도왔다.

| 문서 사업 |

클라크는 문서를 통한 복음 전파를 말로 하는 설교와 동등한 것이라 믿었다. 그는 1918년부터 〈신학지남〉의 초대편집인 호주 선교사 엥겔Gelson Engel과 함께 이 저널의 책임을 맡아 활발한 저술 활동을 벌였고,《목회학》,《설교학》,《강도요령》,《장로교회사 전휘집》,《조선 예수교 장로회 헌법 초판》,《조선 예수교 장로회 신조와 소요리 문답》과 교법 관련 도서를 저술하여 신학교육을 학문적으로 뒷받침했다.

또한 한국선교 50주년을 기념하여 1934년 이후 조선예수교장로회 총회의 표준성경주석 발행책임자로 임명되어 구약 18권과 신약 3권, 총 21권의 성경주석 집필과정을 책임지고 일을 했는데 그 중《욥기-시편 표준성경주석》을 출간하고 일제에 의해 강제 추방된 후에는《레위기 표준성경주석》등 총 5권의 주석을 한국에서 출간하였다.

클라크 가족

이 밖에도 클라크는 주일학교 사업에 관한 책 7권을 저술하고, 영어로도 다양한 책을 발간했다. 1934년에 저술한《장로교회사전휘집》은 1934년까지 미국장로교가 한국에서 행한 모든 사역의 역사를 기록한 중요한 책이다. 그는 또한《한국선교사역에서의 네비우스 정책》The Nevius Plan for Mission Work in Korea 이라는 책을 써서 세계 기독교계에 큰 자극을 주었다. 그는 미국으로 돌아간 후에도 오클라호마에서 저술활동을 하다가 1961년에 하늘의 부름을 받았다.

| 클라크 가족의 희생과 선교 활동 |

뛰어난 개인의 재능을 가지고 서울과 평양에서 활발하게 활동하던 클라크에게도 견디기 힘든 시련의 시기가 있었다. 1903년에 태어난 클라크의 첫 번째 아이 버튼Burton이 1904년 12월 성홍열로 목숨을 잃고, 이듬해인 1905년에 태어난 고든Gordon 또한 소화기능의 문제로 6개월 만에 숨을 거두었다. 이러한 죽음은 그에게 참을 수 없는 아픔이었을 것이다.

이후 클라크는 1남 1녀를 두었는데, 두 자녀 모두 아버지와 같이 한국선교에 헌신했다. 서울에서 출생한 클라크의 아들 알렌Allen D. Clark은 1933년 북장로회 선교사로 내한하여 만주 흥경 선교지부에서 활동하다가 1936년 청주 선교지부로 이전하여 농촌지역에서 복음을 전했다. 그러나 1941년 일제에 의해 추방되어 콜럼비아에서 선교활동을 하다가 1953년 다시 한국에 돌아와 청주에서 활동하였다. 1954년부터 1965년까지 장로회신학교에서 강의하고, 피어선성경학교 교장 및 대한성서공회 번역위원으로 활동하다가 1973년 정년퇴임 후 귀국하였다.

클라크의 딸 캐서린Katherine E. Clark 또한 1947년 북장로회 선교사로 내한하여 경북 안동에서 의류구제품 배급을 담당했으며, 한국전쟁으로 일본으로 피신하였다가 1953년 대구 선교지부로 전임하여 대구 계명대학 설립에 참여하였다. 1954년 계명기독학원 초대 이사로 선임되어 활동하다가 1968년 귀국하였다.

내한/이한 1893/1895

William J. McKenzie

맥 켄 지

매견시

1861-1895

캐나다 IND/CP

소래교회

김세학당

믿음선교 Faith Mission

서경조

Robb

독립선교사

푸트

맥래

그리어슨

| 559일 동안 죽도록 조선을 사랑한 사람 |

"나의 마음은 더는 기대할 수 없을 정도로 평안하다. 예수님은 나의 유일한 희망이다. 그러나 나의 몸은 고통이 심해서 더 이상 글을 쓸 수가 없다. 그러나 죽음이 아니길 바란다. 그것은 조선을 위해서이다. 많은 사람이 나를 조선 사람들처럼 살아서 그렇게 죽었다고 말하지 않겠는가?"

작게는 소래교회, 크게는 초창기 한국 교회를 위해서 목숨을 걸고 일했던 맥켄지 선교사가 자신의 일기장에 남긴 마지막 글이다. 격무와 과로, 그리고 기후와 음식이 전혀 맞지 않는 곳에서 젊음과 온몸을 바쳐 한국에 온 지 559일 만에 이 땅에 몸을 묻었다. 고열과 정신착란에 의한 것으로 추정되는 권총 자살로 생을 마감했다. 그의 죽음 때문에 생긴 적지 않은 논란과 독립선교사 출신이라는 점으로 그는 많은 사람의 관심에서 잊혀 왔다. 그러나 짧은 사역기간에 비해 그가 남긴 흔적은 대단히 크다. 그의 죽음을 순교나 순직으로 정의할 수 있겠느냐는 문제보다 그의 헌신에 주목해야 하는 이유가 여기에 있다.

맥켄지 무덤

| 캐나다 동부 끝자락 할리팍스에서 지구를 한 바퀴 돌아 |

맥켄지는 캐나다와 미국 교회의 발전에 큰 역할을 했던 캐나다 가장 동쪽에 위치한 노바 스코티아Nova Scotia주의 케이프 브레튼Cape Breton에서 1861년 7월 15일 태어났다. 달하우지Dalhousie대학을 마치고, 1891년 할리팍스의 파인힐 신학대학을 졸업했다. 이후 선교후원자를 구하면서 선교에 필요한 준비를 하나씩 해 갔다. 심지어 캐나다 동북쪽의 래브라도Labrador 섬에서 인디언들과 함께 선교 경험을 쌓기도 했으며, 할리팍스에서 나름의 목회를 해보기도 하고, 선배 선교사들의 전기를 즐겨 읽으면서 한국선교에 뜻을 품었다.

그러나 공식 선교부의 도움을 확보하지 못한 맥켄지는 노바스코티아의 찰머스교회Charlmers Church와 브라가선교회Beracah Mission 등의 후원을 받아 파송예배를 드린 후 독립선교사 자격으로 1893년 12월에 한국에 도착했다. 본인이 캐나다 장로교 선교부에 1백 달러나 선교헌금을 내면서 한국으로 파송해 줄 것을 희망했지만, 재정문제 등으로 어려움을 겪고 있던 캐나다 선교부는 맥켄지에게 기회를 주지 못했다. 결국, 그는 중국 내지 선교회의 허드슨 테일러Hudson Taylor와 같이 재정을 비롯한 모든 것을 하나님께 맡기는 '믿음선교'Faith Mission 형태로 조선에 들어왔다. 독립선교사들은 교단의 지원을 받지 못하는 어려움이 있지만, 교단이나 선교회의 규칙에 얽매이지 않고 자유롭게 자신이 믿는 대로 복음을 전하는 장점을 가질 수 있었다.

| 십자가기로 교회와 마을을 지킨 소래교회의 아버지 |

맥켄지는 1894년 2월 2일 금요일 평양의 제임스 홀과 사무엘 마펫의 추천으로 황해도 소래(송천, 松川)에 정착해서 소래교회 초대 목사가 되었다. '한국개신교의 요람'으로 불리는 소래는 1886년부터 서상륜과 서경조 형제가 정기적으로 예배를 드리고 있었다. 맥켄지는 소래교인들과 함께 예배당을 건축해 1895년 6월 9일 조선 최초의 한옥교회인 소래교회를 세웠는데, 여기서 중요한 것은 소래교회가 외부의 도움 없이 성도들의 노동과 헌금으로 완공되었다는 것이다. 그가 처음 이곳에 왔을 때 교인 수가 15명 안팎이었는데 성전을 완성했을 때에는 거의 100여 명에 육박했다. 그의 죽음 6년 후 이곳을 방문한 번하이젤Charles F. Bernheisel, 편하설은 60여 가구 중 두 집을 제외하고 모두 예수를 믿었다고 증언했다.

소래교회와 십자가(1898)

맥켄지는 소래교회에서 성 조지St. George의 십자가 깃발을 세우는 일을 시작했다. 1894년 12월 12일 동학군이 일어나자 이 같은 기를 만들어 매달았는데 이후 교회를 알리는 상징이 되어 한국 전역에 퍼지게 되었다. 이 십자가 기는 작지만 강력한 상징이 되었다. 맥켄지는 동학군에게도 그리스도의 온유와 관용을 보여주었다. 물론 처음에는 생명의 위협을 느낄 정도로 동학군에게 당하기도 했지만, 그는 오히려 동학군의 영수와 무리를 돌봐주었다. 그래서 소래 지역은 인근에서 드물게 동학군의 공격을 받지 않게 되었다.

| 한국 최초의 남녀공학, 김세학당 |

김세학당 아이들

맥켄지의 또 다른 공헌은 1895년 2월 25일 한국교육사상 최초로 남녀공학 학교인 김세학당을 세운 것이다. 이후 해서 제일학교로 발전한 이 학교는 투철한 기독교 정신에 기초해 세워졌다.

독립 선교사 맥켄지는 선교사들이 조선인과 동화되는 것이 전도의 가장 효과적인 방법이라 생각했다. 물론 일본의 강압적인 동화정책과는 차원이 다른 동화라는 개념을 그는 사용했다. 그는 조선 사람들처럼 한복을 입고 조선 음식을 즐겨 먹고,

조선의 초가집에서 살았다. 그러면서 조선 사람들의 입장에서 열정적으로 복음을 전했다.

| 자신의 죽음으로 캐나다 선교부의 문을 열다 |

그런데 소래교회를 완성하고 2주일이 채 못된 1895년 6월 23일, 맥켄지는 소래 사역 1년 반 만에 권총 자살로 자신의 삶과 사역을 마감했다. 그의 죽음에 대한 논란은 이후 적지 않게 전개됐다. 분명 죽음을 선택한 방법은 좋은 것이 아니었으나, 그럴 수밖에 없었던 맥켄지의 상황이 안타까운 것 또한 사실이다. 그의 죽음의 일차적인 요소가 기후와 열, 햇빛에 대한 과도한 노출과 음식물의 결핍 때문이었을 것이라는 데 큰 이견은 없다.

맥켄지의 죽음을 듣고 언더우드와 웰즈James H. Wells, 우월시는 즉시 소래로 향했다. 그리고 7월 3일 맥켄지 추모예배와 함께 세례식을 행했다. 이때 세례를 받은 사람 중의 한 명은 세브란스 의전 제1회 졸업생 김필순이었고, 그의 여동생은 한국교회 여성지도자인 김필례였다.

맥켄지의 죽음은 헛되지 않았다. 맥켄지가 죽은 후 서경조는 12월 26일 소래교회를 대신해서 캐나다 장로교회 해외 선교부에 편지 한 통을 보냈다. 조선어로 된 이 편지는 언더우드가 번역하고 럽Alexander F. Robb이 할리팍스 신학대학 신학지에 기고하여 많은 사람에게 감동을 주었다. 이 편지의 영향으로 캐나다 장로교회는 공식적으로 한국선교를 결정했다. 그리고 1898년 9월 3일 맥켄지 사후 3년여 만에 3명의 선교사를 공식적으로 파견하여 그리어슨Grierson 부부, 푸트Foote 부부, 맥래McRae 부부 같은 선교사들이 한국선교에 헌신하게 되었다.

그리고 이후 184명이 넘는 캐나다 선교사들이 한국을 찾게 되었는데 그 중에는 맥켄지의 약혼녀이며 원산에 마르다 윌슨 여자신학교를 설립한 루이스 맥컬리도 포함되어있다. 그 모든 것의 시작에 바로 맥켄지라는 독립 선교사가 있었다.

비슷한 심정으로 평생을 선교지에서 보냈던 펜윅Malcolm Fenwick 선교사는 맥켄지를 이렇게 추억했다.

> "그가 잠들자 주변 사람들이 찾아와 애도했고, 아주 큰 예를 갖추어 장례를 치러 주었다. 고결한 사람! 그는 살아서 자신의 기도가 응답받고, 자기의 헌신이 보상받는 것을 지켜보지 못했으나, 남아 있는 우리는 하나님께서 그 희생에 내리신 풍성한 보상을 지켜보고 있다."

아직도 커다란 슬픔과 감사함을 우리에게 남겨준 맥켄지가 가장 좋아한 찬송은 "어디든지 예수 나를 이끌면" 이었다.

1. 어디든지 예수 나를 이끌면 어디든지 예수 함께 가려네
   예수 함께 아니 가면 낙없고 어디든지 예수 함께 가려네
2. 세상 친구 모두 나를 떠나도 주와 동행하면 외롬 없겠네
   가는 길이 위태하고 험해도 어디든지 예수 함께 가려네
3. 어둔 그늘 나를 에워쌀 때에 주가 함께 계심믿고 자려네
   죽은 후에 천국에서 깨어나 예수 함께 길이길이 살리라

후렴: 어디를 가든지 겁낼 것 없네 어디든지 예수 함께 가려네

내한/이한 1897/1939

William B. Hunt

헌 트 한위렴

1869-1953

미국 NP

황해도 재령

박태로

브루스 헌트 부부

재령읍교회

복음사역

| 재령 선교의 아버지 윌리엄 헌트 |

1897년 미국북장로회 선교사로 내한한 윌리엄 헌트William Hunt, 한위렴는 황해도 재령으로 파송되어 42년 동안 황해도 일대에서 복음을 전하여 황해도 재령 선교의 아버지로 불렸다. 1939년 은퇴 후 귀국하여 1953년에 뉴저지에서 소천하였다.

농경지가 많고 평야가 발달한 대표적인 곡창 지대인 황해도 재령은 예로부터 농산물과 수산지가 집결하는 곳이었다. 재령은 평양과 서울의 길목에 자리하고 있어서 평양과 개성지역의 선교사들이 재령을 관리하기도 했다. 특히 재령은 안악, 신천, 장연 등 한국 초기 기독교의 선교기지와 이웃해 있었다.

1897년 윌리암 헌트가 재령으로 파송받아 본격적인 선교활동을 하기 전에 이미 북장로회 선교사들이 이 지역에 몇몇 교회를 설립해 놓은 상태였다. 마펫은 1893년에 재령지역 최초의 교회인 신환포교회를 설립했다. 재령에서 80km 정도 떨어진 평양에 갔다가 마펫에게 복음을 들은 한치순이 재령으로 돌아와 예배를 드리며 전도를 했는데, 이 소식을 들은 마펫이 재령을 방문해 교회를 세운 것이다. 1895년에는 재령의 모교회 역할을 할 재령읍교회(이후

황해도 재령지역에서 한국인 동역자들과 사역하는 윌리엄 헌트(셋째 줄 오른쪽)

재령 동부교회)가 세워졌다.

그러나 재령은 천주교의 반발로 선교활동에 어려움이 많았다. 황해도가 개신교가 한국으로 들어오는 출입구 역할을 했듯이, 가톨릭 선교사들이 중국에서 한국으로 들어오는 관문 역할을 했고, 1901년에 황해도에 2만 명의 가톨릭 교인이 있는 것으로 추산될 정도로 천주교의 교세가 막강했다. 개신교인들은 때로 구타를 당하고, 돈을 강탈당했으며, 가축이 독살당하는 박해를 천주교인들로부터 받았다. 헌트는 천주교 사제에게 수시로 항의 편지를 썼지만, 그는 책임을 회피하며 신도들의 잘못을 인정하지 않았다. 그러던 중 1903년 정부 조사관이 파견되어 15명의 가톨릭 교인을 서울로 압송해 처벌하는 사건이 일어났다. 이 일을 계기로 개신교에 대한 천주교인의 박해가 중단되었고 가톨릭의 세력도 약화되었다. 이런 상황에서 헌트는 재령 선교에 박차를 가했다.

헌트는 평양에 머물면서 재령에 선교지부가 세워지기까지 그 지역을 정기적으로 방문하였는데, 1905년 쿤스Edwin W. Koons부부, 화이팅Harry C. Whiting 의료 선교사 부부와 함께 황해도로 떠나 약 한 달간 머물며 주택과 병원을 건축할 장소를 탐방하기도 했다. 1906년 마침내 재령에 공식적인 선교지부를 설치하였다. 만만치 않은 가톨릭 교인수와 감리교선교부에 비해 열세였던 황해도 재령 선교지부의 설립은 미국북장로회 확장에 중요한 계기가 되었다.

윌리암 헌트는 곧 재령읍교회 예배당을 새로 건축하고 기존의 교회를 돌보며 사경회와 성경학교를 운영하였다. 화이팅도 순회진료와 의료사업을 전개하며 전도 사역을 뒷받침했다. 그 결과 교회는 날로 성장하여 재령읍교회는 1922년에 서부교회를 분립시켰다. 헌트는 재령과 인근 지역의 전도 사역에도 힘을 쏟았는데, 권서들과 함께 성경과 전도지를 들고 수백여 마을을 방문하며 복음을 전하고 교회와 성경학교를 설립하였다.

| 박태로 목사와 함께 중국선교의 기초를 놓다 |

1912년 총회를 결성한 장로교회는 총회를 조직한 것을 기념하여 해외 선교를 계획하였다. 1907년 독노회를 조직하면서 이기풍 목사를 제주도 선교사로 보낸 것처럼 총회를 시작할 때에도 외국전도를 시작해 하나님께 영광을 돌리고자 했는데, 이는 초기 한국기독교 지도자들의 열정과 담대함을 잘 보여주는 사건이다. 총회 전도국은 창립총회의 헌의위원이자 전도국 위원인 윌리암 헌트에게 적합한 선교지를 물색해줄 것을 요청했다. 이에 따라 그는 중국을 방문해 중국에서 활동하는 선교사들과 중국교회 지도자들을 만나 중국선교 방안과 선교지역을 논의했다.

그 결과 지리적으로 가깝고 미북장로회 선교사들이 활발히 활동하던 중국 산동 지역을 선교지대상지역으로 결정했다. 그리고 1913년 마침내 총회에서 박태로, 사병순, 김영훈 3인을 정식 선교사로 파송함으로 한국교회의 산동선교가 시작되었고, 이 지역은 연해주와 간도에 이어 중요한 한국기독교의 선교지로 떠올랐다.

박태로 목사(앞줄 왼쪽)

헌트는 선교지를 결정하는 일뿐 아니라 선교사 파송에도 깊이 개입했다. 산동으로 파송받은 박태로 목사가 바로 헌트의 전도를 받고 평양신학교를 졸업해 목사가 된 인물이기 때문에 더욱 그러했다. 당시 박태로는 신학교를 졸업하고 헌트가 돌보던 재령읍교회에 부임해 있었고, 헌트가 동사목사로 그의 사역을 돕고 있었다. 이런 상황에서 헌트가 박태로에게 중국 선교를 제안했고, 박태로는 부임한 지 6개월도 안 된 상황이었지만 흔쾌히 그 제안을 수락해 중국으로 떠났다. 안정된 토대를 버리고 선뜻 언어와 문화가 다른 선교지로 떠난 박태로 목사는 위대한 선교사의 롤모델을 보여준 것이다. 그런데 박태로 목사는 선교활동을 하다가 병을 얻어 귀국하였으나 얼마 지나지 않아 하늘의 부름을 받았다.

| 아내 베르타와 아들 브루스 헌트 |

윌리암 헌트의 아내 베르타Bertha Finley Hunt는 1868년 일리노이주에서 출생하였다. 윌리엄 헌트와 약혼한 상태였던 그녀는 1898년 윌리엄 헌트보다 1년 늦게 미국을 떠나 일본에서 헌트와 결혼하고 평양에 주재하여 남편의 선교사역을 도왔다. 그녀는 숭실중학교에서 음악을 가르쳤는데, 그의 제자 중의 하나가 김인식1885-1962이었다. 빼어난 음악적 기질을 가진 김인식은 한국 양악, 즉 서양음악의 개척자로 그레이함 리 선교사에게서 코넷을 배우고 많은 찬송가를 한국어로 번역했으며, 이후 홍난파와 이상준 같은 대표적인 음악가를 배출했다. 김인식의 대표적인 번역곡은 "예수 나를 위하여"라는 찬송가가 있다.

윌리암 헌트와 베르타의 아들 브루스 헌트Bruce F. Hunt(1903-1992), 한부선는 1903년 평양에서 태어나 자랐다. 1919년 미국으로 건너가 휘튼대학Wheaton College, 럿거스대학Rutgers University, 프린스턴신학교에서 공부하였다. 이후 1928년 아버지에 이어 제2세대 선교사로 한국에 들어와 청주에서 사역을 시작했고, 2세대 선교사로서 자기의식을 갖고 많은 글을 기고하고 성실하게 사역을 감당했다.

브루스 헌트는 1932년 선교사 블레어의 딸 캐더린 블레어Katherine Blair와 결혼하고 1936년부터 만주 하얼빈에서 고국을 떠나 흩어져 살던 한국이민자들을 대상으로 사역을 했다. 1938년 9월 제27회 장로회 총회에서 불법적으로 신사참배를 가결할 때 브루스 헌트는 장인 블레어와 함께 참석해 총회의 신사참배결의에 대한 반대를 공개적으로 외치다가 끌려나가기도 했다.

이후 브루스 헌트는 일본의 탄압을 두려워한 목회자들에 의해 만주 봉천 노회에서 목사직까지 제명당하였지만, 정처 없이 살아가던 한국인 성도들에 대한 사랑은 여전했다. 그는 광대한 지역에 퍼져 살던 성도들을 돌보고 성도들이 신앙을 지킬 것을 격려했다. 그리고 우상숭배의 죄를 지적하고, 신앙생활의 핵심을 담은 성경의 가르침을 정리한 "언약문서"를 만들어 신사참배에 저항하는 한인 성도들을 규합하고 그들을 영적으로 돌보았다. 이 언약문서는 간도 지역에 흩어진 성도들의 신앙기준이 되었을뿐만 아니라 해방 이후 고신과 보수신학의 신앙윤리와 좌표가 되었다.

브루스 헌트

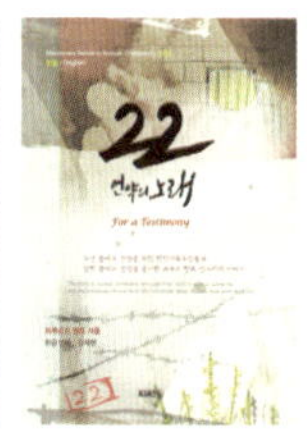

《22, 언약의 노래》

이렇게 열심히 사역하던 브루스 헌트는 1941년 하얼빈 자신의 집에서 검거되어 단동과 심양의 형무소에 투옥되었다가 1942년 포로 교환 형식으로 미국으로 강제 송환되었다. 이후 그가 겪은 옥중 수난기는 *For a Testimony*《22, 언약의 노래》로 출간됐다. 브루스 헌트는 1946년 다시 한국에 돌아와 청주, 만주를 거쳐 부산에서 새롭게 사역을 시작하였고, 이후 신사참배 반대자들과 함께 고려신학교를 세우고 그곳에서 1960년까지 교수로 섬겼다. 마치 "그 아버지에 그 아들"이란 말이 있듯이 당시 한국 사회의 힘들고 어두운 곳에서 예수처럼 살아갔던 아버지와 아들이었다.

평양 지도

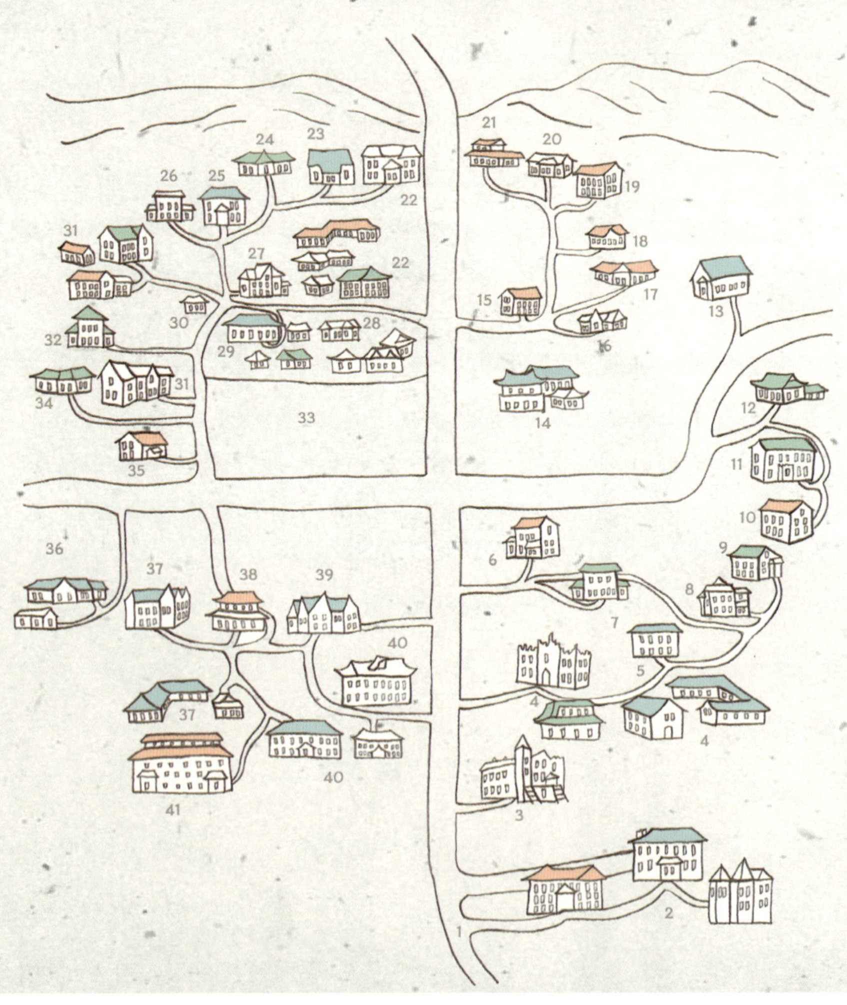

평양 장로회 선교지부
Pyengyang Presbyterian Compound
1
2
3
4
5
6
7
8
9
10
11
12
13
14
15
16
17
18
19
20
21
22
23
24
25
26
27
28
29
30
31
32
33
34
35
36
37
38
39
40
41

평양 장로회 선교지부 (Pyengyang Presbyterian Compound)

1. 입구 (Enterance to Compound)
2. 평양연합기독병원 (Union Christian Hospital Buildings)
3. 서문밖교회 (West Gate Church)
4. 평양신학교 본관과 기숙사 (Seminary Administration Building & Dormitories)
5. 엥겔의 사택 (Dr. Engel's Home)
6. 클라크의 사택 (Dr. Clark's Home)
7. 어드만의 사택 (Dr. Erdman's Home)
8. 레이놀즈의 사택 (Dr. Reynolds's Home)
9. 파커의 사택 (Dr. Parker's Home)
10. 여학교 가정과 건물 (Domestic Science Building of Girl's Academy)
11. 여학교 본관 (Administration Building of Girl's Academy)
12. 스누크의 사택과 여학교 기숙사 (Miss Snook's Home & Girl's Academy Dormitories)
13. YMCA 거주지 (Y.M.C.A Residence)
14. 남자 성경학교 건물 (Men's Bible Institute Buildings)
15. 해밀턴의 사택 (Mr. Hamilton's Home)
16. 루츠의 사택 (Mr. Lutz's Home)
17. 스왈른의 사택 (Dr. Swallen's Home)
18. 블레어의 사택 (Dr. Blair's Home)
19. 로버트의 사택 (Dr. Robert's Home)
20. 힐의 사택 (Mr. Hill's Home)
21. 번하이슬의 사택(Dr. Bernheisel's Home)
22. 여성고등성경학교와 기숙사 (Women's Higher Bible Institute & Dormitories)
23. 필립스의 사택 (Mr. Philips's Home)
24. 모우리의 사택 (Mr. Mowry's Home)
25. 여선교사들의 사택 (Lady-Worker's Home)
26. 비거의 사택 (Dr. Bigger's Home)
27. 맥큔의 사택 (Dr. McCune's Home)
28. 도리스의 사택과 룰라 웰즈 학교 (Miss Doriss' Home & Lula Wells Institute)
29. 마펫의 사택 (Dr. Moffet's Home)
30. 평양외국인학교 교사의 사택 (Pyengyang Foreign School Teacher's Home)
31. 평양외국인학교 기숙사와 진료소 (Pyengyang Foreign School Dormitories & Infirmary)
32. 레이너의 사택 (Dr. Reiner's Home)
33. 평양외국인학교와 운동장 (Pyengyang Foreign School & Athletic Field)
34. 베어드의 사택 (Dr. Baird's Home)
35. 맥머트리의 사택 (Mr. McMurtrie's Home)
36. 안나 데이비스의 공구점 (Anna Davis Industrial Shops)
37. 남학교 건물과 기숙사 (Boy's Academy Building & Dormitory)
38. 숭실전문학교 도서관 (Union Christian College Library)
39. 숭실전문학교 과학홀 (Union Christian College Science Hall)
40. 숭실전문학교 주건물과 기숙사 (Union Christian College Main Building & Dormitories)
41. 숭실전문학교 강당과 체육관 (Union Christian College Auditorium-Gymnasium)

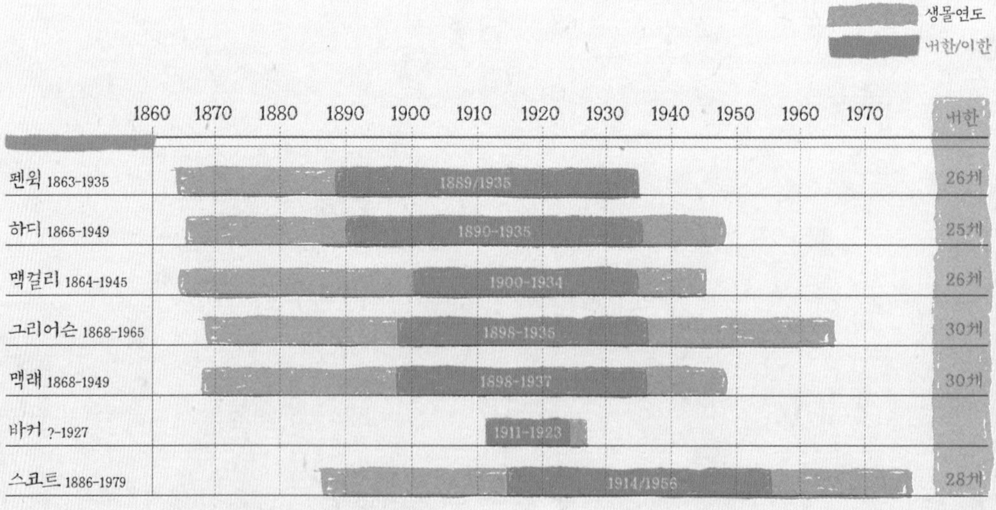

생몰연도
내한/이한

	생몰연도	내한/이한	내한
펜윅	1863-1935	1889/1935	26세
하디	1865-1949	1890-1935	25세
맥컬리	1864-1945	1900-1934	26세
그리어슨	1868-1965	1898-1935	30세
맥래	1868-1949	1898-1937	30세
바커	?-1927	1911-1923	
스코트	1886-1979	1914/1956	28세

제3장

함경도

함경도 Timeline

연도	원산				
	침례교	미북장로회	미북감리회	캐나다장로회	미남감리회
1866					
1889	*펜윅 내한				
1892		원산 선교지부	원산 선교지부		
1893		✝ 광석동교회			
1895				맥켄지 사망	
1896	펜윅 원산 주재				
	한국순회전도회조직				
1897					
1898				*푸트, 그리어슨, 맥래 내한	
				원산 선교지부	
1899					
1900				*맥컬리 내한	원산 선교지부
					✝ 상리교회
1901					구세병원
1902	원산 대부흥				
1903					루씨여학교
1904				진성여학교	
1907					
1908					
1909					엘리스 콥 성경학원
1910				마르다윌슨 여자신학교	
1911					
1912					
1913					
1914				*스코트 내한	
1915					
1916					
1917					
1919	펜윅의 원산번역본 신약성경 출간				
1920					
1930					
1931					
1935	펜윅 사망				
1937					
1941					
1942	선교사 강제 출국 조치				

교회 학교 병원

성진	함흥	회령	용정		시대배경
캐나다장로회	캐나다장로회	캐나다장로회	미남감리회	캐나다장로회	
					원산항 개항
					의화단 운동
성진 선교지부					성진 개항
제동병원					
	영생여학교				
	함흥 선교지부				러일전쟁
	영생학교				
	제혜병원		**용정 선교지부**		
					한일합병
		*바커 내한			
		회령 선교지부			
				용정 선교지부	
				명신여학교	
				*마틴 내한	
				제창병원	
					러시아혁명
					3.13 간도 만세운동
				은진중학교	청산리, 봉오동 전투/ 간도참변
보신여학교					미북감리회 미남감리회 합동
					만주사변
					중일전쟁
					태평양전쟁
선교사 강제 출국 조치					

내한/이한 1889/1935

Malcolm C. Fenwick

펜 윅 편위익

1863 – 1935

캐나다 KCM

대한기독교회

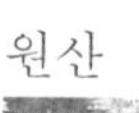

원산

달 편지

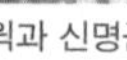

펜윅과 신명균

| 찌그러진 통일 찌라도 생명을 담아 |

"주님, 저는 정상적인 학교 교육을 받지 못했습니다. 목사도 아닙니다. 신학교에 다닌 적도 없습니다. 캐나다에 있을 때 나를 농촌에서 자라게 하여 농사와 원예와 상업을 가르쳐 주신 분이 주님이라는 것을 저는 믿습니다."

한복을 입은 펜윅

캐나다 온타리오주에서 태어난 말콤 펜윅은 가정 형편이 너무 어려워 정규 교육을 받을 수 없었다. 그러나 그는 온타리오주의 시범농장에서 농업과 원예를 배운 후에 토론토로 이주해 40명의 직원을 거느리는 철물상 도매업의 창고 관리인이 되었다. 그러던 중에 1889년 나이아가라 사경회에 참석해 선교사로 부르심을 받았지만, 신학교육을 받지 못한 그는 선교사로 나서는 것을 망설였다. 그러나 학생자원운동의 지도자 로버트 윌더Robert P. Wilder의 간증이 그를 도전했다. "비록 녹슬고 찌그러진 통이라 할찌라도 생명을 구하는 물을 나를 수 있습니다." 펜윅은 이에 주저하지 않고 선교사로 헌신하고 한국으로 선교여행을 떠났다.

펜윅은 1889년 한국에 와서 서울에서 먼저 한국어 공부를 시작했다. 그러나 그의 독특한 성격 때문에 어학 선생이 계속 바뀌고, 한때는 한국 선교를 포기할 지경까지 이르렀다. 이때 성경공부를 위해 서울에 와 있던 서경조가 나섰다. 그는 펜윅을 위한 어학 선생이 되기로 결심하고 펜윅과 함께 황해도 소래로 내려갔다. 소래는 1886년에 이미 서상륜, 서경조 형제와 20여 명의 구도자가 예배 처소를 마련해 정기적인 예배를 드리던 곳이다. 펜윅은 한국 개신교의 요람지인 소래에서 어학을 공부하며 한국 사역을 시작했다. 소래는 캐나다 선교사 맥켄지가 1895년 6월 힘든 사역현장에서 자살하기 훨씬 전부터 이미 한국교회의 요람의 역할을 하고 있었다.

| 현지인을 통한 전도를 주장한 원산 선교의 개척자 |

소래에 온 지 1년도 채 못되어 잠시 고국에 다녀온 펜윅은 1891년 가을부터는 개신교 역사상 최초로 원산에서 선교사역을 시작했다. 펜윅은 1893년에 다시 캐나다로 귀국해 3년간 체류하며 미국의 북침례교 목사이며 부흥전도사 고든Adoniram J. Gordon(1836-1895)이 경영하는 보스턴 선교훈련학교The Boston Missionary Training School에서 훈련을 받았다. 특히 펜윅은 고든 목사가 학생들을 선교사로 훈련시킨 후 선교사로 파송하는 것을 보고, 한국에 돌아가면 현지인에 의한 전도활동을 벌이기로 결심했다. 그리고 1896년 한국에 돌아온 펜윅은 원산에 한국순회선교회The Korea Itinerant Mission를 조직해 그러한 계획을 실현해 나갔다. 현지인을 통한 전도활동이라는 초심을 따라 펜윅은 46년간 200여 개의 교회를 세우며 250여 명의 사역자들을 배출하는 놀라운 결실을 맺었다.

펜윅이 점선 부분 주변의 땅을 구입하여 원산농장 경영

펜윅이 원산에 선교본부를 둔 것은 이후 침례교회의 전신인 대한기독교회가 만주와 시베리아를 주요 선교지역으로 삼는데 결정적인 계기가 되었다. 펜윅은 원산 관교동에 총회 본부와 1만여 평의 과수원을 조성했다. 특별히 그는 농장에서 다양한 과일과 채소를 재배하는 등 자신만의 농업과 원예에 대한 지식을 적극 활용해 1926년 이 농장을 매매하기까지 거의 35년 동안 자력으로 선교 사역을 담당했다. 펜윅은 또한 비료와 재의 사용법, 경작방법의 개선법, 양계법, 튤립 재배법 등을 한국에 소개하면서, 복음전도와 함께 기독교 농촌계몽운동의 새로운 장을 열었다. 비록 정상적인 교육을 받지 못했을지라도 실업학교에서 성실하게 일한 그의 경험이 한국 원산에서 열매를 맺고 있었다.

| 충남 공주와 강경 선교 |

1901년 펜윅의 사역은 공주, 강경 등 충청도 지역으로 확장되었다. 당시 공주지역은 충청도의 정치, 경제, 교통의 중심지로서 충청도 복음화의 중심지였다. 보스턴의 엘라씽 기념 선교회The Ella Thing Memorial Mission에서 파송한 5명의 선교사가 공주 지역을 중심으로 선교하다 재정문제로 선교를 포기하고 귀국하면서 선교회 소속 교인과 재산을 펜윅에게 양도했다.

엘라씽 기념 선교회는 원래 미국 보스턴의 고든 목사가 시무하는 교회 집사 씽Thing이 그의 죽은 딸을 기념하기 위해 조직한 선교회로 처음에는 적도지역에 있는 아프리카에서 사역할 선교사를 훈련시키기 위해서 설립되었다. 그런데 고든이 1895년에 한국을 오지 선교지로 선정하고, 5명의 선교사들을 한국에 파송하면서 한국도 혜택을 받게 되었다.

펜윅은 이 무렵 성경을 가르치고 제자들을 훈련시킬 수 있는 현지인인 신명균을 만났다. 그는 양반계급의 서울 태생으로 일어학원과 군관학교를 나온 한학자였다. 신명균은 외국유학을 생각하던 중에 펜윅을 만난 것이다. 펜윅은 원산에서 충청도까지 왕래하면서 복음을 전하였고, 한편으로 신명균을 공주성경학원장으로 파견해 충청지역 선교를 담당하게 했다. 신

침례교 최초교회(1906)

명균이 뛰어난 지도력으로 12명의 제자를 배출하자 펜윅은 그에게 공주와 강경지역의 선교활동을 위임했다. 유독 선교지현장의 현지인 지도자론을 강조한 펜윅의 토착화원리도 신명균을 통해 등장했다.

이로써 공주와 강경 지역에 시작된 선교사업은 펜윅을 통해 계속되었고, 1906년에는 31개 교회가 강경교회에 모여 '대한기독교회'라는 교단으로 이름을 바꾸었다.

| 원산성경학원 |

펜윅은 1903년부터 원산에 있는 그의 집에서 복음사역에 종사할 일꾼을 양성하기 위하여 네 명의 젊은이를 택해 성경학원을 개원하였다. 그러나 학생과 보조교사까지 모두 펜윅을 떠나자 교육은 실패로 끝나 버렸다. 사실 학생과 교사는 모두 복음사역보다 신학문을 배우는 것에 관심이 있었다. 반면 공주로 파송을 받은 신명균은 교회를 12개나 개척하는 등 성공적으로 사역을 수행하고 있었다. 펜윅은 신명균이 백인 선교사 다섯 명의 일을 혼자 해내고 있다고 인정하며, 토착민을 통한 복음전도 사역의 중요성을 다시금 깨달았다.

원산성경학원은 노동과 성경공부를 강조했으며, 성경공부는 한 부분의 내용을 완전히 파악할 수 있을 때까지 반복해서 읽게 하는 방법으로 진행되었다. 임박한 재림을 평소 강하게 믿었던 펜윅은 성경공부를 제외한 모든 세속적인 교육에 부정적이었고 다윈의 진화론과 일본식 교육을 강조한 공공교육을 특히 반대했다. 그렇지만 그의 원산성경학원은 1926년 대한기독교회 소속신자들에게 학교 교육의 폐지령이 내려지면서 교육 사업을 마감해야 했다.

하지만 펜윅은 원산 이외에도 공주지역에 성경학원을 설립하고 현지 토착민 스스로 전도사역을 감당하도록 교육해 충청도와 만주, 시베리아 등지로 보냈다.

| 선교의 터전을 만주, 간도, 시베리아, 몽골까지 확장시켜 |

11명의 간도 전도대원들(1922)

펜윅은 다른 선교회와의 마찰을 원치 않았고, "남의 터 위에 건축하지 않는다."롬 19:20는 원칙을 가지고 아무 신자도 없는 곳에 교회를 개척하기를 원했다. 따라서 펜윅은 선교 사역지를 당대 한국보다 더 오지로 간주되던 만주, 간도, 시베리아, 몽골 지역으로 확장해 나갔다. 심지어 그가 두만강을 건너 블라디보스토크까지 답사를 마치자, 그가 파송한 전도인의 발걸음이 만주와 시베리아로 이어졌다.

대한기독교회가 교단조직을 이룬 1906년, 한태영 외 4인을 간도에 파송한데 이어 김재형·김경춘[1907], 최성업[1909], 손필환[1910], 안규철[1913], 신명균·박기양·노재천[1917], 이태현[1918] 등을 만주로 보냈다. 1915년에는 조사리에서 열린 대한기독교회의 총회에 해당하는 "대화회"에서 만주 임강현, 집안현, 통화현을 새로운 전도 구역으로 설정해 전도사역자를 보내기도 했다. 그리고 1917년 이종덕 감목이 북방지역을 순방하고 간도 종성동교회에서 "대화회"를 개최함으로 대한기독교회의 북방선교 시대를 본격적으로 열게 되었다. 펜윅이라는 한 인물의 비전이 가져온 놀라운 선교의 역사였다.

| 통일을 기다리는 하나님의 순교자들 |

초기 북방선교를 떠나는 전도자들

대한기독교회는 만주와 러시아 지역에서 많은 순교자적인 인물을 배출했다. 박노기, 김희서, 전영태, 최응선은 1918년 러시아로 가던 중, 보시에해 모커우 지점에서 풍랑을 만나 해상에서 순직했다. 1921년 만주 선교를 하던 손상렬 목사가 일본군에게 독립군이라는 오인을 받아 총살을 당했고, 1925년에는 김상준, 안성찬, 이창희, 박문기, 김이주, 윤학영 등이 조선 독립군에게 일본 정탐꾼이라는 오해를 받아 죽임을 당하는 수난을 겪었다. 그리고 1932년 김영국, 김영진 형제가 공산당에 의해 순교를 당했다.

펜윅의 오지 선교 전략에 의해 제자들과 함께 세운 대다수 교회는 북한과 만주, 시베리아 지역에 분포해 있었다. 안타깝게도 1945년 해방이 되고 남북이 장기간 분단되면서 1946년 대한기독교회의 교세가 250개 교회에서 40개 교회로 급격히 떨어졌다. 어쩌면 펜윅과 대한기독교의 역사가 절실히 남북의 통일을 기다리는 또 하나의 이유인지 모른다. 그렇게 피땀 흘려 세웠던 교회를 되찾기 위해서 말이다.

| 자유로운 독립선교사 |

소속 선교사들은 정기적으로 본국에 선교보고를 하고, 자신들을 후원하는 사람들에게 기쁜 소식을 전해 주어야 했다. 그러나 펜윅은 소속 선교회가 없는 자유로운 독립선교사였기 때문에 선교의 실적에 관심을 둘 필요가 없었다.

펜윅은 문서사역에도 많은 업적을 남겼다. 1891년 한글과 한문을 겸용한 《요한복음전》을 집필하고, 1893년 이 책을 수정해 《요한의 긔록한 대로 복음》으로 다시 간행했다. 1899년에 《빌립보서》를 번역해 전도에 사용했고, 1915년에는 《신약성경》 전부를 독자적으로 번역했다. 성경 이외에 자신의 자서전 *The Church of Christ in Corea*[1911], *Life in the Cup*[1917]을 썼고, 전도용 소책자 《만민됴흔긔별》[1899], 성경공부 교재 《사경공부》[1909]를 발간했고, "한국의 농사법"이라는 글을 잡지에 기고하여 농촌생활에 도움을 주기도 했다. 그는 또한 전국에 흩어진 소속 교회에 서신 형식의 "달 편지"로 소식을 전하고 성경 말씀을 전해주었다. 한 개인이 예수에 온전히 헌신할 때 얼마나 많은 위대한 결과를 이룰 수 있음을 말콤 펜윅의 삶이 여실히 드러내 주었다.

내한/이한 1890/1935

Robert A. Hardie

하디

하리영

1865-1949

캐나다 YMCA/MS

원산부흥운동

양양교회

협성신학교

강릉중앙교회

〈신학세계〉

의료선교

| 이 세상에 아주 유익한 존재가 되겠다. 독립선교사 하디의 결심 |

로버트 하디는 1865년 6월 11일 캐나다 온타리오주 세네카의 감리교 집안에서 태어났다. 그의 나이 10살에 부모님을 모두 잃었고, 1884년 고등학교를 졸업한 후 교사자격증을 취득해 2년간 교편을 잡았다. 그 후 1886년 토론토 의대에 입학해 1890년 의학사를 취득하였다. 1886년 고향 친구 마가렛 켈리Margaret M. Kelly와 결혼했는데 이들은 "이 세상에 아주 유익한 존재가 되겠다."라는 삶과 비전을 나눈 동지였다. 이 부부는 해외선교를 위한 학생자원운동SVM에 동참하였고, 자신의 세대 내에 이교도 땅에 그리스도의 왕국을 전진시키기 위해 한국 선교를 결심했다.

하디는 교단에 소속되지 않은 독립선교사로 캐나다 토론토 지역 의대생들로 구성된 기독청년회의 파송을 받아 1890년 9월 30일 부산에 도착했다. 이제 갓 복음이 들어온 한국에 할 일이 많음을 안 게일은 하디를 불러들였고, 하디는 게일과 펜윅에 이은 한국에 온 세 번째 독립선교사였다. 하디는 처음에는 서울 제중원에서 의료사역을 하다 1891년 당시 의료 선교사가 없던 부산으로 내려가 베어드와 함께 일했다. 부산에 선교사가 많아지자 1892년 11월 11일, 원산으로 이주해 펜윅의 방 하나를 빌려 시약소를 열고 환자들을 돌보았다. 게일과 펜윅에 이어 하디에게도 원산은 고향과도 같은 곳이 되었다.

하디의 가족

| 강원도 최초의 지경터 교회 |

원산으로 이주한 하디는 시약소를 운영하면서 CCM(The Canadian College Mission)의 지원으로 1893년 12월 자신의 선교센터를 건립했다. 그는 북부의 영덕 및 북청과 남쪽의 원주에 이르기까지 여러 곳을 여행하며 만나는 사람마다 직접 복음전도를 하고, 환자들을 돌봤다. 그러던 중 1898년 CCM과의 8년 계약을 마치고 미국 남감리회로 이적하면서 이듬해 개성으로 자리를 옮겨 남성병원을 설립하고 의료사역을 시작했다.

1900년 12월 15일 원산으로 다시 파송을 받은 하디는 미북 감리회 선교사 맥길William B. McGill로부터 의료와 복음사역을 인수받고, 원산에 주재하면서 의료선교 사역과 함께 신앙공동체를 순회하며 교회를 설립했다. 그 결과 1901년 김화군 지경터에서 장년 15명에게 세례를 주고 강원도 최초의 교회인 지경터 교회를 설립했다. 1901년 10월 5일에는 현재까지 존재하는 강원도 최초의 교회인 양양교회를 설립했고, 이어 강릉 중앙교회를 설립했다. 1902년 제6차 연례회 보고서에 의하면 하디는 교인들의 영적 상태에 만족스러워하지 않았던 것으로 보인다. 그는 주일예배를 제대로 지키지 않는 세례교인은 물론 학습인들에게도 징계를 하였고, 횡령과 타락한 교인을 출교시키는 등 엄격하게 복음을 전파하였다. 이러한 엄격한 그의 신앙지도 방법이 그로 하여금 깊은 영적인 침체에 빠지게 하였지만, 역설적으로 하디는 원산대부흥이라는 하나님의 시간표에 빨려 들어가고 있었다.

| 지역과 교파의 경계를 무너뜨린 1903년 원산 대부흥 운동 |

중국의화단 사건을 피해 1903년 원산으로 피신해 온 여 선교사 화이트Mary C. White와 캐나다 장로회 출신 여 선교사 맥컬리Louise H. McCully는 한국인의 영적 부흥을 위해 기도회(1903년 8월 24일-30일)를 시작했다. 맥컬리는 하디에게 "효과적인 기도를 위한 세 가지 필수 요소들"에 관한 세 번의 강연을 부탁했다. 하지만 하디는 강의를 준비하면서 자신이 무엇인가 정직하지 못하다는 것을 깨달았다. 우선 자신이 선택한 성경본문에서 말하는 신앙이 자신에게 없었고, 자기 스스로 그리스도 안에 거하는 삶을 살지 않는다는 것을 알고 있었기 때문이다. 그런데 기도회를 준비하던 하디는 자신이 말씀과 깊이 만나는 놀라운 은혜를 경험했다. 그리고 기도회를 인도하는 내내 울면서 동료 선교사들 앞에서 공개적으로 자신의 잘못을 통회했다.

원산 남동감리교회(1907)

1904년 제7차 연례회에서 그는 당시 기도회를 자신의 실패와 그 이유를 고백하는 고통스럽고 굴욕적인 경험이었다고 보고했다.

> "그러나 하나님은 그것을 선으로 바꾸사 오늘과 같이 많은 백성의 생명을 구원하게 하시려 하셨습니다창 50:20. 저는 수년 동안 한국 사람들이 죄를 깨닫고 참회하며 그 열매들을 증거하는 믿음을 보기 갈망하면서도 정작 저 자신의 사역과 관련해서는 아주 분명하고 지속적인 어떤 회심도 하지 않았습니다. 저는 많은 사람을 지식인으로 만드는 데 열심이었습니다…… 그런데 제가 성령 충만함을 받고 맞이한 첫 번째 주일 아침 원산 교인들 앞에 서서 창피하고 수치스러운 얼굴로 저의 자만과 냉담한 마음, 그리고 믿음의 부족과 같은 것들을 고백하였더니 사람들이 처음으로 죄의 깨달음과 참회가 무엇을 뜻하는지 실제적이고 체험적으로 알게 되었습니다."

이 기도회를 통해 그는 백인으로서 갖는 인종적 우월감, 의사로서의 신분적 교만함, 성령충만이 없이 해 온 사역 등을 고백했다. 이는 하디 개인의 회개와 통회를 의미할 뿐만 아니라, 한국교회에 성령의 임재가 임하는 통로를 만들어 준 사건이었다. 로스의 어학 선생 진천수는 "나는 병든 아내를 미워했고, 술을 마시며 방탕한 생활을 했다. 아내가 병들어 죽은 후에는 이를 수습하느라 친구와 명절을 함께 보낼 수 없어 아내를 저주했다."라고 회개했다. 한국교회에 마음을 울린 진실한 죄의 고백이 솟아나기 시작했다.

1903년 원산 부흥운동의 시작은 1907년 평양 대부흥운동으로 이어졌고, 당시 감리회와 장로회 선교사들이 하디를 초청해 연합 사경회를 개최하였다. 하디는 자신의 깊은 영적 체험을 간증하고 회개운동을 촉구함으로 한국 교회사의 역사적 전환점을 이룬 중심 인물이 되었다.

원산 부흥운동(1903)

원산, 평양 부흥운동을 통한 죄의식의 각성과 회개는 한국인의 일상생활에도 큰 변화를 가져왔다. 이것은 윤리 및 인권의식 제고와 사회개혁으로 이어져 평양대부흥 이후 1909년까지 950여 개의 기독교 학교가 세워졌고, 한국교회는 금주운동을 전개했다. 또한, 한국교회는 축첩제도 폐지, 강제혼 금지, 남녀의 평등한 교육기회 부여, 조혼 금지 등을 주장했다. 감리교 감독 해리스Merriman C. Harris는 1908년 북감리교 총회에서 "부흥운동의 여파로 수천 명이 함께 기도하고 말씀을 연구하면서 많은 술꾼이 술을 과감히 끊고 도박꾼, 오입쟁이 등이 그리스도 안에서 새사람이 되었다."고 보고했다.

〈신학세계〉(1926)

| 협성신학교 학장으로 〈신학세계〉 창간 |

1908년 원산구역이 지방회로 승격되자 그는 그 지방 감리사뿐만 아니라 선교책임자로 임명되어, 원산구역, 주한명과 함께 영동구역 그리고 이화춘과 함께 간도 지역을 감당하게 되었다. 1909년에는 수구문 기지(광희문교회), 이화춘과 함께 지경대구역, 그리고 성서연구소 책임자로 임명되기도 했다.

이후 하디는 감리교 협성신학교1909-1923 학장, 피어선 성경학교 교장을 역임하면서 신학교육에 힘썼다. 1916년 2월에는 협성신학교 학술지인 〈신학세계〉를 창간하였는데, 이 잡지는 칼 바르트의 신학을 소개되는 등 한국 교회에 진보적인 신학을 소개하는 역할을 했다. 하디는 조선예수교서회 총무1924-1927로서 문서선교사역에 공헌했으며, 1930년에는 〈기독신보〉 사장으로 활동하였다. 그는 28년간 신학교육과 문서사역에 종사하면서 번역서를 포함해 40여 권의 저서와 170여 편의 방대한 논문을 남겼다. 그의 저서 안에는 그가 선교사역과 부흥운동을 통해 체득한 경건과 영성이 자세하게 담겨있다. 교파주의에 치우쳐 있지 않았던 하디는 감리교단 신학교인 협성신학교 교수 및 교장으로 있으면서 남북 감리교 합동운동, 장로교 감리교의 연합운동에도 적극 참여했다. 그는 또한 협성신학교에서 초교파 신학교인 피어선 성경학원의 교수직도 수행했고, 초교파 문서선교기구인 조선예수교서회와 기독신보 발행에도 헌신했다.

하디는 45년간 한국에 있으면서 교육과 의료, 복음 전도 등 모든 면에서 열정적으로 일을 감당했다. 그는 1935년 정년을 맞아 귀국하여 미시건주 랜싱에 거주하다 1949년 소천하였다. 양화진에는 한국에서 사역하면서 잃은 그의 두 딸 마리Marie Hardie, 1893-1893와 마가렛Margaret Joy Hardie, 1903-1909이 묻혀 있다. 2006년 5월 24일 감리교 본부에서는 하디의 두 딸의 묘를 정비하며, 그의 한국 선교 업적을 기리는 "하디 선교사 영적 대각성 운동 기념비"를 세웠다. 이날은 감리교 창시자인 존 웨슬리 목사의 회심 268주년 기념일이기도 했다.

하디의 영적 대각성 운동 기념비

내한/이한 1900/1934

Louise H. McCully

맥컬리 이부인

1864-1945

캐나다 CP

함경북도 성진 회령

김마리아

마르다윌슨여자신학교

조희염

마르다 윌슨 기념학교예배 시간

원산기도모임

| 약혼자 맥켄지의 순교지 조선으로 |

루이스 맥컬리는 1864년 캐나다 동부 노바스코티아 트루로Truro에서 출생했다. 그의 아버지 윌리엄 맥컬리William McCully가 트루로 빈민촌에 세운 브라가선교회Beracah Mission는 1893년 맥켄지를 한국에 파송하기 위해 헌금을 하고 파송예배를 드리기도 했다. 한국에 와서 순직한 맥켄지와 약혼한 사이였던 맥컬리는 동양선교의 꿈을 품고 한국에 가기 위해 선교훈련을 받고 있었다. 그런데 1895년 맥켄지가 갑작스럽게 죽는 비참한 사건이 일어나자, 맥컬리는 자신의 전 생애를 선교에 바치기로 한 뜻을 놓지 않고 1897년 중국에 파송되어 선교사로 활동했다. 1900년 의화단 사건이 일어나자 캐나다 장로회선교부는 선교사들을 한국이나 일본으로 피하도록 조처했다.

맥켄지의 약혼녀 맥컬리에 대한 하나님의 뜻은 오묘하게 진행되고 있었다. 일본에서 결혼식을 올린 맥래 부부와 한배를 타고 한국에 입국한 맥컬리는 이후 함흥에 자리 잡은 맥래 부부를 도와 영생고등학교를 설립하고 제1대 교장1911-1915으로 섬겼다. 그런데 1903년 남감리회 선교사 화이트Mary C. White와 연합으로 시작한 원산 기도모임은 원산부흥운동의 도화선이 되었다. 이후 그녀는 한국 여전도회 초대회장에 선출되어 성경공부와 계몽교육에 힘썼으며, 1908년 여전도인 양성사업을 전개하였다. 1915년 원산에서 시작한 성경학원은 이후 마르다 윌슨 여자신학원으로 발전하였다.

| 원산부흥운동의 원천이 된 기도 모임 |

1903년 중국에서 활동하던 화이트 선교사가 맥컬리를 찾아 원산에 왔다. 남감리교 소속 여선교사 화이트는 맥컬리와 중국에서 함께 사역했던 사이인데, 맥컬리가 한국에 온 후에도 중국에 남아 선교활동을 하다 휴가를 얻어 원산에 온 것이다. 당시 선교사들은 여름이면 명사십리 해수욕장으로 유명한 원산을 찾아와 휴식을 취하곤 했다. 맥컬리와 화이트는 서로의 선교활동에 대한 이야기를 나누면서 자연스럽게 기도의 필요성을 느꼈다.

이들은 배화학당에서 교사로 활동하며 휴가 차 원산에 와 있던 하운셀Josephine Hounshell과 원산 루씨 여학교를 설립한 캐롤Arrena Caroll, 노울즈Mary Knowles와 함께 기도모임을 시작했다. 이 모임이 발전하여 8월 24일부터 일주일간 선교사 연합 성경공부 및 기도회로 발전하게 되었다. 맥컬리는 원산에서 함께 사역하고 있던 하디와 저다인Joseph L. Gerdine을 초청했고, 이때 하디가 성경공부를 인도하면서 회개와 부흥의 불길이 일어나기 시작했다. 실로 강한 여인들이 한국교회 새로운 지평을 연 부흥운동의 불씨를 일으킨 것이다.

원산 전도부인들(1920)

| 성진과 함흥 사역, 항일운동의 동지 |

맥컬리는 함경북도 성진과 회령에서 활동하며 산간벽지에 복음을 전했으며, 성진 보신여학교와 함흥 영생여고 교장으로 교육에 힘썼다. 1911년 함흥 영생여고 교장으로 부임한 맥컬리는 학교운영의 어려움과 일제의 학교탄압이라는 난관 중에도 학교를 이끌며 하나님의 사랑과 희생봉사의 정신을 학생들에게 심어주었다.

그녀는 외국인이었지만 한편으로는 항일운동의 동반자요 동지였다. 일본 관헌에게 잡힌 교직원과 학생들을 위해 맥컬리는 함흥과 서울의 감옥을 찾아다녔고, 때로는 판사와 변호사를 찾아가 학생들을 풀어줄 것을 눈물로 호소하였다. 맥컬리는 무리한 판결이나 잔인한 고문의 소식을 듣고는 눈물로 밤을 지새우기 일쑤였다. 안식년에는 본국에 돌아가 영생여고 신축 기금 모집 운동을 전개한 결과 1929년 함흥 신창리에 근대식 기숙사와 소학교 교사를 완공했다.

| 마르다 윌슨 여자신학교1910-1944 |

마르다 윌슨 여자신학교The Martha Wilson Memorial Women's Theological Training School는 맥컬리가 자신 어머니의 이름을 따서 1910년 함흥에 세운 한국 최초의 여자신학교이다. 이 학교는 맥컬리와 함께 자리를 옮겨 함흥에서 성진으로, 그리고 1915년에는 원산 진성여학교 구내로 옮겼다. 맥컬리는 1년에 3개월씩 수업해 학생을 3년에 졸업시키는 성경학원 형태로 시작해 1930년까지 210명의 졸업생을 배출했고, 1931년 9월부터는 마르다 윌슨 여자신학원으로 승격시켰다. 마르다 윌슨 여자신학교는 1944년 폐교하기 전까지 원산에서 진성여학교와 더불어 여성들의 신앙교육을 책임지고 기독교인재를 길러 낸 여성교육기관의 역할을 감당했다. 신학교에서 교육을 받은 여성들은 졸업 후 여자 집사와 전도 부인이 되었고, 훈련받은 교인의 수가 늘어나자 예과와 본과를 나누어 단계별 교육을 실시했다. 본과는 18세에서 30세 미만의 여성을 선발해 교역자를 만드는 목적으로 신설되었다.

마르다 윌슨 여자신학교

맥컬리는 특별히 음악 교육을 중시했다. 그

는 피아노 반주를 못하면 졸업을 시키지 않을 정도로 음악 교육에 열정적이었는데, 이 때문에 신학교 졸업생들은 교회에서 지휘와 반주자로 사역했다. 맥컬리는 1933년 음악실을 완공했으며, 토론토 음악전문학교를 졸업한 조희염의 장녀인 조은경을 교수로 초빙하기도 했다.

1934년 맥컬리의 은퇴 이후 바커 부인이 교장으로 취임했으나 1937년 병으로 귀국하였고, 그를 이어 럽 부인이 신학교를 돌보았다. 1940년 럽 부인이 일본의 압력으로 본국에 돌아가면서 조희염이 교장으로 취임했지만, 1944년 결국 폐교령을 당해 학교 문을 닫았다. 마르다 월슨 신학교는 1945년 해방 후 재건하려 했으나 공산정권의 저지로 이루어지지 못했다.

| 조희염과 김마리아 |

맥컬리가 친자녀와 같이 양육한 이로는 조희염 목사와 김마리아가 있다. 맥컬리는 조희염이 캐나다 달하우스대학과 파인힐대학에서 공부할 수 있도록 적극적으로 도와주었는데, 조희염은 미국으로 건너가 박사과정을 공부하다 캐나다 선교부의 요청으로 귀국하여 함흥학교에서 가르치다 원산신학교에서 교수로 일했다. 조희염은 1940년 선교사들이 본국으로 돌아가자 원산신학교의 교장을 맡았다. 1944년 학교는 강제로 폐교를 당했지만, 맥컬리가 세운 학교를 제자가 이어받는 장면은 감동적이었다.

마르다 윌슨 여자신학원 재직시절 교수와 학생들
(왼쪽 첫 번째 김마리아)

1931년 안식년을 맞아 캐나다에 돌아간 맥컬리는 토론토 세계기독교학생대회에 참석했는데, 마침 1919년 여성독립운동을 이끌다가 체포되어 병보석으로 출감한 뒤 비밀리에 한국을 빠져나와 중국을 거쳐 미국에서 활동하고 있는 김마리아를 만났다. 김마리아가 맥켄지가 활동했던 소래 출신이라는 사실을 알게 된 맥컬리는 김마리아에게 더욱 호감을 느끼게 되었는데, 한국으로 돌아가 신학교에서 함께 일할 것을 권유했다. 맥컬리를 만나기 전까지 김마리아는 자신이 귀국할 수 있는지를 알지 못했는데, 맥컬리를 통해 귀국할 수 있다는 사실을 알고 1932년 한국으로 돌아와 원산여자신학교 교수로 일하기 시작했다. 신학교육에 힘쓰던 김마리아는 1943년 고문 후유증으로 건강이 악화되어 평양기홀병원에 입원했다가 1944년 하늘의 부름을 받았다.

| 소래와 원산의 영적 지주, 살아서 맺지 못한 맥켄지와 맥컬리 |

이처럼 한국교회의 시작인 황해도 소래에는 맥켄지의 숨결이 살아 있고, 한국기독교의 동해안 축을 감당했던 원산에는 그의 약혼녀 맥컬리의 호흡이 살아 있었다. 소래는 많은 선교사, 특히 캐나다 선교사들의 영적인 성지가 되어 있었고, 원산은 한국 기독교 초기의 영적인 활화산과 같은 곳이었다. 중국선교의 경험이 있던 맥컬리는 원산주변에 4만 명이나 살던 중국인들에게 복음을 전했다. 동시에 과부나 소박을 맞은 수많은 한국인 여성복음사역자들과 함께 삶의 현장에서 복음을 전했다.

맥컬리는 1934년 한국을 떠나 본국에서도 한국을 그리워하며 작은 방에 한국 물건을 아담하게 모아 놓고 지냈다. 그녀에게는 자신이 가르친 학생들의 소식을 듣는 것이 유일한 기쁨이었다. 그러나 맥컬리는 한국 땅을 다시 밟지 못하고 1945년 심장마비로 세상을 떠났다.

내한/이한 1898/1935

Robert G. Grierson

그리어슨

구례선

1868-1965

캐나다 CP

함경북도 성진

제동병원

보신여학교

이동휘

두만강을 건너는 그리어슨 부부

| 친구 맥켄지의 죽음이 불러들인 한국행 |

로버트 그리어슨은 1868년 캐나다 동부 할리팍스에서 태어났다. 1890년 달하우스대학교, 1893년 파인힐신학교, 1897년 감리교신학교를 졸업하였다. 그리어슨이 한국에 오게 된 것은 소래교회의 맥켄지의 영향이 컸다. 신학교시절 친구인 맥켄지의 한국행은 그에게 적지 않은 도전이었고, 맥켄지의 죽음은 충격 그 자체였다. 그리어슨은 1898년 캐나다장로회 선교사로 한국에 와서 함경도 지역에서 활동하다, 1899년 원산에 정착하였다. 1901년 함경북도 성진에 선교지부를 열고 교회와 학교(보신여학교), 병원(제동병원)을 설립했으며, 이후 블라디보스토크, 간도까지 전도활동을 확장했다. 1935년 정년 퇴임 후 귀국하여 1965년에 소천하였다.

| 정동교회와 소래교회에서의 첫 설교 |

캐나다를 떠나 제물포에 도착한 그리어슨은 상륙하기 전에 아내와 함께 아침 예배를 드리면서, "야곱이 길을 떠나 동방 사람의 땅에 이르러"라는 창세기 29장 1절의 말씀을 읽고 두 손을 모아 기도를 드렸다.

> "하나님, 비록 양떼가 흩어져 있을지라도 야곱이 했던 것처럼 우리들이 주의 품 안으로 양떼를 모을 수 있도록 하옵소서."

그들은 동료 캐나다인 에비슨의 환대를 받으며 서울로 이동하여 언더우드의 안내를 받았다. 그리고 한국에 도착한 첫 주일에 그리어슨은 언더우드의 한국어 통역을 통해 정동교회에서 한국에서의 첫 설교를 했다.

1898년 11월에 그리어슨과 맥래는 언더우드와 함께 소래교회를 방문했다. 캐나다의 선교사 맥켄지가 순직한 소래교회는 캐나다선교사들에게는 이미 성지가 되어버렸다. 그리어슨은 저녁 설교에서 맥켄지의 삶을 회고하며 그가 어떻게 캐나다 한국 선교부의 설립에 기여했는지를 이야기했다. 그리어슨은 맥켄지가 가장 좋아했던 찬송가 "어디든지 예수 나를 이끌면"을 트럼펫으로 연주하고, 교인들은 함께 찬송을 부르며 예배를 마쳤다.

서울로 돌아와 한국어를 공부하면서 겨울을 보낸 그리어슨은 이듬해 1899년 캐나다 장로회의 선교지역으로 새로 결정된 원산을 향해 발걸음을 옮겼다. 이때 그리어슨은 엿새 동안 육로로 이동했는데, 그를 원산까지 인도한 사람이 바로 원산에서 활동하던 캐나다 출신의 독립선교사 펜윅이었다.

| 성진 선교지부 – 북방 선교의 교두보 |

함경북도 성진 선교지부

원산에 거주하며 함흥과 성진을 오가던 그리어슨은 성진이 북쪽 지역 선교를 위한 교두보로 적합한 도시라 확신했다. 당시 함남의 행정 중심지요 도청 소재지가 함흥이었는데 그리어슨은 함흥을 희생해서라도 성진에 선교사가 머물도록 해야 한다고 주장했다. 1900년 캐나다선교회는 성진에 선교지부를 여는 것을 합의하고, 다음 해 봄 그리어슨 부부를 성진에 보내 성진 선교지부를 개설했다.

1901년 성진이 자유항으로 개항되고 외국인이 토지와 가옥을 살 수 있게 되면서 본격적인 사역이 시작되었다. 그리어슨은 먼저 집과 교회를 짓고 선교사업에 착수했는데, 목수였던 그의 아버지 존 그리어슨John Grierson이 직접 한국에 와서 그를 도와주었다. 그는 집을 크게 지어 서재에서 성경과 소책자를 판매하고, 방 한쪽에서는 환자들을 진료할 수 있도록 했다. 이때 여의사였던 맥밀란Kate McMillan이 내한하여 그리어슨의 사역을 도왔다.

1902년에는 언더우드 주선으로 여러 선교단체의 지원을 받아 병원을 새로 건축하고 제동병원이라 이름했다. 제동병원은 원산에서 블라디보스토크에 이르는 지역에서 유일하게 수술이 가능한 병원이었기에 환자들이 끊이지 않았다. 1904년 러일전쟁으로 병원을 잠시 폐쇄했지만, 전쟁 후 1906년부터 다시 문을 열고 의료사업을 펼쳐 나갔다. 제동병원은 1909년에 100명의 입원환자와 1,743명의 외래 환자를 감당하는 병원으로 성장했다. 제동병원은 외국인이 거주하는 지역이었기에 1919년 3·1운동 당시 기독교인들이 제동병원 앞마당에서 독립선언서를 낭독하기도 하였다.

제동병원

그리어슨은 성진에서 교육사업에도 힘을 쏟았다. 교회에서 아이들을 모아 가르치다 1903-4년경에 교실 네 칸짜리 건물을 지어 보신학교를 열었다. 그리어슨은 1935년 은퇴하여 귀국할 때까지 보신학교의 교장으로 아이들을 돌보았으며, 그의 아내도 보신여학교를 세워 여성들을 교육하였다.

| 끝나지 않은 북방 선교의 꿈 - 회령, 용정 선교지부 설치 |

그리어슨은 1903년 그의 아버지 존 그리어슨, 럽Alexander F. Robb과 함께 블라디보스토크로 선교여행을 떠났는데, 스코틀랜드 성서공회에서 그곳 한인들에게 성서를 보급해 줄 것을 부탁했기 때문이다. 이들은 성진을 출발해 도보로 회령을 지나 러시아 국경 노바키에프스크에서 배를 타고 블라디보스토크에 도착했다. 캐나다장로회의 연해주 선교가 시작되는 역사적인 순간이었다.

두만강을 건너는 그리어슨과 부인 레나(1910)

당시 블라디보스토크에는 한인들이 많이 거주했는데, 그리어슨은 한인촌을 순회하며 성경을 나눠주고 복음을 전했다. 1906년에는 홍순국 조사와 함께 용정에 예배처소를 마련하고, 1907년 렵을 이 지역에 파송하였다. 한국인들의 연해주 이주가 많아지고 기독교인의 수효가 늘면서 1909년에 그리어슨은 러시아를 다시 방문해 블라디보스토크 교회에서 주관한 성경공부반 강사로 신자들에게 성경을 가르쳤다. 그리어슨은 북방지역에도 효율적인 선교가 이루어지기 위해서는 선교지부가 세워져야 한다고 주장했는데, 그의 노력으로 캐나다 선교부는 회령1912과 간도의 용정1913에 선교지부를 설치하고 바커Archibald H. Barker와 맥도날드Donald A. McDonald를 연이어 파송하였다.

| 일본 병사 구타 사건 |

그리어슨이 성진에 세운 제동병원과 보신 여학교는 당시 민족주의자들의 아지트가 되었다. 그리어슨은 일본의 요시찰 인물로 지목될 만큼 한국의 민족운동에 적극적이었는데, 그의 저항정신을 보여주는 하나의 사건이 바로 1908년에 벌어진 일본병사 구타 사건이다.

이 무렵 성진에서 활동하던 그리어슨은 함경남도 단천에 있는 원덕리 교회 문성기 장로로부터 아들 결혼식의 주례를 맡아 달라는 부탁을 받았다. 그는 교회에 도착해 자신의 말을 묶어 놓고 결혼식이 열리는 신부의 집으로 갔다. 그런데 일본군이 그리어슨의 말들을 무자비하게 다루고 있다는 소식을 듣고 현장에 가 보니 4명의 병사가 말 두 마리를 번갈아 가며 타고 있었다. 그리어슨은 말에 타고 있던 병사를 끌어내고 나머지 병사에게 채찍을 휘둘렀다. 그는 덕원장 헌병분견소에서 근무하던 상등병 하마타濱田甚藏였는데, 그가 채찍에 맞아 머리에 피를 흘리며 쓰러졌다. 그리어슨은 항의를 하기 위해 헌병대 사무실을 찾았지만 헌병대장은 오히려 그를 체포하려 했다. 그리어슨은 이에 그들을 노려보고 일어나 이튿날 성진으로 향했다. 그러나 일본군은 결국 그리어슨을 연회에 초청해 그에게 사과하였다.

| 애국운동가 이동휘와의 만남 |

1909년 애국운동가이자 교육가인 이동휘가 그리어슨을 찾았다. 이동휘는 함남 단천 출생으로 강화지역에서 교육과 민족운동을 전개했었다. 이동휘는 1907년 헤이그 특사 사건과 강화도 봉기의 배후자로 지목되어 체포되었다가 그 해 12월 석방된 후 서북학회와 신민회의 지도자로 활동했다.

이런 이동휘가 1908년부터 고향인 함경도 지역을 순회하며 전도와 교육운동의 가능성을 살피다 1909년 그리어슨을 만난 것이다. 그는 그리어슨에게 자신을 캐나다 선교구역 내에 설교자로 써 달라고 부탁했는데, 선교부에서 일할 사람들의 월급이 일 년 전에 책정된 터라 성경을 나누어주는 매서인 자리밖에 없었다. 그리어슨은 당시 위대한 애국자로 알려진 그에게 이 일을 하기에는 보잘것없는 일이라 말했지만, 그는 기꺼이 매서인이 되어 곧 허름한 옷과 짚신을 신고 성경 보따리를 등에 짊어진 채 길을 떠났다. 선교사들의 도움으로 이동휘는 교육 및 전도사업뿐만 아니라 외국선교사 밑에서 신변 보호를 받으며 구국 운동을 전개해 나갔다. 전국적으로 유명 인사였던 이동휘는 가는 곳마다 사람들이 몰렸고, 그의 영향을 받아 함경도에 많은 교회와 학교들이 세워졌다.

이동휘와 가족들 _부인 강정혜, 부친 이승교, 나머지 자녀들

내한/이한 1898/1937

Duncan M. McRae

맥래 마구례

1868-1949

캐나다 CP

캐나다 동부 노바스코티아 케이프 브레튼에서 1868년에 출생한 던칸 맥래 선교사는 할리팍스 달하우지대학과 장로교신학대학에서 수학하였다. 1898년 캐나다 장로회 선교사로 한국에 들어와 원산, 함흥 등지에서 활동하다 1900년 에디스Edith F. S. McRae와 결혼하였다. 1907년 함흥에 영생남학교를 창설하였으며, 아내는 영생여학교를 열어 학생을 가르쳤다. 1918년 함흥 YMCA를 창설하고 초대 회장을 역임했으며, 1919년 3·1운동 때에는 일제의 만행을 규탄하며 만세시위 참여자들을 보호하였다. 1937년 은퇴 후 귀국하였으며 1949년 캐나다 노바스코티아에서 하늘의 부름을 받았다.

| 맥래의 한국선교 열정 |

던칸 맥래의 한국 선교의 부르심은 맥켄지의 비극적인 죽음을 통해 왔다. 맥래는 한국으로 파송 받기를 원했지만, 캐나다장로회는 이미 푸트와 그리어슨 두 사람을 한국 선교사로 임명한 상태여서 추가적인 인원을 보낼만한 여유가 없었다. 그러나 맥래는 이에 포기하지 않고 급여 없이 자신을 한국에 보내줄 것을 요청하고, 3년 동안 맥래의 선교지원을 약속한 학생선교협회의 편지를 동봉해 선교위원회에 편지를 보냈다. 선교위원회는 결국 맥래의 헌신적인 자세에 감동하여 그의 한국 파송을 결정하였다.

맥래 부부

한국에 가기를 그토록 열망했던 맥래에게도 내적인 갈등이 있었는데, 그것은 그가 사랑하는 에디스를 남겨두고 캐나다를 떠나야 했기 때문이었다. 그러나 마침내 에디스도 선교사가 되기로 결정하고, 캐나다를 떠나 1900년 요코하마에서 맥래와 결혼식을 올리고 한국 선교에 동참하였다

| 맥켄지를 찾아 떠난 두 번의 소래 여행 |

한국에 도착한 맥래가 가장 먼저 한 일은 맥켄지 선교사가 활동했던 소래를 방문한 것이다. 1898년 10월 7일 맥래는 푸트와 함께 서울을 출발했는데, 이때 맥켄지의 가장 가까운 친구이자 캐나다장로회에 편지를 보냈던 서경조가 동행하였다.

소래에 도착한 맥래는 맥켄지 선교사가 사역했던 교회를 찾았다. 붉은 십자가 모양에 '그리스도교 선교'Christian Mission라는 글자가 쓰인 흰 깃발이 교회 앞에 세워져 있었고, 맥켄지가 쓰던 방은 그대로 유지되어 있었다. 교회 곁에는 맥켄지의 무덤이 있었는데, 묘비에는 "그는 죽었으나 말하고 있다."라고 쓰여 있었다. 실제로 맥켄지는 죽었지만, 그의 사역은 열매를 맺었고, 맥래 자신을 한국에 불러들일 정도로 지금도 말하고 있었다. 맥켄지의 죽음으로 캐나다 장로회의 한국선교가 시작되었고, 소래에 세워진 교회는 맥켄지의 죽음 후에도 복음전도자를 고용해 복음을 전하고 있었다.

1898년 11월에 맥래는 그리어슨과 함께 언더우드를 따라 소래를 다시 방문했다. 언더우드의 인도로 성만찬 예배가 진행되었는데, 맥래는 신자들이 예수의 부서진 몸과 흘린 피에 참여하는 것을 기뻐하면서 맥켄지가 이 기쁨에 함께하지 못함을 아쉬워했다. 성만찬을 마치고 맥래의 설교가 이어졌다. 맥켄지의 헌신과 수고로 복음을 받아들인 사람들이 그의 앞에 앉아 있었다. 맥래가 아직 한글을 배우지 않아 언더우드가 통역해 주었지만 맥

켄지가 사역했던 교회에서 설교하는 것 자체가 감격스러운 일이었다.

그는 소래를 떠나며 한국 선교를 시작하는 자신의 마음을 일기에 적었다. "나의 주님이 나의 생명을 취하셔서 이 땅을 복되게 이끄시기를 원합니다." 맥래는 소래를 떠나 서울에 잠시 머물다가 이듬해 함경도 선교를 위해 원산으로 발길을 향했다.

| 영원한 생명을 들고 함흥의 문을 열다 |

함흥 선교지부

1899년 5월 3일 맥래는 함흥을 방문하기 위해 해안 증기선을 탔다. 맥래를 소래로 안내했던 서경조가 이번에도 동행했다. 캐나다 선교사들이 조선어를 유창하게 구사할 때까지 서경조가 도움을 주기로 한 것이다. 함경남도 도청소재지이며, 관북지역 최대 도시인 함흥은 수 세기 동안 유배당한 정치인들이 머물던 곳으로 다른 지역보다 자유로운 사상과 독립정신이 강한 곳이었다. 1899년 조선인으로 변장한 일본인 상인이 발각되자마자 살해될 만큼 함흥은 외국인에게 배타적인 곳이었으며, 개신교 신자들도 소수에 불과한 도시였다.

그러나 맥래는 신자들의 집을 방문하면서 그곳에 모인 자들에게 서툰 언어로 예수님과 십자가를 전했다. 그리고 주님이 그들의 눈을 열어 그리스도가 지금 그들의 거리를 지나가고 있고, 그들을 구원하기 위해 문에서 기다리고 있음을 보게 해달라고 기도했다. 맥래는 주민들과 친숙해지기 위해 노력하였고, 3주 동안 함흥에 머물면서 가능한 자주 돌아다니면서 주변의 모습을 하나하나 눈과 마음에 담았다.

맥래가 함흥을 처음 방문한 지 5년이 지난 1904년, 드디어 함흥에 선교지부가 설치되었다. 러일전쟁의 여파는 함흥의 문을 열어젖혔는데, 역설적으로 전쟁이 함흥의 낡은 편견을 없애고 복음을 전할 기회를 주었다. 이에 맥래는 본격적으로 사역을 시작했는데, 우선 교회를 세우고 성경반을 조직해 전도와 계몽사업을 펼쳐 나갔다. 1906년에 성진에서 활동하던 여의사 맥밀란Kate McMillan이 합류하여 제혜병원 설립을 도왔고, 1907년에 영Luther L. Young이 함흥에 파견되어 맥래의 사역을 도왔다.

함흥 성경공부반

맥래는 1907년에 교육기관인 영생학교를 설립하였고, 그보다 앞선 1903년에 맥래 여사가 함흥 낙민정(지금의 신창리) 신사라의 집에서 여학생 6명으로 학교를 시작했는데 이것이 영생여학교의 시작이었다. 영생학교와 영생여학교는 관북지역에서 최고의 명문학교로 수많은 인재를 배출하였다. 1910년의 보고에 따르면 함흥지역에서의 교육활동이 활발히 전개되고 있음을 알 수 있는데, 그 당시 중학교가 3개, 소학교가 57개, 학생 수가 1,715명이라고 보고하였다.

영생학교와 영생여학교는 3·1운동에 가담하는 등 민족운동에 앞장서다 일제의 탄압을 받았으며, 한국 전쟁으로 피난 내려온 동문이 1956년 재건위원회를 발족하고, 1990년 수원에 영생고등학교 이름으로 학교 인가를 받았다. 2007년 함흥 영생 중고등학교의 역사를 담은 100주년 사료집이 발간되었다.

| 석왕사 방문과 주지 스님의 회심 |

맥래 부부는 그동안의 선교 사역으로 지친 몸과 마음을 달래기 위해 원산 근처의 불교 사찰인 석왕사를 방문했다. 맥래는 스님과 승려들의 환대를 받으며 3주간의 시간을 보내는 동안 기독교에 관심을 갖는 승려에게 성경을 건네주었는데 놀라운 결과가 뒤따랐다. 사찰 주지인 이호재가 그리스도인이 된 것이다.

안변에 위치한 석왕사는 무학대사가 태조 이성계의 꿈을 해석해 준 것이 인연이 되어 크게 지어진 절이다. 이성계가 서까래 셋을 등에 지는 꿈을 꾸었는데, 무학대사가 서까래 셋은 임금왕王 자이니 왕위에 오르라고 권했다. 이성계는 안변에 절을 짓고 "임금 왕"을 해석했다는 뜻의 석왕사釋王寺라는 이름을 내렸다. 석왕사는 일제시대 31 본산(일제 강점기에 31개의 중심 사찰이 다른 사찰을 관할하게 한 제도)에 포함될 정도로 규모가 크고 경관이 좋았기 때문에 선교사들이 관람과 휴식을 위해 종종 방문하곤 했다. 게일도 원산에서 활동할 당시 석왕사를 방문해 스님들에게 기독교를 전했다.

게일과 맥래의 영향으로 기독교인이 된 사찰주지 이호재는 진정한 왕이 예수라는 사실을 발견하고 주지직을 포기하고 그의 남은 생애를 원산에 있는 광석동교회(창앞교회)에 헌신했으며, 자신의 재산 전부를 광석동교회에 바쳤다. 그리고 그의 재산은 석우동교회 개척과 광석동교회 재건축 등에도 사용되었다.

광석동교회

맥래 역시 일본의 잔학한 행위를 그냥 지나치지 않았다. 선교부가 구입한 함흥 선교부지를 일본이 가로채려 하자 적극적으로 저항했다. 1907년 함흥 주민이 일본의 폭압적인 염전세를 반대하자 일본군이 주민을 체포하고 구타했다. 맥래는 이 사실을 캐나다 선교부에 보고했고 결과적으로 "함흥에서의 무서운 대량학살"이라는 제목의 기사를 〈대한매일신보〉에 폭로했다.

내한/이한 1911/1923

Archibald H. Barker

바커 박걸

?-1927

캐나다 CP

용정

은진중학교

명신여자학교

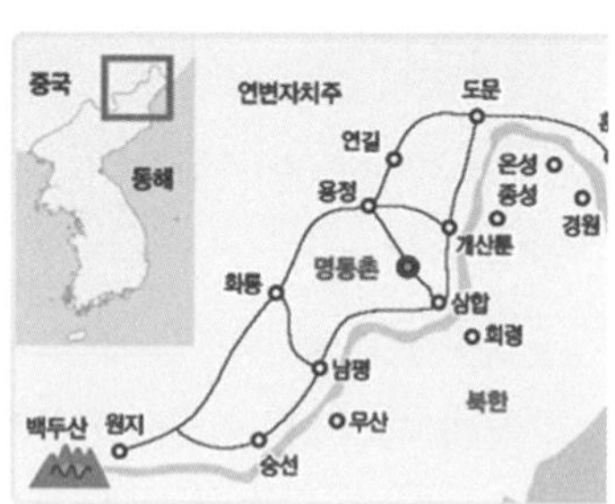

용정

| 용정 선교지부 주재 캐나다 선교사 |

캐나다에서 출생한 아치볼트 바커는 낙스대학과 토론토대학을 졸업하였다. 1909년에 레베카Rebecca B. Watson와 결혼한 후 1911년 캐나다장로회 선교사로 한국에 왔다.

만주 용정으로 출발하는 바커와 부인 레베카(1913)

바커는 1912년 회령에 부임하였다가, 1913년 6월 용정 선교지부가 설립되면서 선교사로는 최초로 중국 간도에 주재하며 용정중앙교회와 동산교회를 세우고, 은진중학교과 명신여학교를 설립하였다.

1923년 병에 걸려 캐나다로 귀국해 1927년 토론토에서 생을 마감했다. 1929년 그의 아내 바커가 다시 한국에 입국하여 원산의 성경학교에서 교장으로 활동하였다.

| 나라잃은 한국인들과 함께 한 용정 영국덕이 |

바커가 회령에 부임한 1912년 5월은 한국과 중국의 국경지대에 위치한 회령이 만주와 교역으로 신흥 중심지로 성장하던 시기였다. 캐나다 선교부는 1910년부터 회령에 건물을 짓고 본격적인 선교활동을 준비하면서, 1911년에 한국에 들어와 성진에서 선교 준비를 하던 바커 부부를 맨스필드Thomas D. Mansfield와 함께 회령으로 파송했다. 이제 막 개척된 회령 선교지부는 할 일이 많았고, 바커는 교회와 학교 설립 등으로 바쁘게 움직였다.

그러나 바커는 새로 시작한 회령 선교지부에서 본격적인 사역을 펼쳐보기도 전에 다시 용정지역의 개척 임무를 맡게 되었다. 이런 상황변화는 한국의 정치적 상황과 맞물려 있었다. 간도지역은 1910년 이후 일제의 학정을 피해 수많은 한국인이 모여들어 한국인 인구가 50만 명에 육박하였는데 이들을 위한 선교가 시급했기 때문이다. 그래서 회령과 용정을 오가며 선교지부 개척을 위해 노력하고 있던 바커는 1913년 6월에 용정 선교지부를 개척하였다. 캐나다 선교부의 용정 사역은 원래 1907년부터 시작되었지만 바커가 선교지부를 세우고 거주하면서 본격적으로 진행되었다. 이에 뒤이어 원산을 근거로 두면서 함경도와 강원도 일대에서 순회전도활동을 하던 푸트William R. Foote가 1914년 용정으로 사역지를 옮겼고, 1915년에는 의료선교사 마틴Stanley H. Martin이 합류해 환자들을 돌보기 시작했다.

영국덕이가 있었던 동산(현재 모습)

이들은 용정 외곽에 있는 동산 언덕을 구입하여 선교사 사택과 병원, 학교와 예배당을 점차 지어 갔다. 이 언덕은 영국사람이 살던 언덕을 줄인 말인 '영국덕이'로 불리었는데, 이는 캐나다장로회 선교사들이 영국 국적을 지니고 있었기 때문이다.

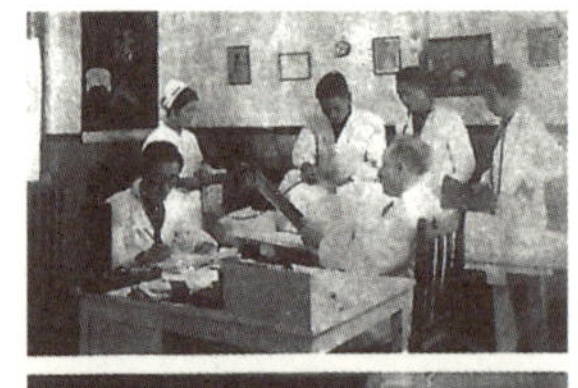

제창병원에서 진료하는 마틴(위)과 제창병원(아래)

| "해란강반의 봄 우레", 해란강가의 애국자 |

1913년 용정 선교지부를 설립한 바커가 건설한 주택과 선교부지는 치외법권이 적용되는 지역이었기에 이후 독립운동을 모의하는 장소로 종종 활용되었다. 1919년 3월 13일 간도 지방에서 '해란강반의 봄 우레'로 불리는 만세운동이 일어났다. 일본은 맹부덕이 이끄는 중국군을 사주해 한인들의 시위를 진압하였는데, 이때 진압군이 군중에게 총을 발사해 17명이 죽고 30명이 부상을 당한 사건이 발생했다.

이에 바커는 일제의 만행에 침묵하지 않고 현장에 있는 사망자와 부상자의 사진을 찍어 서울의 선교사들과 캐나다 선교 본부에 보냈다. 이러한 용감한 행동은 캐나다 선교사로 1919년 서울에서 열린 3·1독립만세 현장을 사진찍어 전 세계에 알린 프랭크 스코필드의 기질과 같은 것이었다. 그리고 바커는 용정에 부임해 제창병원을 돌보던 마틴과 함께 부상자들을 병원에 입원시켜 치료했다. 중요한 것은 제창병원 지하실에서 바로 독립선언서와 독립신문이 인쇄되었다. 마틴 선교사는 환자들을 치료하면서 사상자의 몸에서 빼낸 탄환이 일본제 탄환임을 확인하고, 중국군 배후에 일제가 있음을 밝혀내었다. 대한민국은 바커와 마틴이 일제의 악행을 폭로한 공로를 인정하여 1968년 그들을 독립유공자(독립장)로 지정했다.

| 명신여자학교와 설립과 은진중학교 건축 |

국사를 가르치던 은진중학교(1940)

1920년에 간도에 세워진 은진중학교는 민족운동가요, 목사인 김약연과 이동휘의 요청에 따라 캐나다 선교부가 설립했다. 함경도 출신의 목사 김약연은 가족들과 마을 사람들을 이끌고 용정 위쪽에 있는 명동촌에 들어와 명동학교를 짓고, 민족의 독립을 위한 교육과 신앙에 역점을 두었다. 이곳에서 민족의 지도자 윤동주와 문익환 등이 배출되었다.

캐나다 선교사 그리어슨에게 설교자 위치를 부탁한 이동휘는 캐나다 선교부와 밀접한 관계를 맺었다. 강화도에서 김우제 전도사를 통해 예수를 영접한 이동휘는 이상재 윤치호를 비롯한 YMCA의 지도자들과 같은 인물들과 교유를 하고 있었다. 또한, 아펜젤러나 벙커와도 교분을 가지면서 신앙을 키워온 이동휘는 강화도에서 자신의 전 재산을 교회에 헌납하기도 했다. 이동휘는 스스로 "기독교야말로 쓰러져 가는 나라와 민족을 구할 수 있다."라고 기록했다.

이들의 요청에 따라 세워진 은진중학교의 '은진'恩眞은 "하나님의 은혜로 진리를 배운다."는 뜻을 가졌다. 개학 당시에는 6명의 학생이 성경서원 건물 2층에서 수업을 받았다. 제1대 교장으로 푸트가 새로운 교사건축에 착수했지만, 휴양을 겸해 귀국하는 바람에 뒤이어 바커가 2대 교장으로 취임해 1921년 3층짜리 검은 벽돌 건물의 학교를 완성하였다. 당시 보기 힘든 3층 건물은 스팀 보일러로 난방을 했으며, 심지어 학교를 관리하는 인부들이 있어 학생들은 공부에만 집중할 수 있었다.

은진중학교는 성경을 가르칠 뿐만 아니라 일제가 금지한 한글과 국사를 가르쳐 민족의식을 일깨웠다. 개교한 지 20일 만에 3·1운동 1주년을 맞아 기념의식에서 나누어 줄 격문을 등사하다 교원 2명과 학생 20여 명이 체포 구금되는 일이 발생하였다.

한편, 바커 부부는 용정에서 사역을 시작하면서 여성교육을 동시에 시작했다. 1913년 기존의 상정여학교의 규모를 확대해 학생 158명을 모집하고 교원 12명을 초빙해 명신여학교를 꾸렸다. 이후 1920년에 중학교로 승격되었고, 1941년 광명여학교와 통합되기까지 21회에 걸쳐 졸업생 255명을 배출하였다. 지금은 용정시 제4중학교 안에 은진중학교 옛터를 알리는 비석이 세워져 있다.

이들은 비록 일본이 지배하고 있던 고국을 떠나 이방땅에 살고 있었지만, 한반도 내에 일어난 일에 무관심하지 않았다. 예를 들어, 1930년에는 광주 학생의 반일애국운동을 응원하기 위해 명신여중과 광명여중의 학생 수십 명과 함께 시위행진과 동맹휴학을 단행했다.

은진중학교는 간도지역 민족운동의 요람으로 일제시대를 견디다가 1941년 캐나다 선교사들이 간도에서 철수하면서 일본인 교장이 부임하게 되어 우리말 교육은 전면 금지되고 심지어 체육활동 대신 군사훈련이 시행되었다. 그리고 은진중학교는 1946년 결국 용정의 다른 학교와 통합되면서 용정 제3 국민고등학교로 재편되어 역사 속으로 사라졌다.

은진 중학교 옛 터

내한/이한 1914/1956

William Scott

스코트 서고도 1886–1979

캐나다 CP

조선신학교

함흥영생학교

공산주의

김재준

은진중학교

신사참배

한국기독교장로회

| 스코틀랜드-캐나다-한국-영국, 지구를 한 바퀴 돈 사람 |

윌리암 스코트는 1886년 스코틀랜드에서 출생하여 1911년 캐나다 온타리오주에 위치한 퀸즈대학교에서 영문학과 정치경제학을 공부했다. 1914년 밴쿠버에 위치한 웨스트민스터신학교를 졸업하고 같은 해 캐나다장로회 선교사로 한국에 들어왔다. 스코트는 캐나다 선교부의 선교중심지인 원산과 함흥, 성진 지방에서 활동하다 1919년 만주 간도로 임지를 옮겼고, 1922년 용정 은진중학교 교장으로 학교를 돌보았다. 이후 1925년 함흥 영생학교 교장으로 시무했고, 1942년 일제에 의해 강제 송환되었다.

해방 후 1946년 다시 내한하여 조선신학교에서 가르쳤으며, 한국전쟁 이후 피난민 구제사업에 힘썼다. 조선신학교가 한국신학대학으로 바뀐 후에도 이곳에서 구약신학, 교회사를 가르쳤으며, 1956년 은퇴하여 귀국하였다. 1979년 영국 웨스크요크셔의 브랜드포드에서 소천하였다.

| 간도와 함흥의 교육의 불꽃을 지킨 사람 |

스코트가 은진중학교와 영생학교의 교장으로 시무했던 1920년대는 러시아혁명의 영향으로 공산주의자들의 활동이 활발히 전개되고 있었다. 그들은 수업을 방해하고 동맹휴학을 조장했는데, 스코트가 부임한 학교에서도 이런 움직임이 있었다. 그래서 수업 1시간 전에 학교에 가서 책상 위에 공산

한국에서 철수하는 선교사들

주의자들이 뿌린 전단지를 모으는 것이 스코트의 하루의 시작이었다. 그 전단지에는 공산주의를 상징하는 망치와 낫이 그려져 있었고, "일본 제국주의 타도! 일어나 투쟁하자!"와 같은 문구가 실려 있었다. 용정에서도 공산주의자들에 의해 교회가 문을 닫았고, 병원은 공산주의자 또는 강도에 의해 부상당한 환자가 매일 늘어났다.

1930년대에는 일제의 신사참배 요구가 노골화되면서 각 선교부의 태도가 둘로 첨예하게 갈라졌다. 미북장로회와 미남장로회 선교부가 신사참배 요구에 반대하여 대부분 학교 문을 닫은 것과 대조적으로 캐나다 선교부는 학교의 역할을 다하기 위해 학교를 유지하기로 결정했다.

스코트는 공산주의의 위협과 신사참배 요구라는 무거운 짐을 지고 일제 말기 간도와 함흥에서 꺼져가는 교육의 불빛을 이어 나갔다. 1937년 중일전쟁 이후 일본의 압력과 전쟁의 위험으로 각 선교부는 선교사들을 본국으로 소환시키기 시작했다. 그러나 스코트는 프레이저Edward J. O. Frazer, 머레이Florence Murray, 본스Beulah Bourns와 함께 선교 지역에 그대로 남을 것을 선교부에 청원했고, 이 요청이 허락되어 1941년 4월 네 명의 선교사만 제외하고 모든 캐나다연합교회 선교사들이 한국을 떠났다. 머레이와 본스는 함흥의 병원에서, 프레이저는 원산에, 그리고 스코트는 함흥의 학교와 교회에서 일을 계속했다. 그러나 1941년 일본의 진주만 공격으로 제2차 세계대전이 시작되면서 스코트를 비롯한 4명의 캐나다 선교사는 결국 한국에서 어쩔 수 없이 철수하게 되었다.

| 서울에 돌아와 피난민과 함께 |

여명의 아름다운 땅 코리아
우리의 사랑하는 땅 한국 만세
부끄러운 멍에와 채찍을 벗어났으니
전능하신 하나님께 감사드린다.
산들의 나라, 바다의 나라,
영광의 희망을 품고 일어난다.
우리 조상의 땅, 흙덩이마다 귀여워라.
하나님의 아름다운 동산 코리아!

기독교 라디오 방송국에서(1950)

이 시는 한국의 해방 소식을 듣고 한국인과 같은 마음으로 해방을 기뻐했던 스코트가 지은 것이다. 그러나 1946년 한국에 돌아온 스코트는 공산주의자의 통치에 들어간 옛 사역지로 돌아갈 수 없었다. 미북장로회 선교사 블레어만이 죽은 자녀의 묘를 방문하기 위해 잠시 평양을 방문했을 뿐, 스코트는 서울을 중심으로 새로운 선교사역을 진행해 나가야 했다.

서울에는 북에서 월남한 피난민들이 몰려들고 있었는데, 그들 대부분은 자신이 입고 있는 옷이 재산의 전부였다. 이에 스코트는 캐나다 적십자사에서 지원받은 외투, 스웨터, 양말, 장갑과 목도리, 수건, 머리빗, 비누, 면도기 등의 구호품을 이들에게 전달하고, 미군의 요청에 따라 각 선교부와 연합해 구호물자 배급에 힘썼다. 스코트는 한국인 위원회를 조직하여 구호물자를 종류대로 분류하는 일을 맡기도 했다.

스코트는 또한 '관북기독교우회'라는 관북지역 기독교인들의 친목회를 조직했다. 관북지역은 일반적으로 지금의 함경남북도, 양강도, 라선특별시 일대를 가리킨다. 교우회는 서문 장로교회에서 한 달에 한 번씩 모임을 가지면서 피난민들이 서로 교제하고 정보를 교환하는 모임이었다. 동시에 관북기독교우회는 북에서 온 교인들이 새로운 교회에 정착하고, 필요에 따라 교회를 형성하도록 도움을 주었다. 피난민들이 세운 교회가 여기저기 세워지면서 스코트는 매 주일 교회들을 오가며 그들을 격려하고 말씀을 전하는 바쁜 시간을 보냈다.

| 조선신학교 - 김재준과의 만남 |

스코트는 그의 저서 *Canadians on Korea: Brief Historical Sketch of Canadian Mission Work in Korea*(연규홍 역, 한국에 온 캐나다인들) 23장에서 기독교장로교회가 배출한 인물인 김재준의 생애와 활동을 별도로 기록할 정도로 그와 친밀한 관계를 유지했다.

《한국에 온 캐나다인들》

1901년 함경북도 경흥에서 태어나 미국 프린스톤, 웨스턴신학대학에서 공부한 김재준은 1932년 한국에 돌아와 평양 숭인상업학교와 용정 은진학교에서 교편을 잡았다. 그리고 1938년 평양신학교가 신사참배 반대로 문을 닫자 장로교총회의 승인을 받아 1940년 4월에 서울에 조선신학원을 세웠다. 그는 조선신학원의 첫 역사신학 교수로, 후에는 원장으로 활동했으며, 해방된 뒤에는 송창근에게 원장 자리를 물려주고 구약신학 교수로 봉직했다. 김재준은 근본주의와 분리주의를 거부하고 학생들이 독창적이고 창의적으로 학문에 임할 수 있도록 가르쳤고, 당시 외국에서 논의되던 성서의 역사 및 문학비평을 국내에서 소개했다. 이러한 접근은 다소 보수적인 기존 선교사들과 한국교회가 일반적으로 인정하던 '성서 무오설'을 부정하는 것이었다. 조선신

조선신학교

학교는 해방 후 남한의 유일한 신학교였는데, 북한에서 월남한 목사들과 보수적 신앙을 가진 선교사들이 다시 들어오면서 신학적 위기를 맞게 되었다.

교육을 지속하기 위해 일제의 신사참배를 국가의식의 하나로 간주한 사람들이 암울한 시기에 일본의 허락을 받아 신학교를 시작했다는 것은 여전히 한국 교회사에서 두고두고 풀어할 과제로 남아 있다.

윌리암 스코트는 1946년부터 조선신학교에서 가르쳤고, 1947년에 교수로 임명되었다. 조선신학교를 둘러싸고 논쟁이 가열되자 스코트는 김재준과 조선신학교의 입장을 총회에 탄원했고, 세계의 명망 있는 신학교들이 조선신학교에서 사용하는 신학 방법론을 따른다고 역설했다. 그러나 그의 청원은 받아들여지지 않았고, 결국 1952년 총회가 김재준을 목사직에서 파면하고 스코트 박사를 소환하도록 결의했다. 스코트와 김재준은 신학적 갈등의 어려운 시기를 함께 견디며 한국교회에서 자유로운 신학연구의 토대를 마련해 나갔다.

1952년 대한예수교장로회 제37회 총회에서 스코트와 김재준이 제명되자 이에 반발한 목회자들이 한국장로교회의 개혁을 기치로 내걸고 한국기독교장로회를 출범시켰다. 스코트는 기독교장로회가 캐나다 연합교회와 지속적인 관계를 맺을 수 있도록 도와주었고, 한국신학대학에서 1956년 자신이 은퇴할 때까지 구약신약과 교회사를 가르쳤다. 기독교장로회는 이후 민주화와 인권운동에 적극 참여하여 한국 민주화에 큰 업적을 남겼다.

생몰연도
내한/이한

	1860	1870	1880	1890	1900	1910	1920	1930	1940	1950	1960	1970	1980	내한
쿠퍼 1868-1987						1908-1957								40세
말스베리 1898-1977								1929-1977						30세

제4장

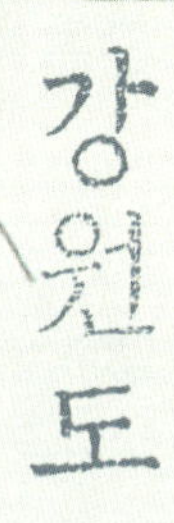

강원도

강원도 Timeline

연도	원산	춘천	철원
	미남감리회		
1894			
1895		*리드 내한	
1897		리드, 나봉식 정동렬 춘천 파견	
1898		✝ 춘천중앙감리교회	✝ 김화교회
1900	원산 선교지부		
1901			✝ 지경터교회
1904		춘천 선교지부	
1905			✝ 철원제일교회
1907			
1908	*쿠퍼 내한		
1909	엘리스 콥 성경학교		
1910			
1913			
1917			
1919			
1930	미북감리회 미남감리회 합동		
1937			
1941			
1942	선교사 강제 출국 조취		
1954			

✝ 교회 학교 병원

영동지방	원주		시대배경
미남감리회	미북감리회	미북장로회	
			청일전쟁
			의화단 운동
✝ 고성감리교회			
✝ 양양감리교회			
✝ 강릉중앙교회			
			러일전쟁
	원주 선교지부		
	✝ 원주제일감리교회		
		원주 선교지부	
	원주 선교지부		
✝ 양양현남교회			한일합병
✝ 주문진교회			
	✝ 서미감교회		
✝ 속초감리교회			
			3.1운동
미북감리회 미남감리회 합동			
			중일전쟁
			태평양전쟁
선교사 강제 출국 조치			
		말스베리, 홍천 제이드병원 인수	

내한/이한 1908/1957

Sallie K. Cooper

쿠퍼

거포계

1886-1987

미국 MS

루씨여학교

보혜여자성경학교

속초감리교회를 방문한 쿠퍼

마르다 신학교 교수와 학생

쿠퍼 선교 45주년 기념 예배

쿠퍼와 주일학교

| 22세의 당찬 여성, 강원도를 안다 |

샐리 쿠퍼는 미국 조지아주 더글라스빌에서 침례교인 아버지 토마스 쿠퍼Thomas Cooper와 감리교인 어머니 사이에서 태어났다. 1903년 6월 조지아주에 있는 웨슬리안대학Wesleyan University을 졸업하고, 교사로 가르치다 국내외 선교사들을 많이 배출한 스카릿 신학교Scorrit Seminary에 입학했다. 1908년 6월 25일 뉴올리언스에서 열린 남감리회 해외여선교회에서 평신도 선교사로 한국에 파송을 받은 쿠퍼는 이미 원산 선교사 마이어스Mamie D. Myers를 통해 한국 교회에 대한 이야기를 들었고, 원산 감리회와 캐나다 선교사들의 연합 부흥회 등도 알고 있었다.

노년의 쿠퍼

1908년 스카릿 신학교를 졸업하고 22세의 젊은 나이에 부산항에 도착한 쿠퍼는 배편으로 원산으로 이동해 30평생을 교육과 전도활동에 헌신했다. 1875년 한국의 개항을 요구하면서 일본이 일으킨 운요호사건으로 1876년에 인천, 부산, 원산항이 개항되어 1880년에 자유항이 되었다. 그래서 외국인들과 선교사들이 비교적 쉽게 원산항에 들어올 수 있었다.

1930년 한국의 남-북감리교회가 합동하고, 1931년 6월 이를 기념해 제1회 조선감리회 연합연회가 열렸을 때 쿠퍼를 포함한 14명의 여선교사들이 목사 안수를 받았다. 쿠퍼에게 안수를 준 사람은 당시 한국감리교회에서 영향력이 크던 양주삼 총리사였다. 이후 쿠퍼는 강릉지방 감리사로 취임해 강원도 곳곳의 교회를 돌보았다.

쿠퍼는 70세가 되어 은퇴할 때까지 평생 독신으로 원산에서 강원도를 수없이 오가며 끝까지 한국인을 섬겼다. 그리고 1938년 9월 24일 쿠퍼의 한국 선교 30주년 기념식을 6백여 명의 성도들과 함께 원산중앙교회에서 열어 그녀의 노고를 위로했다.

한국을 위해 수고와 헌신을 아끼지 않던 쿠퍼 선교사는 강압적인 일본의 탄압으로 1940년 11월 23일 한국을 떠났다. 그렇지만 강인한 쿠퍼는 1941년 가을 55세의 나이에 미국 하트포드신학교에 신학공부를 시작하고, 1942년 9월부터는 뉴멕시코 알부컬크에 있는 감리교계 여학교에서 교편을 잡기도 했다.

한국이 해방을 맞이하자 1947년 쿠퍼는 한국을 다시 찾아 이천읍 양정여학교의 이사로 활동하였고, 한국전쟁으로 일시적으로 일본에 머물다가 1953년 다시 내한하여 대전신학교에서 교수로 활동하다가 1957년 귀국하였다.

| 강원 기독교의 어머니 |

1908년 10월 한국에 도착해 원산에 머물며 2년간 한국어를 익힌 쿠퍼는 1910년 여름에 당시 남감리교의 선교구역이던 강원도 영동지역으로 첫 선교여행을 떠났다. 특히 양양지방은 산악이 전 면적의 9할이나 되는 산악지역으로 대부분 길이 좁고 험준해 말이나 당나귀로 이동하기 어려웠다. 쿠퍼는 도보로 고성을 지나 양양과 속초 지역 등을 돌며 기독교인 가정을 심방하고 복음을 전했는데, 이때 신실하고 열심 많은 동고리 전도부

속초감리교회 교인들과 함께

인이 쿠퍼와 동행하며 그녀를 도왔다. 대부분의 남성 선교사에게 한국인 협력자인 어학 선생이나 전도인들이 있었듯이, 여성 선교사에게도 한국인 사역자의 동반은 필수적이었다. 쿠퍼는 새벽기도를 인도하고 낮에는 성경을 가르치고, 오후에는 심방을, 밤에는 설교하는 바쁜 일정을 보냈지만, 매일 아침 일찍 일어나 기도하고, "이날을 하나님과 함께 맞으리. 그는 해와 방패이시니, 그의 말씀을 읽고 그의 음성을 들으리."라는 시를 읽으며 하루를 준비했다.

쿠퍼는 원산에서 교육사업을 담당하면서도 학기가 없을 때에는 강원도 지역을 순회하며 전도활동을 벌였는데 예기치 못한 어려움이 많았다. 한번은 고성군 석사리 삽재라는 곳에 들려 어떤 믿는 과부의 집에서 전도하고 있었는데, 평소 기독교에 적대적이던 과부의 시아버지가 낫을 들고 쿠퍼를 위협하는 일이 벌어졌다. 다행히 쿠퍼는 부엌 뒤편으로 도망쳐 위험한 순간을 피할 수 있었다. 쿠퍼는 연약한 여성의 몸으로 강원도의 산골을 오르내리며 교회를 돌보다가 폐렴에 걸려 사경을 헤매기도 했고, 1921년에는 춘천의 여선교대회에 참석했다가 콜레라에 걸려 죽음의 문턱에 다다른 적도 있었다. 이처럼 어려운 순간에도 쿠퍼는 순회전도를 멈추지 않았고, 그 결과 1910년 강릉에 주문진교회와 양양에 현남교회가 설립되었고, 이후에 쿠퍼의 전도를 받은 이영학이 속초 감리교회[1927]를 세우는 등 그녀의 영향으로 여러 교회가 강원도에 세워졌다.

쿠퍼는 시골에 사는 여인들의 간절한 요구에 그들을 직접 찾아가 여성을 위한 성경반을 열기도 했다. 매년 3개월씩 5년 동안의 교과과정을 수료하면 증서를 수여했는데, 이 과정을 마친 이들이 각 교회에서 성경반을 책임지도록 했다. 1916년의 보고를 따르면 쿠퍼는 20번의 성경반을 개최했으며, 410명의 등록 여성을 가르치고 370 가정을 심방했다. 그녀는 또한 1932년부터는 만주 간도의 용정여자성경학원에서 여자교역자 양성에 매진하기도 했다.

| 원산에서의 교육 사업 |

쿠퍼는 특히 원산 여성들의 선교, 교육, 계몽사업에 힘썼는데, 처음에는 남감리회 여선교사 캐롤Arrena Caroll과 노울스Mary Knowles가 1903년에 설립한 루씨여학교에서 영어를 가르쳤다. 이후 본격적인 성경교육을 했는데, 제한된 인원으로 광활한 선교지를 담당하려면 전도부인 양성이 시급했기 때문이다. 1909년에는 집을 두 채 사서 신축해 성경학원을 설립하고, 재정지원을 한 콥의 이름을 따서 앨리스 콥 여자성경학원Alice Cobb Bible School이라고 이름을 붙였다.

보혜여자관

인원이 늘어나면서 학교는 1926년 다시 큰 건물을 짓고, 73명의 학생으로 공식 개교한 후 명칭을 보혜여자관으로 정했다. 3개월씩 5년 과정으로 교과 과목은 읽기, 쓰기, 중국어, 위생, 교회역사, 주일학교 운영, 성경 등이었고, 둘씩 짝을 지어 직접 가정을 방문하며 전도하는 실습도 포함되어 있었다. 1929년 4월 정규과정을 마친 제1회 졸업생을 배출한 이래 보혜여자관은 많은 여자 전도인들을 배출해 원산과 주변지역에 복음이 전파되는 데에 기여 했다. 보혜여자관 설립과 함께 교장에 임명된 쿠퍼는 부녀자들에게 영어, 재봉, 요리 등을 가르치고 어린이를 위한 탁아소를 설치했으며, 자신이 한국을 떠날 때까지 여성 교육에 힘을 쏟았다.

| 65세 생일 때 맞은 전쟁이라는 밥상 |

1940년에 한국을 떠났다가 1947년 다시 한국에 들어온 쿠퍼는 소련의 통제하에 있는 원산에 돌아갈 수 없었지만, 동료 선교사 안나 채핀Anna Chaffin과 함께 서울에서 성경학교를 개교했다. 한편, 쿠퍼는 공산군을 피해 남으로 온 사람들을 모아 여성들로 구국 기도단을 만들었다. 동시에 서울, 수원, 인천 지역의 교회들을 방문해 성경을 가르치고 구호물자를 나누어 줬으며 경기도 이천의 양정여학교 이사로 봉사하였다. 쿠퍼는 학교를 자주 방문해 필요한 학습기재와 물품을 지원하였다.

1950년 6월 25일 쿠퍼의 65번째 생일에, 한국전쟁이 발발하자 인천항에서 비료를 하적하는 선박을 타고 급히 일본으로 대피하였다. 일본에서도 한인교회를 돌보며 설교사역을 하다가 1953년 다시 한국으로 들어와 대전 신학원에서 교수로 가르치다가 1957년 은퇴하여 귀국했으며, 1978년 소천했다.

내한/이한 1929/1977

Dwight R. Malsbary

말스베리 마두원

1899–1977

미국 NP

숭실음악대

안익태

김동진

김애자

백건우

김치선

칼 매킨타이어

말스베리 부부

드와이트 말스베리는 1898년 5월 22일 미국 캘리포니아 주에 있는 스톡턴Stockton에서 9남매의 일곱째로 태어났다. 프레스노Fresno로 이주해 어린 시절을 보냈으며, 1922년 1월 9일 폴린Pauline S. Malsbary, 마포린과 결혼하였다. 1924년에 미국 시카고 셔우드 음악대학Sherwood Conservatory in Chicago을 졸업하고 대학을 졸업한 후에는 이에 만족하지 않고 대학원에 진학해서 계속 음악공부를 했다. 그는 1926년부터 셔우드 음악대학에 재직하면서 음대 대학부 학생들에게 음악 기초를 강의하고, 셔우드 음대 오케스트라와 학회지의 자문위원으로 활동했다. 말스베리는 시카고 시세로Cicero 교회의 맥카렐 목사의 영향으로 선교사의 꿈을 꾸다가 숭실학교의 요청으로 1929년 미국 북장로회의 파송을 받아 한국에 입국하였다.

| 평양 거리의 음악선교사 |

말스베리는 1929년 10월 24일 평양에 도착하였다. 평양에 도착한 말스베리는 숭실대에서 음악 전문교수로 활동하며, 음악이론과 함께 학생들에게 모든 악기의 근본인 피아노 교육을 철저히 했다. 시카고 셔우드 음대에서 배운 다양한 음악 교과목을 숭실대학교에 접목해 학생들을 지도하면서 숭실대 학생들의 실력은 하루가 다르게 향상되었다.

말스베리는 숭실의 음악대인 실내 오케스트라단과 야외 브라스 밴드부 교육을 시작하였다. 그동안 음악대는 음악이론을 근거로 하는 제대로 된 교육을 받지 못했기 때문에 연주에 힘은 있었지만, 기교와 기초연주력이 부족하였다. 따라서 말스베리는 학생들에게 세련된 악기 연주법을 비롯한 음악의 이론과 실기를 하나하나 가르쳐 나갔다. 이렇게 말스베리를 통해 실력이 향상된 음악대는 숭실대 전도대와 동행하며 공연을 하였다. 전도대는 음악 공연 전이나 후에 객석의 관객들에게 복음을 전했고, 음악으로 이미 마음이 열린 관객들에게 훨씬 더 효과적으로 예수를 전할 수 있었다. 말스베리가 음악을 통해 복음을 전하고 길러 낸 수많은 제자 중에는 가곡 '가고파'와 '목련화'를 작곡한 김동진, 전 연세대 음악대학장 박태준, '한국 환상곡'을 작곡한 안익태, 피아니스트 한동일, 백건우, 김애자 등이 있다.

말스베리는 한국인과 함께 일하기를 원했고 즐겼다. 그래서 그는 한국인들과 힘을 합쳐 선교부와는 독립적인 전도지를 만들었는데, 그가 영어로 쓴 내용을 한국인 동역자들이 번역하여 전도지를 완성하기도 했다. 말스베리는 주일 오후마다 평양시 거리로 나가 좁은 길을 다니며 전도지를 나누어 주었다. 그는 한국 사람들을 만나면 한국어로 성경 구절을 암송하기도 하고, 대화를 나누기도 하면서 전도에 열심을 내었다.

말스베리가 조직한 숭실 밴드

또한 그는 자신이 가르치는 음악대 학생들에게도 전도훈련을 시켰다. 말스베리는 음악대 학생들을 데리고 평양 시내로 나가 전도하였다. 처음에는 전도지 배포에 흥미를 느끼지 못하고, 불평을 늘어놓던 학생들도 어느 순간 전도지 배포에 흥미를 느끼고, 나아가 전도에 자신감도 갖게 되었다. 이렇게 시간이 흘러서 매주 주일 오후에 십 수명의 숭실대, 숭실중, 숭의 여학생들이 모여서 정기적으로 전도하는 프로그램도 생기게 되었다. 이런 말스베리의 노력과 전도 훈련을 통해 많은 사람이 복음을 듣고 예수를 믿게 되었다.

| 보수적 신학을 가르친 교육자 |

일본이 황국신민화 정책의 하나로 실시한 신사참배 강요로 인해 이에 반대했던 숭실전문학교를 포함한 일명 평양의 3숭 학교들은 폐교하게 되었다. 일본의 횡포가 심해진 1936년 그는 평양 숭실전문학교를 그만두고 일제의 감시를 피해 자기 집에서 학생들과 기도회를 하며 학생들의 신앙의 울타리가 되어 주었다. 이때 함께 한 이들이 한국교계의 지도자로 활동한 영등포교회 방지일 원로목사, 합동신학대학원대학교 설립자 박윤선 목사, 성서대 설립자 강태국 목사 등이다. 1940년에 귀국한 말스베리는 일리노이주 시세로시에서 목회를 하고, 캐나다 프레이리Prairie 성서학원에서 평양의 문화와 한국학을 가르쳤다.

말스베리는 미국으로 돌아간 후, 한국에서 사역하는 동안 느꼈던 신학적 지식의 부족함을 채우고자 하였다. 그래서 그는 페이스 신학대학원Faith Theological Seminary에서 박사 과정을 이수했다. 그렇게 음악 선교사 겸 목사로 한국으로 다시 입국할 때를 기다리던 말스베리는 제2차 세계대전이 끝난 후, 칼 매킨타이어Carl McIntyre의 권유로 다시 한국 선교를 준비하여 한국을 떠난 지 8년 만인 1948년 한국에 다시 돌아오게 되었다.

38선으로 인해서 평양으로 갈 수 없었던 말스베리는 이후에는 주로 부산에서 활동했다. 그는 부산에서 구호사업을 하면서 평양에서처럼 한국인들에게 음악교육을 하고자 하였으며, 교회개척을 시작하였다. 그는 먼저 주일학교를 세워 아이들을 모았다. 아이들을 모으기 위해 일본 선교부에서 선물로 보내온 부엉이 시계를 이용하기도 하였다. 그러면서 점차 많은 수의 아이가 모이기 시작했다. 그렇게 많은 수의 아이를 모아놓고 보니, 상당수의 아이들이 가난 때문에 학교 교육을 받지 못하고 있음을 알게 되었다. 그래서 그는 부산에서 학교 사역을 시작하게 되었다.

1948년 11월 초에 시작한 학교는 영어와 음악 등 여러 과목을 가르치는 고려성경고등학교였으며, 이 학교는 한국 목사들이 관리하며 학생들을 지도했다. 처음 30여 명이었던 학생이 나중에 300여 명으로 늘어날 정도로 몰려 들었고, 교사들은 이 학생들에게 열심히 공부를 가르쳤다.

1948년 4월부터는 부산의 고려신학교(고신대학교)에서 구약개론과 신약개론 등을 강의하면서, 고신 교단과의 인연은 더욱 깊어졌다. 1961년에는 김치선과 함께 예장 대신 교단의 전신인 "예수교장로교 성경장로회"를 세웠고, 이후 고려신학교와 안양대학을 지속적으로 도왔다. 그러던 중 말스베리는 성경장로교가 분립하면서 대한신학교 학장 김치선과 새로운 신학교를 만들어야겠다고 생각했다. 그는 서울에 신학교를 세워서 많은 교역자를 양성해야겠다고 판단하고, 미국 성경장로교 신학대학원과 같은 명칭의 페이스 신학교를 서울 시내 상가 2층에서 시작하였다.

| 강원 산골에 복음을 전한 정통보수주의 목회자 |

부활주일 학생들과 함께(1950)

한국전쟁 때 미8군이 강원도 속초, 홍촌, 두촌 등에 세운 야전병원은 전쟁이 끝나자 강원도 일대 주민을 진료하고 약품과 원조물품을 배포하는 장소로 사용되었다. 휴전 후 동부전선이 안정되자 미8군은 말스베리에게 속초, 홍천, 두촌의 병원을 운영해 줄 것을 부탁했다. 그는 1954년부터 이 병원들을 인수해 운영하였다. 특히 두촌에 있는 병원은 한국전쟁 당시 병원부대의 호출 코드명이 제이드JADE였기 때문에 제이드병원으로 불렸는데, 수술실과 응

급실, 그리고 엑스레이를 갖추고 있었고, 군의관과 간호장교 숙소를 비롯해 한국인 부상자들을 위한 입원병동 주택을 세 동이나 가진 큰 병원이었다. 제이드 병원 앞쪽에는 두촌교회가 세워져 있었는데 교인이 적고 담당 교역자가 없는 것을 알게 된 말스베리는 부산에서 시무하는 김성언 목사를 불러 두촌교회 담임목사로 삼고 낡은 건물을 새롭게 단장했다.

제이드병원과 두촌교회를 강원도의 영적 기지로 삼은 말스베리는 서울에서 4-5시간 걸리는 강원도 지역을 미군이 제공하는 지프나 헬리콥터로 오가며 병원사역과 전도, 교육사업을 전개해 나갔다. 그리고 60년대 후반부터는 제이드병원에 임시 거처를 두고 강원도 사역에 집중하였다. 말스베리는 교회가 없는 홍천 지역을 돌며 원동교회, 희망교회, 결운교회, 장남교회 등을 개척하고, 본인이 가르친 제자를 보내 교회를 이끌어 나가도록 했다. 또한, 건물이 없는 교회의 건축을 돕고, 운영 자금이 없는 교회에는 필요한 자금을 아낌없이 지원했다.

말스베리의 열정은 강원도 각 산간 마을로 이어졌다. 강원도는 산간지역으로 다른 곳에 비해 화전민이 많았는데 그는 이들을 일일이 찾아다니며 생활이 어려운 그들에게 구호물품과 의약품을 나누어 주었다. 그뿐만 아니라 말스베리는 화전민이 병원을 찾으면 돈을 받지 않고 무료로 환자를 입원시키고 약을 제공해 주었다. 이는 마치 한국의 슈바이처란 별명을 가진 장기려 박사를 떠올리게 한다. 말스베리는 강원도 산간지역의 청소년들을 위해 두촌에 페이스 성경고등학교를 세워 학생들을 돌보는 데에도 힘을 쏟았다.

한국을 사랑하고, 한국교회를 사랑했던 말스베리는 1977년 7월 28일 강원도 두촌 선교지부로 선교회의를 하러 가던 길에 교통사고를 당해 하나님의 부르심을 받았다. 1977년 8월 3일 서울 대조동에 있는 성결교 신학교 강당에서 장례식이 거행되었고, 경기도 일산 기독교 공원묘지에 안장되었다.

생몰연도

내한/이한

	1860	1870	1880	1890	1900	1910	1920	1930	1940	1950	1960	1970	1980	내한
밀러 1866-1937					1892-1937									26세
사우어 1891-1972							1921-1962							30세
쇼 1890-1967							1921-1961							31세

제5장

충청도

충청도 Timeline

연도	강경	공주		청주
	침례교	침례교	미북감리회	미북장로회
1889	✝ 강경침례교회			
1892				*밀러 내한
1896		✝ 공주침례교회		
1898				
1901			**공주 선교지부**	
1904				✝ 청주제일교회
				청남학교
				청신여학교
1905			영명여학교	**청주 선교지부**
1907			영명학교	
1910				
1917				소민병원
1919				
1930				
1937				
1941				
1942	선교사 강제 출국 조치			
1954				
1956				

교회 학교 병원

천안	대전		시대배경
미북감리회	미북감리회	미남장로회	
*스웨러 내한			
			러일전쟁
			한일합병
			3.1운동
			미북감리회 미남감리회 합동
			중일전쟁
			태평양전쟁
선교사 강제 출국 조치			
	목원대학교		
		한남대학교	

내한/이한 1892/1937

Frederick S. Miller

민로아

1866~1937

미국 NP

충청도

청남학교

공중 나는 새를 보라

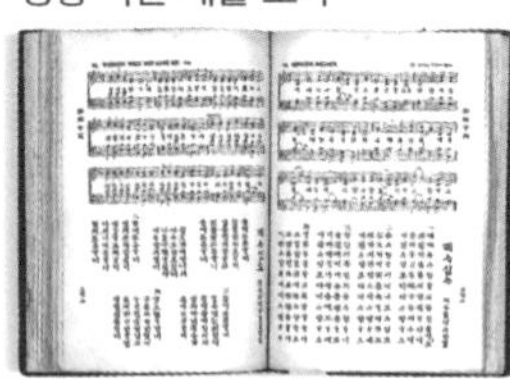

전도지

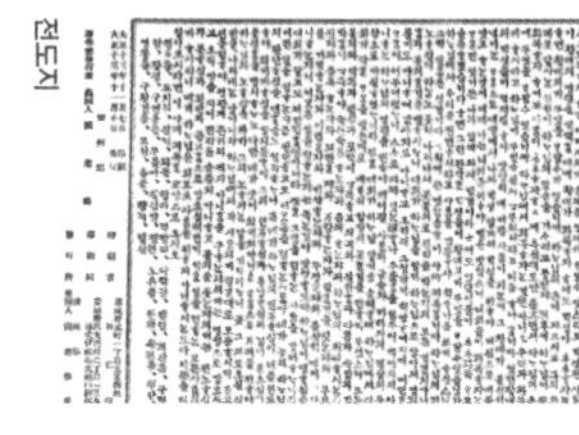

청주제일교회

청주양관

| 미국 동부 출신이 진정한 청주사람이 되다 |

청주선교의 아버지 프레데릭 밀러는 1866년 12월 10일 미국 펜실베니아에서 태어나 피츠버그대학Pittsburgh University(1889)과 뉴욕 유니언신학교Union Theological Seminary(1892)에서 공부했다. 그는 1892년 11월 15일 부인과 함께 미국북장로회 소속 선교사로 한국에 들어왔는데, 한국에 발을 딛자마자 1893년 서울 예수교학당을 맡아 학생들을 가르쳤고 동시에 서울을 시작으로 황해도와 충청도 지역의 순회전도에 힘썼다.

밀러는 1904년 청주 선교지부로 옮겨와 충북 청주 지역에서 32년간 섬기며 복음을 전했다. 1936년 은퇴 후에 필리핀과 중국을 여행하고 다시 청주로 와서, 1937년 10월 6일 소천했다. 충북 노회는 한국선교 100주년을 기념하여 1984년 일신여고 양관 옆에 그의 묘비를 비롯해 청주 초기 선교사들의 비를 세웠다. 머나먼 미국 동부 끝에서 온 밀러는 진정한 청주사람이 되었다.

청주 선교사들의 기념비

| 열정적 서울 사역과 가족의 비극 |

미국 북장로회 선교사로 서울에 온 밀러는 한국어 공부를 하면서도 교육선교 사역, 성서번역 사역, 문서전도 사역, 순회전도 사역을 병행했다. 1893

민로아학당

년 1월 원래 언더우드가 시작한 서울 예수교학당(이후 경신학교)의 장을 맡아 학교 이름을 "민로아학당"이라 하고, 1897년 선교회의 결의로 문을 닫게 될 때까지 5년간 학교를 이끌었다. 이때 밀러는 보통반과 특별반 제도를 도입해 실용적인 교육을 시행하고, 자신의 교육 방침에 따라 학교를 운영하였다. 평양 태생인 기독교 민족 지도자 도산 안창호가 예수를 믿게 된 것도 이 무렵 민로아학당에서였다.

자신이 많은 시간을 보낸 청주 선교지부로 이전하기 직전까지 밀러는 서울을 시작으로 평안도와 충청도, 강원도에 이르는 광범위한 지역을 오가며 순회전도사역에 힘썼다. 서울 연못골 일대에서 조사 김흥경과 전도를 하면서 연동교회를 설립하는데 초석을 놓았고, 1894년 전도자 서상직, 이원서 등과 함께 경기도 용인군의 최초의 교회인 갓골교회, 지금의 백봉리교회를 설립했다.

1894년 밀러는 현재의 양화진 묘역 주변에 언더우드와 에비슨 등과 함께 공동으로 별장용지를 구입해 각기 방갈로를 짓고 여름을 지내곤 했다. 그런데 그는 청주선교지로 옮겨오기 전에 안타깝게도 두 아들을 잃었다. 첫 아이는 생후 8개월 만에 사망했고1899, 두 번째 아이도 출생한 지 하루 만에 세상을 떠났다1902. 이로 인한 충격으로 그의 아내 안나마저 1903년 세상을 떠났는데, 불행은 한꺼번에 몰려온다는 속담이 그에게만은 사실인 듯했다.

그렇지만 이제 막 시작된 청주 선교를 위해 밀러는 슬픔을 뒤로하고 서울 지역을 떠나 청주로 자리를 옮겼다. 하나님이 주신 소명의 힘은 그렇게 컸다. 밀러는 1904년 제3대 정동여학당, 이후 정신여학교의 제3대 교장으로 일하던 도티Susan A. Doty와 재혼했으며, 1931년 도티가 다시 세상을 떠나자 정신여학교 교사였던 딘Dean M. Lillian과 세 번째로 결혼했다.

| 청주 선교의 아버지, 청주제일교회 설립자 |

1890년대 후반부터 경기도 남부지역에서 활발히 순회 전도를 하던 밀러는 1900년 김흥경과 함께 청주 장터를 방문했다. 청주에는 신대리에 사는 오천보 등의 행상인을 중심으로 기독교 공동체가 형성되어 있었다. 오천보는 경기도 죽산군 둔병리에서 열린 사경회에 참석했다가 예수를 믿기로 작정하고 나루터 근처 주막을 빌려 예배를 드리고 있었다. 전도여행을 마친 밀러는 이 소식을 접하고 신대리에 조사 이찬규를 파견해 교인을 지도하게 했는데, 그 결과 16명의 학습교인이 등록했고, 오천보의 집에 예배처소가 세워졌다. 충청도 지역에서 선교사업이 크게 성장할 것을 전망한 밀러는 1904년부터 선교부지를 매입하고 이듬해 새로 결혼한 도티와 함께 청주에 와서 본격적인 충청지역 선교에 나섰다.

1904년 북장로회 청주 선교지부 설립을 위한 거점교회로서 밀러와 김흥경은 김원배, 방흥근, 이영균, 김재호, 이범준 등의 청년들을 중심으로 청주읍교회, 지금의 청주제일교회를 세웠는데, 이들 중 김원배와 방흥근은 민족운동가인 김태희 등과 함께 청주 최초의 근대적 사립학교인 청남학교를 세웠다.

청주제일교회

청주제일교회는 매우 유서 깊은 교회 설립의 역사를 가지고 있는데, 원래 청주제일교회가 위치한 터는 청주 영장, 즉 조선시대 각 진영의 으뜸 벼슬에 해당하는 곳의 관사와 죄인들을 가두는 옥사 자리로 조선 후기 많은 천주교 신자들이 고문과 박해를 받다 순교의 피눈물을 흘린 곳이다. 더욱이 흥미로운 사실은 청주 영장에 교회를 세운 밀러가 태어난 해는 1866년으로 천주교 교도가 대량 학살당한 병인박해가 일어난 해와 일치한다.

밀러기념관과 나란히 벽돌로 지어진 지금의 청주제일교회 벽돌건물은 청주지역에서 개신교 건축물로는 가장 오래된 것으로 1939-1941년 일제 치하에서 완성되었다.

| 청주 교육선교의 토대를 놓고 |

이처럼 의미 있는 이곳에서 밀러는 복음선교와 교육선교를 시작하였다. 밀러는 청주지역을 중심으로 충청도 지역에 식자층이 유달리 많은 것을 파악했는데, 이런 지역민들의 배움에 대한 열정과 교육열은 밀러의 선교사역을 풍성하게 하는 데 결정적이었다.

우선 그는 청주를 중심으로 동서남북에 교회를 세우고, 교회 안에 기독교 학교를 설립했다. 청천교회에 청동학교, 신대리교회에 청서학교, 청주읍교회에 청남학교와 청신여학교, 묵방교회에 청북학교, 괴산읍교회에 곽신여학교를 세워 남학교 4개, 여학교 2개 총 6개의 근대적 교육기관을 세웠다.

특히 1907년 밀러의 두 번째 부인 도티가 사택 근처의 한옥에서 13명의 아이를 모아 성경을 가르치며 청신여학교를 시작하였다. 도티는 정동여학당에서의 경험을 바탕으로 청주지역의 여성교육을 26년간 이끌었다. 후에 청신여학교가 청남학교와 병합해 청주청남초등학교가 현재 그 명맥을 유지하고 있다.

청남학교 아이들

| 소책자와 전도지의 사도 민로아, "공중 나는 새를 보라" |

밀러는 한국에서 사역하는 동안 40여 종의 저서를 남겼는데, 본인이 만든 소책자와 전도지를 권서인을 통해 배포하는데 일조하였다. 밀러는 전도지를 제작하고 나누어 주면서 "최소한 한 영혼이라도 이 전도지를 통해 구원을 받게 해주십시오."라고 하나님께 기도를 드렸다. 많은 사람이 오고 가는 장날에는 사역자들이 만장이 넘는 전도지를 배포하기도 했다.

밀러는 매년 네 가지 종류의 새로운 전도지를 개발했는데, 그것을 받는 사람에게 자극을 주려는 것이었다. 전도지를 나누어 줄 때 대부분의 사람은 "그것은 읽어본 것이오." 하면서 거절을 했지만, "이것은 막 새로 나온 것입니다."라고 하면 그는 전도지를 받았다고 한다. 밀러를 도운 대표적인 권서인은 김성호와 김화복인데, 밀러의 기록에 의하면 권서인들은 하루 평균 10-12km를 걷고, 평균 13-15명을 접촉했으며, 평균 2-3권 이상의 성서를 팔았다. 선교사의 열정과 한국 토착 권서인들의 헌신이 한국교회의 토대를 만든 것이다.

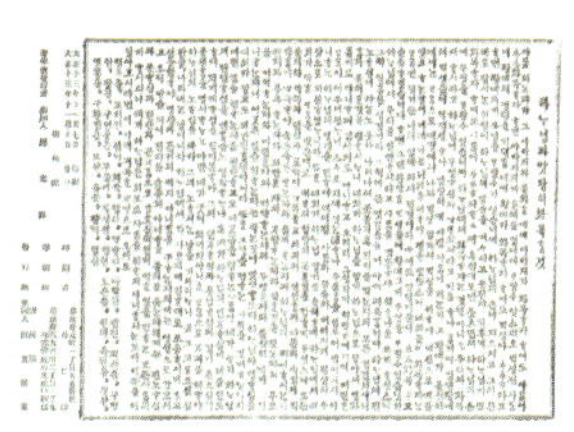
밀러가 제작한 전도지

밀러는 찬송가편찬에 관심이 많아 틈틈이 찬송가를 직접 작사하였고, 1902년에는 '통합공의회 찬송가위원회' 위원으로 활동했다. 1905년에 발간된 장로교 공인 찬송가인 《찬셩시》에는 밀러의 찬송가가 26편이나 수록되었고, 2007년 《새 찬송가》에는 그의 찬송 5편이 수록되어 있다. 96장 "예수님은 누구신가", 204장 "주의 말씀 듣고서", 427장 "맘 가난한 사람", 451장 "예수 영광 버리사", 588장 "공중 나는 새를 보라" 이상의 곡은 모두 밀러의 한국어 창작 찬송가이다.

민로아 기념관

| 청주 양관 민로아기념관 Miller Memorial Building |

청주 일신여중고와 그 주변에는 밀러 선교사가 거주하던 집을 포함해 선교사들이 지은 건물 6채가 문화재로 지정되어 보존되고 있다. 이곳은 밀러와 카긴

Edwin H. Kagin, 계군 등 북장로회 선교사들이 탑동 야산을 26원에 사서 나무를 베어내고 1906년부터 건물을 지으면서 자리를 잡은 것이다. 1932년까지 25년간 무려 5만여 평의 땅에 붉은 벽돌을 쌓고 기와를 얹어 서양식과 한식을 복합한 서양식 건물, 일명 '양관건물'을 세웠다. 여기에 선교사 사택, 선교본부, 병원, 성경학교 등을 건축해 선교뿐만이 아니라 의료 봉사의 본거지로 사용했다.

양관은 충북지역의 역사적 애환과도 연결되어 있다. 청주 선교지부는 1906년 충북지역 대홍수에 탑동언덕으로 피신한 이재민 200여 명에게 관사와 부속건물을 내주고 먹을 것을 주어 위로했다. 한국전쟁 때 이곳은 인민군 야전병원으로, 청주제일교회는 인민군 사무실로 이용되었는데, 현재에도 청주제일교회 외벽에 총탄 자국이 선명하게 남아 있다.

이 양관 건축물을 통해 우리는 밀러의 탁월한 문화적 절충을 볼 수 있는데, 그는 건물마다 외관은 한국식으로 보이게 했고, 내부는 미국인 생활에 익숙하게 지었다. 또한, 자신의 선교 의지를 보여주듯, 건축하는 과정에서 종교적 상징미를 곳곳에 삽입했다. 선교부 주택의 초석들은 천주교인들이 고문을 받고 순교했던 청주 감옥의 석재를 가져다 사용했는데, 밀러는 그 기반 위에 선교지부를 세운다는 확신을 했던 것이다. 늘 출입하는 현관문의 디딤돌은 감옥의 인방돌을 옮겨 만들고, 기와와 벽돌은 선교부 구내에 있는 질 높은 점토를 사용했다. 목재는 북한산 나무를 인천에서 하역해 조치원까지 철도로 운반하고, 이후 등짐지기를 이용해 조치원에서 청주 선교지부까지 운반했다. 가히 밀러의 깊은 정성이 깃들여진 건물들이었다.

민로아기념관은 1911년 지하 1층, 지상 2층의 붉은 벽돌 건물로 지어져 밀러가 사용하다가 일제 말기와 해방 후에는 디캠프Edward O. DeCamp, 감의도, 스펜서Kelmore W. Spencer, 서길모, 램프Henry W. Lampe, 남행리 선교사가 거주하였고, 현재는 일신여학교의 독서실로 사용하고 있다. 탑동에는 민로아기념관을 포함해 총 6동의 양관이 일신여중고 안(4채)과, 학교 밖(2채)에 있다.

1921년부터 1940년까지 18년간 청주에서 사역하였던 솔타우T. S. Soltau, 소열도가 살았던 소열도기념관, 청주, 보은, 옥천, 영동 등지를 순회하며 선교 활동을 하다 1926년에 장티푸스로 죽은 퍼디Jason G. Purdy, 부례선를 기념하기 위해 세워진 퍼디성경학교, 미국 시카고에 있던 포사이드H. M. Forsyth 부부가 헌금을 해서 1906년에 지은 건물로 처음 밀러 가족이 살았던 포사이드 기념관, 소민병원 원장 로우De Witt Lowe, 노두의 선교사의 사택으로 이용되었던 노두의 기념관, 백성을 살린다는 뜻의 '소민병원'蘇民病院으로 불리던 던컨기념병원은 당시 선교사의 헌신과 활동을 짐작하게 해준다.

청주선교의 아버지 밀러는 자신이 직접 작사하고 즐겨부른 찬송가의 가사처럼 살고 갔던 것이다.

1. 주의 말씀 듣고서 준행하는 자는 반석 위에 터 닦고 집을 지음 같아
   비가 오고 물나며 바람 부딪쳐도 반석 위에 세운 집 무너지지 않네
2. 주의 말씀 듣고서 행치 않는 자는 모래 위에 터 닦고 집을 지음 같아
   비가 오고 물나며 바람 부딪칠 때 모래 위에 세운 집 크게 무너지네
3. 세상 모든 사람들 집을 짓는 자니 반석 위에 아니면 모래 위에 짓네
   우리 구주 오셔서 지은 상을 줄때 세운 공로 따라서 영영 상별 주리

후렴: 잘 짓고 잘 짓세 우리집 잘 짓 세
　　　만세 반석 위에다 우리집 잘 짓세

내한/이한 1921/1962

Charles A. Sauer

사우어 사월

1891-1972

미국 M

공주 선교지부

숭덕학교

영명학교

마포성광교회

감리교생활

성광모자원

영명학교 100주년 기념탑

| 평북 영변 - 충남 공주에서의 교육 선교 |

미국 오하이오주에서 1891년에 태어난 찰스 사우어는 웨슬리안 대학교를 졸업했고, 픽아웨이 카운티 고등학교 교장으로 일했다. 제1차 세계대전 당시 정훈장교로 복무한 후, 1920년 마가리트Margurite S. Sauer와 결혼했다. 감리회 선교사 노블의 권유로 1921년 9월 1일 부인과 함께 내한했다.

사우어가 처음 사역을 시작한 곳은 평안북도 영변이다. 그는 모리스Charles D. Morris가 설립한 숭덕남학교 교장을 역임하고, 숭덕여학교와 유치원을 돌보았다. 특별히 새로운 건물과 시설을 위해 모금 계획을 적극 추진하여 연회와 지역 유지로부터 3만 엔을 기부받아 숭덕학교를 발전시켰다.

1928년 안식년을 맞아 오하이오 주립대학교 대학원에서 석사학위를 취득한 후 한국에 돌아온 그는 1932년 충남 공주에 있는 영명실수학교(현, 영명중고등학교)에서 3년간 일을 했다. 영명학교는 1906년 윌리엄스Frank E. C. Williams, 우리암가 윤성렬과 함께 공주시 중동에 설립했으며, 1928년부터 감리교 농촌사업위원회 위원장을 맡아 농촌운동을 지도한 윌리엄스가 정규 농업학교의 필요성을 느껴 1932년부터 실업학교로 전환한 것이다. 이때 사우어는 영명실수학교의 회계 겸 교사로 파송되어 윌리엄스를 도왔다.

사우어는 특별히 농민 소득을 향상하는 일에 적극적으로 나섰다. 그는 일요일 오전에는 예배를 드리고, 오후에는 농촌 계몽운동을 했으며, 우유를 짜기 전 성경을 한 장 읽고 씨를 뿌리기 전에 찬송가를 불렀다. 그는 양봉통을 직접 가지고 다녔고, 가축 예방주사를 직접 놓았으며, 양철통이나 장롱 등 가구와 집도 직접 짓는 등 성실하고 다재다능했다. 1935년 사우어는 공주에서의 실수교육 상황을 미국 선교부에 다음과 같이 보고했다.

농사 실습하는 영명실수학교 학생들

> "공주지역에 거주하는 135만 명의 주민은 일 년에 우유 한 컵도 채 못 마시는 실정에 있어 실수교육이 필요합니다. 학생들은 오전에는 소, 닭, 토끼, 양, 꿀벌들을 어떻게 기르며 무엇을 먹이는지를 교육 받고, 오후 1시 30분부터 4시 30분까지는 아침 시간에 배운 이론의 원칙에 따라 가축에게 먹이를 주는 실습을 합니다. 학생들은 자신들의 벌통을 만들고, 닭장도 짓고 우물도 팝니다. 이렇게 해서 일 년 내내 농가의 소득을 높이는 방법을 계속하여 교육하고 있습니다."

흥미롭게도 이때 사우어의 실수교육을 받은 학생 중에는 사우어의 둘째 아들로 대를 이어 한국에서 선교사역을 한 로버트 사우어Robert G. Sauer가 있었다. 그는 아버지의 뒤를 이어 영명학교 교사와 이사로 일하였다.

| 감리교 총리원 회계 |

두 번째 안식년을 마치고 한국에 온 사우어는 1937년부터 감리교 총리원 중앙협의회의 회계로 활동했다. 일제의 압력으로 선교사들이 본국으로 돌아갈 때에도 사우어는 재산관리를 위해 끝까지 한국에 남아 있었다. 그러나 선교본부의 '선교사 철수 방침'에 따라 1941년 8월 말 무어 2세John Z. Moore II, 문요한와 함께 한국을 떠났다. 미국에 돌아간 사우어는 제2차 세계대전에 참전했다가 오하이오 주 서부연합감리교회에서 목회 활동을 했다.

1949년 11월 한국을 다시 찾은 사우어는 총리원 회계직을 맡아 중요한 일들을 처리했다. 먼저 일제 말기 추방당할 때 빼앗긴 재산을 되찾는 데 힘을 쏟았고, 한국전쟁 이후에는 미국 감리교회로부터 오는 전후 복구비와 구제비를 관리했다. 1951년에는 특별위원으로 선정되어 한국전쟁으로 피해를 입은 평신도들의 사업복구를 위한 특별 자금 1만 달러를 관리했다.

사우어는 언제나 최소의 생활비로 살았고, 사업비와 구제비를 잘 사용해 주변 사람을 도왔다. 그는 회계직에 있으면서 전쟁 미망인을 위한 성광모자원 사업을 적극 지원했고, 미국에서의 모금활동을 통해 한국교회 복구 사업에 커다란 공헌을 했다. 비록 눈에 띄는 활동은 아니지만 보이지 않는 곳에서 수고하였던 그의 노력으로 한국교회는 해방과 전쟁이라는 혼란한 시대적 상황 속에서 빠르게 복구될 수 있었다. 아쉽게도 성광모자원은 1982년에 철거되었다.

| 성광 모자원 |

사우어는 해외구제위원회 책임자로 파송받은 채핀Anna B. Chaffin과 함께 전쟁 미망인을 위한 모자원 사업과 고아원 및 양로원 사업을 지원했다. 모자원 사업은 감리교해외구제위원회Methodist Committee for Overseas Relief가 주체가 되어 서울 마포의 성광 모자원을 비롯해 전국에 22개의 모자원을 운영하고 있었다. 당시 남성 중심의 사회에서 전쟁미망인들은 생계를 이어가는 것이 어려웠고, 글을 모르는 여성들이 많았기 때문에 기본적인 사회활동에도 어려움이 컸다.

감리교 구제사업

사우어는 성광 모자원을 세우고 김노득을 원장으로 초빙해 모자원을 이끌도록 했다. 김노득은 《상록수》의 최용신과 함께 농촌여성운동에 헌신한 인물로 해방 후에는 서울에서 여선교회 재건과 피난민 구제 사업 등에 힘쓰던 중 사우어의 부름을 받은 것이다. 성광 모자원은 전쟁미망인들에게 주택을 제공하였고, 생계를 유지하기 위한 일터를 제공했다.

1957년 성광 모자원에서 시작된 성광교회 예배당이 건축된다는 소식을 들은 사우어는 안식년을 맞아 미국에 돌아가서 1만 달러를 모금해 예배당 건축기금으로 보냈다. 성광교회에서는 1962년 3월 25일 예배당 앞뜰에 '사우어 목사 사우어 부인 기념비'를 세웠다.

| 감리교 한국선교 50주년과 아빙돈 단권주석 |

1935년은 아펜젤러가 한국 땅을 밟은 이래 감리교회가 한국 선교를 시작한 지 50주년이 되는 해이다. 감리교회는 50주년 기념 위원회를 조직하고 대대적인 기념행사를 진행했으며, 이때 사우어는 선전위원장으로 선출되어 기념사업을 도왔다.

1934년 6월 19일 정동교회당에서 영어 기념식을 거행하고, 이후 이틀 동안 양주삼 총리사의 사회로 영어강연회가 열렸다. 이때 케이블, 노블, 하디, 스톡스, 무어 등의 선교사와 윤치호, 신흥우, 김활란 등의 강연이 이어졌는데, 영어 강연 내용을 사우어가 편집하여 1934년 *Within the Gate*로 출간했다. 1935년 4월 21일 부활주일에는 한국과 만주에 있는 모든 감리교회가 기념예배를 거행했으며, 이날 모금된 특별헌금은 선교 50주년 기념비를 세우는데 사용되었다.

《아빙돈 성경주석》

1934년 11월 16일 개신교 선교 50주년을 기념하여 국내 감리교와 장로교 신학자들이 《아빙돈 성경주석》The Abingdon Bible Commentary을 번역한 《단권 성경주석》을 출판했는데, 이때 사우어는 주석편찬 작업을 돕고, 특별히 〈요나서〉 번역을 책임졌다. 1930년 미국에서 출간된 《아빙돈 성경주석》은 교파를 초월한 성경학자 66명이 집필한 것으로 당시 영어권에서 일반화되었던 성서에 대한 역사 비판과 성서고고학의 내용을 일부 수용했다. 그런데《단권 성경주석》은 성경무오설의 전통적인 신학을 고수하던 한국내 장로교파 안에서 갈등을 야기하기도 했다.

1929년부터 *The Korea Mission Field*에 다수의 글을 집필했던 사우어는 1935년부터 1940년까지 이 잡지의 편집위원을 지냈고, 1949년부터는《다락방》의 한국어 편집 및 배포를 맡았다. 또한, 사우어는 감리회에서 출간되는 〈감리회보〉, 〈기독교교육 연구〉 등을 통합하여 1959년 1월호 〈감리교생활〉를 창간하였고, 편집위원으로 활동했다. 그는 *Within the Gate*1934와 *Methodists in Korea 1930-1960*1973 등의 귀중한 책을 남겼다.

해방 이후 다시 한국에 돌아온 그는 1949년에서 1958년까지 연세대학교 외국어학당장을 역임하였고, 1962년 70세로 은퇴하여 귀환한 후 1972년 9월 13일 미국 오하이오 애슐리Ashley에서 별세했다.

찰스 사우어의 둘째 아들 로버트 사우어는 1956년 감리교 선교사로 내한하여 연세대학교에서 광학을 강의하고, 부인 로이스Lois J. Sauer는 같은 학교에서 영문학을 가르쳤다. 그는 또한 배화여자중고등학교를 비롯하여 광성, 배재중고등학교, 공주에 있는 영명중고등학교, 서울외국인학교 등에서 이사로 활동하였고, 양화진외국인묘지의 보존과 관리운영을 총괄 집행하는 3인 위원회에도 임명되었다.

사우어는 1995년 미국에서 소천했으며, 양화진외국인 묘지에는 사우어가의 공적을 기리는 추모비가 건립되었다. 비문에는 사우어 부부와 로버트 사우어의 생존연대와 함께 "이분들은 한국 사람들을 사랑하여 2대에 걸쳐 그들의 생애를 한국에서 헌신한 선교라"라고 쓰여 있다.

사우어 가족 기념비

내한/이한 1921/1961

William E. Shaw

쇼 서위렴

1890-1967

미국 M

목원대학교 신학관 건물

한국전쟁시 군종과 병사

어뢰정에 승선한 윌리엄 해밀턴

윌리엄 쇼 가족묘

해밀턴 쇼 부자

해밀턴 쇼 동상

쇼의 가족

윌리암 쇼는 1916년 미국 오하이오 웨슬리안대학교Wesleyan University를 졸업하고, 1918년 제1차 세계대전 말기에 미국 육군 군목으로 유럽 전선에서 종군했다. 쇼는 1921년 콜롬비아대학원을 졸업하고, 감리회 한국 선교사로 내한했다. 평양에 온 쇼는 1894년 홀이 시작한 광성고등보통학교에서 1926년까지 교사로 일하고, 평북 영변 감리사로 영변, 만주, 해주 지방에서 활동을 했다. 그는 1932년 3월 신창 지방에서 목사로 활동하다 1938년 무어 2세와 평양 요한학교를 창설하여 관서 지방 교역자 양성에 힘썼다. 1941년 선교부의 귀환명령으로 본국으로 입국하여 모교인 웨슬리안대학교에서 신학부장을 역임했다. 1945년에는 필리핀에서 2년간 선교활동을 하였다.

평양 요한학교 개교식(1939)

| 한국군 군종제도 창설의 주역들 |

제1차 세계대전에 참전하여 군목으로 활동했던 윌리암 쇼는 1950년 한국전쟁이 발발하자 캐롤George Carroll 신부와 함께 6월 27일 일본에 건너갔다. 그는 극동사령부 군종과장 이반 베넷Ivan L. Bennett과 존 단John Dahn 신부를 만나 한국에 진주하는 미군에 참여할 것을 논의하고 8월 1일 미8군 군종부의 문관으로 부산에 도착했다. 쇼는 국방부 장관과 국무총리, 그리고 이승만 대통령을 만나 군종제도 창설을 건의하였고, 9월 13일 미 고문단을 만나 협조를 얻어냈다.

이에 1950년 9월 18일 천주교와 개신교가 합동하여 '군종제도 추진위원회'를 조직하고 천주교의 캐롤, 장로교의 한경직, 성결교의 유형기 목사를 대표로 선출했다. 세 사람은 19일 이승만 대통령을 방문해 군종 활동의 필요성을 재차 역설하며 군종제도 설립을 제안했지만, 이승만은 예산문제 등으로 이를 거절했다. 9월 25일 쇼와 캐롤 신부가 다시 이승만을 방문하여 군종경비를 각 종단에서 부담하는 조건으로 군종제도를 승인받았다. 이로써 한국 군 복음화의 첫 번째 깃발이 높이 세워졌다.

| 대전에서의 활동 - 신학교와 성화장 설립 |

윌리암 쇼는 1954년 스톡스Charles D. Stokes, 도익서가 목원대학교의 전신인 감리교 대전신학교를 설립할 때 창립이사로 참여하였다. 그는 동시에 대전신학교의 신학교수를 역임하면서 한국의 목회자 양성과 수련을 위해 미국에서 헌금을 모아 목자관을 건립했고, 목자관장으로 재직하면서 전국 교역자들을 위한 수양관 건립을 위해 공헌했다. 윌리암 쇼는 1961년 선교사직에서 은퇴한 뒤, 귀국하여 1967년 10월 5일 캘리포니아에서 별세했다. 유해는 생전에 윌리암 쇼의 유언대로 아들 윌리암 해밀턴 쇼가 안장된 양화진에 안장됐다.

1921년 남편과 함께 한국에 들어온 쇼의 아내 애덜라인 쇼Adeline H. Shaw(1895-1971)는 1955년 대전에 정착해 '성화장'이란 정착촌을 지어 전쟁미망인들을 돌보았고, 1960년까지 교육에 헌신했다. 1971년 5월 8일 캘리포니아에서 별세하였으며,

대전신학교 학사

양화진 남편의 묘 옆에 안장되었다.

| 대를 잇는 한국 사랑, 하버드대학 공부를 중단하고 한국전쟁에 참여하다 |

쇼의 아들 윌리엄 해밀튼 쇼William H. Shaw(1922-1950)는 1922년 평양에서 출생해 평양인외국인학교를 졸업하고, 이후 아버지의 모교인 웨슬리안대학교를 졸업했다. 1944년에는 미 해군 장교로 입대해 제2차 세계대전에 참전하였고, 한국 군정청을 거쳐 1947년 해군 중위로 전역했다. 그 뒤 그는 1948년 진해 해군사관학교 민간인 교관으로 활동했다. 그곳에서 해밀턴은 함정 운용술을 교육하였고, 해안경비대 창설에 참여하였다. 1950년에 미국으로 건너가 하버드대학에서 철학박사과정에 들어간 그는 한국전쟁 소식을 듣고, 학업을 중단하고 해군에 입대해 정보장교로 근무했다.

그는 참전한 이유를 묻는 이성호 해군 중령에서 다음과 같이 말했다.

"나도 한국에 태어났으니 한국사람입니다. 내 조국에서 전쟁이 났는데 어떻게 마음 편하게 공부만 하고 있겠어요? 내 조국이 평화가 온 다음에 공부를 해도 늦지 않아요."

그는 맥아더 장군이 실시한 인천상륙작전에 참여하고, 이후 1950년 9월 미 해병대 5연대 소속으로 자원해 서울 탈환작전에 참여했다. 그리고 9월 22일 아침, 적을 정찰하기 위해 녹번리에 들어선 해밀턴 쇼는 매복해 있던 북한군의 기관총 사격에 전사했다.

은평 평화공원

해밀턴 쇼 기념비

해밀턴은 양화진 외국인 선교사 묘지에 안장되었고, 쇼는 아들의 희생이 헛되지 않기 위해 기금을 모아 1956년 5월 부활절에 대전의 목산 언덕에 윌리엄 해밀턴 쇼 기념예배당을 준공했다. 그리고 이 예배당이 이후 목원대학교 채플관이 되었다. 한국정부는 그에게 1956년 금성을지무공훈장을 수여했다. 그리고 해군 해병대, 백낙준, 김활란 등이 중심이 되어 쇼 추모공원건립추진위원회가 조성되어 1956년 9월 22일 그가 전사한 곳에 전사 기념비를 세웠으며, 2001년 해군사관학교 2기생들이 "쇼의 숭고한 한국 사랑과 거룩한 희생을 추모하여"라는 글귀가 새겨진 좌대석을 추가로 놓았다. 이후 도시계획으로 응암동 어린이공원으로 옮겨졌던 기념비는 2010년 새로 조성된 은평평화공원에 이전 설치되었고, 이와 함께 공원 내에 해밀턴의 동상이 건립되었다.

| 4대째 이어진 하버드대학 수재들의 한국 사랑 |

1943년 해밀턴 쇼와 결혼한 조니타 로빈슨 쇼Juanita Robinson Shaw는 1956년 한국에 입국했다. 하버드대학에서 박사 학위를 취득한 그녀는 서울 외국인학교 교사, 이화여대 사회학과 교수로 활동했으며, 세브란스 병원 사회사업실을 개설하기도 했다.

해밀턴 쇼 기념 채플(1957)

쇼의 큰 손자 로빈슨William Robinson(1944-1993)은 1944년에 출생하여 서울외국인학교를 다녔다. 하버드대학에서 박사 학위를 받고, 내한하여 한미교육위원단Korean-American Educational Comission의 풀브라이트Fulbright 장학사업을 했다. 또한, 하버드 법률연구센터와 한국 대학생을 위한 교류에 힘썼다. 1966년 캐롤 쇼Carol Cameron Shaw와 결혼해 다섯 자녀를 두었고, 1993년 심장 질환으로 버지니아 스프링필드에서 별세하였다.

쇼의 손자며느리 캐럴 캐머린 쇼는 하버드 대학에서 한국어와 근대 중국사를 전공한 저명한 작가로서 주미 한국대사관 역사편찬 작업 중 하나인 하버드대학 도서관과 미국 국회 도서관의 외교자료 발굴작업에 참여했다. 그녀는 서울대 출판사를 통해《외세에 의한 한국독립의 파괴》The Foreign Destruction of Korea Independence를 출판했는데, 이 책에서 그녀는 일본의 한국병탄 과정에서 미국이 어떻게 한국을 도왔는지를 소개하고 있다. 쇼의 증손녀 줄리는 오산의 공군기지에서 1990년부터 2년간 복무했으며, 증손자 데이비드David Cameron Shaw는 〈연세 메디컬 스쿨〉의 편집자로 근무했다. 이처럼 쇼 가족들의 활동을 통해 4대에 걸친 한국 사랑을 느낄 수 있다.

청주
양관
유적지도

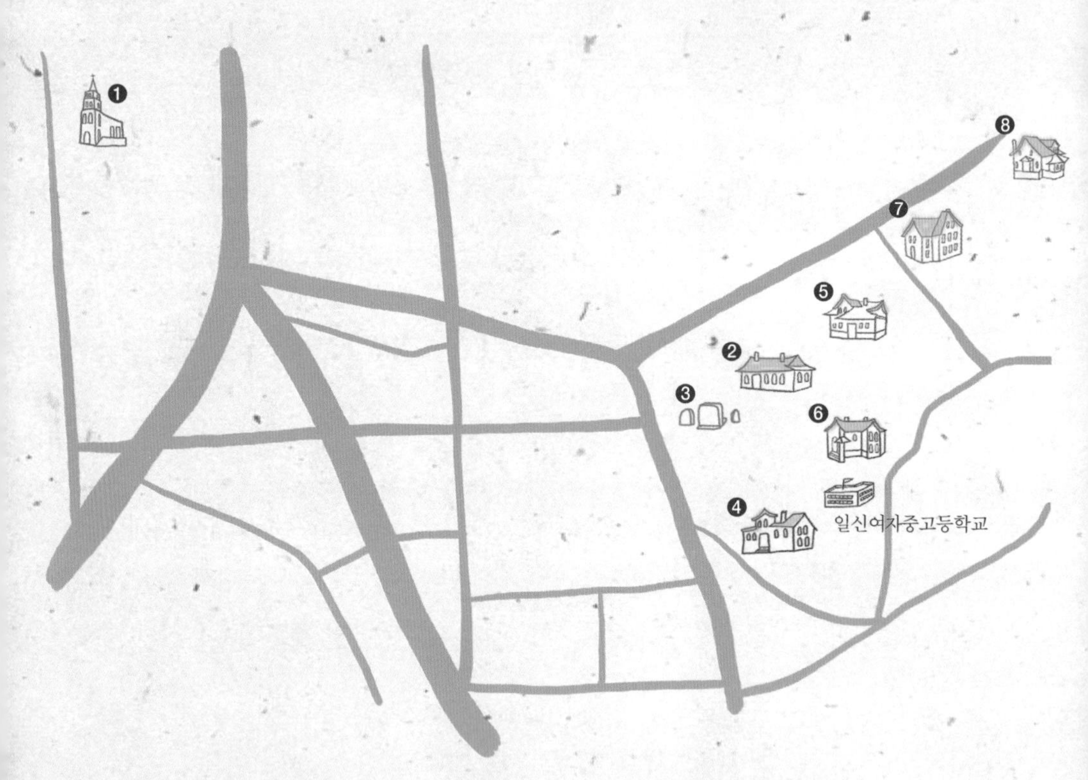

❶ 청주제일교회

❷ 포사이드기념관

❸ 선교사기념비

❹ 소민병원(던킨기념병원)

❺ 민로아기념관

❻ 노두의기념관

❼ 퍼디성경학교기념관

❽ 소열도기념관

대전 기독교 유적지도

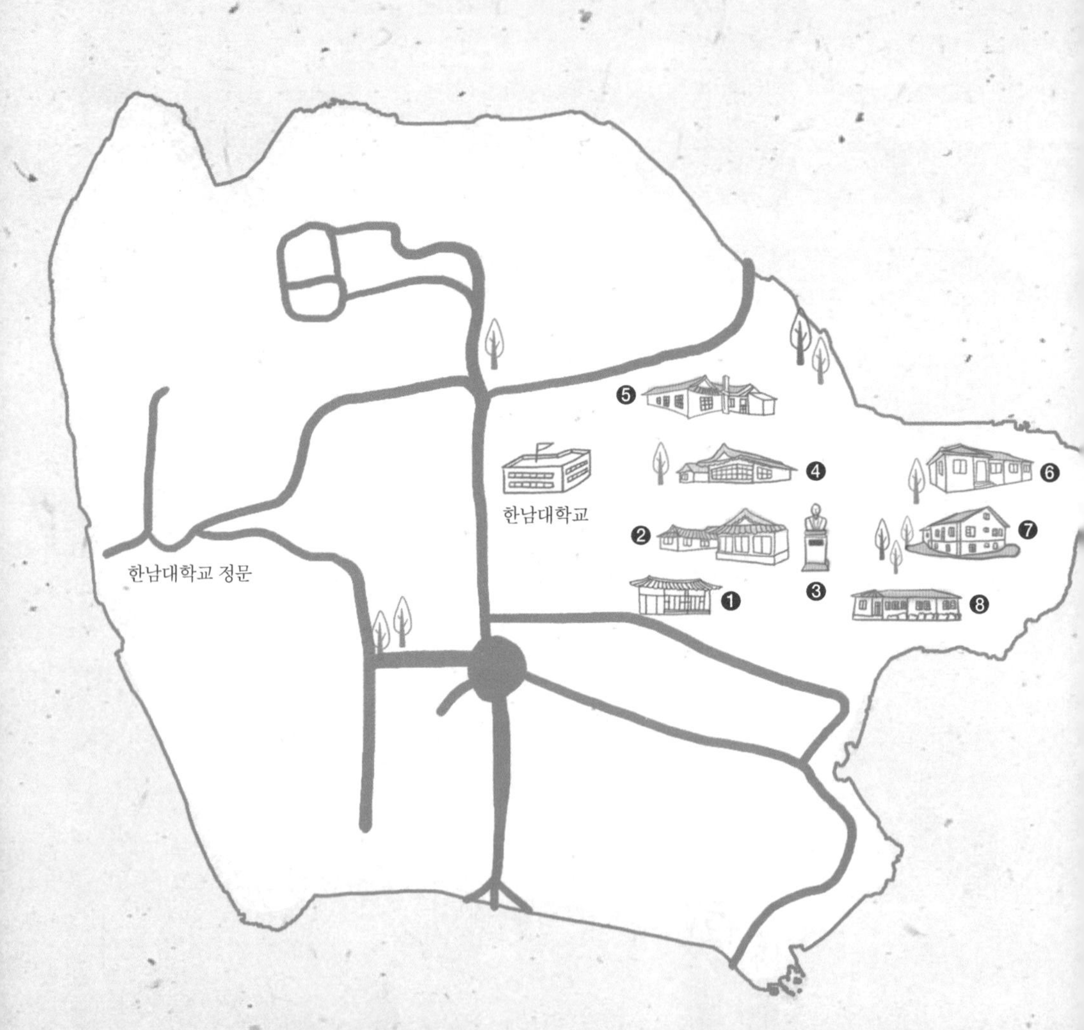

❶ 선교사촌 수위실

❷ 린튼하우스

❸ 린튼동상

❹ 서머빌하우스(인돈학술원)

❺ 크림하우스

❻ 타요한하우스

❼ 로빈슨하우스

❽ 무어하우스(영빈관)

생몰연도

내한/이한

이름	생몰연도	내한/이한	내한
레이놀즈	1867-1951	1892/1937	25세
벨	1868-1925	1893/1925	25세
오웬	1867-1909	1898/1909	31세
프레스톤	1875-1975	1903/1940	28세
탈메이지	1884-1964	1910/1957	26세
린튼	1891-1960	1912/1960	21세
쉐핑	1880-1934	1912/1934	32세

제6장

전라도

전라도 Timeline

연도	전주	군산	목포
	미남장로회		
1892	7인 선발대 입국		
1893	전주서문교회		*벨 내한
1894		개복교회	
1895	전주 선교지부	군산 선교지부	
1898	예수병원		목포 선교지부
			*오웬 내한
			목포양동교회
1900	신흥학교		
1901			
1902	기전여학교		
1903		영명학교	목포병원
		멜본딘여학교	영흥학교
			정명여학교
1904			
1905			
1906		애킨스 기념병원	
1907			
1908			
1909			
1910			
1911			
1912		린튼 내한	
1913			
1914			
1915			
1919			
1926			
1928			
1937			
1940			
1941			
1942	선교사 강제 출국 조치		

✝교회 학교 병원

광주	순천	시대배경
미남장로회		
7인 선발대 입국		
		동학농민운동
*프레스톤 내한		
광주 선교지부		러일전쟁
✝ 양림교회		
광주제중원		
숭일학교		
수피아여고		
*탈메이지 내한		한일합병
광주나병원		
*쉐핑 내한		
	순천 선교지부	
	매산학교	
	알렉산더병원	
		3.1운동
이일학교		
		여수 애양원
		중일전쟁
		15인 사건
		태평양 전쟁
선교사 강제 출국 조치		

내한/이한 1892/1937

William D. Reynolds

레이놀즈 이눌서

1867–1951

미국 SP

성서번역위원

7인의 선발대

전주서문교회

레이놀즈와 권서들

Horace G. Underwood & 윤치호

12신조

《인학[人學]》《구학[救學, 구원론]》

《신학공과[神學工課, 조직신학]》

| 사람의 소망과 하나님의 섭리 |

윌리암 레이놀즈는 1867년 12월 11일 미국 버지니아 노포크Norfolk의 기독교인 집안에서 5남매 중 넷째로 태어났다. 1887년 6월 햄든시드니 대학Hampden-Sydney College을 우수한 성적으로 졸업한 레이놀즈는 언어에 대한 재능을 살려 고전언어 분야의 교수가 되기 위해 볼티모어의 존스 홉킨스대학Johns Hopkins University 라틴-그리스-산스크리트어 박사과정에 진학해 1년간 공부했다. 그러나 부친의 사업 부진으로 상황이 여의치 않게 되자 고향으로 돌아와 YMCA의 정기 집회에 참여하고 모교회인 제2 장로교회에서 꾸준히 신앙생활을 했다. 그 와중에 그는 고전언어 교수가 아닌 목회자의 길을 선택하게 되었다. 사람은 누구나 개인적인 소망을 소중하게 갖지만, 하나님의 계획이 따로 있을 때가 많다. 레이놀즈도 바로 그런 경우였다.

| "우리는 왜 한국에 가기를 원하는가", 언더우드와 윤치호의 도전 |

1890년 9월 남장로교의 신학교인 버지니아의 유니언신학교에 입학한 레이놀즈는 그 해 12월 28일 선교사가 되기로 결심하고 경건한 생활과 선교에 관심을 두면서 신학교 시절을 지냈다. 그런데 그가 한국선교를 선택한 것은 1891년 10월 테네시주 내쉬빌에서 열린 해외선교를 위한 신학교 동맹The Inter-Seminary Alliance for Missions에서 그곳에 강사로 참석한 한국선교의 개척자 호레이스 언더우드와 한국인 유학생 윤치호를 만난 것이 결정적인 계기가 되었다. 당시 한국에서 사역하던 중 잠시 미국에 들른 언더우드는 미지의 나라 한국을 소개하며 젊은이들이 한국 선교사로 헌신해 줄 것을 역설했고, 윤치호 역시 한국을 복음화시켜줄 것을 간청했다.

이 강연을 통해 도전을 받은 레이놀즈는 1891년 12월 존슨Cameron Johnson, 전킨William M. Junkin과 함께 남장로교 해외선교부에 한국 선교를 희망한다는 편지를 보냈다. 그러나 당시 중국, 이탈리아, 쿠바, 일본 등에 우선적으로 선교사를 파송하던 남장로회는 여유가 없다는 이유로 그들의 제안을 거절하면서 한국이 아닌 다른 나라에 신청서를 낼 것을 권유했다. 그러나 레이놀즈와 존슨은 계속 기도하며, 선교잡지 *The Mission*에 "Why We Wish to Go to Korea."(우리는 왜 한국에 가기를 원하는가?)라는 글을 싣는 등 한국 선교를 위한 열정을 키워갔다. 그 결과 레이놀즈는 1892년 1월 22일 해외선교부로부터 "1892년 8월에 한국으로 떠날 준비를 하라."는 전보를 받을 수 있었다. 그렇게 해서 레이놀즈, 전킨, 데이비스Linne Davis양, 레이번Mary Leyburn, 볼링Patsy Bolling과 북장로회 출신의 테이트, 테이트의 동생 매티Mattie Tate양, 이렇게 미국 남장로회 전설적인 7인의 선발대가 마침내 한국에 오게 되었다.

레이놀즈와 선교사들

| 주께서 부르시는 대로, 전주와 목포를 거쳐 서울로 |

레이놀즈는 드루Alessandro D. Drew와 함께 1894년 한국 선교지를 답사하면서 사역을 시작했다. 레이놀즈는 제물포에서 시작해 군산, 전주, 목포, 여수 등을 거쳐 부산까지 약 한 달간의 일정으로 답사를 진행하면서 선교기지 구축의 가능성을 타진했다.

레이놀즈 전라도 선교답사 여행 경로

1897년 6월 15일 레이놀즈는 전주에 도착해 지금의 전주 서문교회 담임목사로 일을 시작했다. 도착한 지 얼마 되지 않은 그는 한국말을 상당히 유창하게 구사하며 장터와 거리 전도에 나서, 7월 15일에 남자 3명과 여자 4명을 문답했다. 이때 남자 2명과 여자 3명이 각각 문답에 합격해, 그달 7월 17일 5명에게 세례를 베풀었는데 이들이 전주 서문교회 첫 세례자들이었다.

1899년 레이놀즈는 전주 서문교회에 사경반을 만들어 지역교회를 이끌어갈 지도자를 양성하기 시작했는데, 이때 전킨과 레이놀즈가 강사로 성경, 성서신학, 예수의 생애, 성지리 등을 가르쳤다. 이들의 노력으로 1900년에 들어 전주 서문교회는 성장하기 시작하였고, 1900년 6월 레이놀즈는 안식년을 가졌다.

전주 서문교회

1901년 12월 14일 남장로회 선교부는 안식년을 마치고 돌아온 레이놀즈를 유진 벨과 오웬Clement C. Owen의 갑작스런 귀국으로 일손이 필요하던 목포 선교지부에 배치했다. 레이놀즈는 목포교회 목회와 안식년을 떠나기 전부터 계속해 오던 성경 번역 일을 병행할 수밖에 없었다. 설상가상으로 성경 번역 일을 함께하던 아펜젤러가 1902년 목포로 오던 도중 배가 침몰해 목숨을 잃게 되면서 레이놀즈가 성경 번역을 전담하게 되면서 다시 서울로 거주지를 옮겼다.

1902년부터 서울에서 생활하게 된 레이놀즈는 남장로회 선교부 소속의 선교사였지만, 북장로회 선교부 소속의 중요한 두 교회인 승동교회1902-1906와 연동교회1906-1907에서 목회하였다. 선교사들의 파송 교단은 서로 달랐지만, 복음사역을 위해 서로 연합하는 모습은 한국개신교 초기에 볼 수 있는 아름다운 장면이었다.

당시 프레드릭 밀러Frederick S. Miller의 순회 전도로 교회에 공석이 발생하자, 북장로회 서울 선교지부는 레이놀즈에게 승동교회를 맡아줄 것을 간곡히 부탁했다. 이에 레이놀즈는 이 제안을 수락하고 남장로회 소속 선교사로 북장로회 소속 교회인 승동교회를 약 4년 동안 담임하였다.

레이놀즈는 그뿐만 아니라 북장로회 소속으로 있던 게일이 안식년을 갖자 1906년 3월부터 1907년 8월까지 연동교회를 담임하였다. 남장로회 선교사로서 레이놀즈는 교단을 뛰어넘는 매우 폭넓은 사역을 감당한 것이다. 그가 17개월의 목회를 마치고 교회를 떠나던 날 교인들에게 받은 찬하문讚賀文은 연동교회에서 레이놀즈가 얼마나 성실하게 목회했는지를 보여준다. 또한 찬하문에 게일의 전도로 한국교회사에 새로운 장을 연 전설적인 망나니 출신 고찬익이 장로로 이름을 올리고 있다는 것은 초대 한국교회 역동성과 가능성을 분명히 보여주었다.

찬하 이목사
우리의 친애하는 이목사여 형제를 몸같이 사랑하고
성신의 도우심 입으셨네 사람을 양 같이 인도하니
교회는 백배나 흥황하고 순순히 가르친 큰 혜택을
강당은 일층이 높았도다 마침내 잊지 못하리로다
주강생 일천구백 칠 년 팔월 일

서울연동교회 장로 고찬익
영수 오경선
집사 김찬배 근정

1908년 1월 2일 군산에 영명학교를 세우고 전주 서문교회를 담임했던 전킨이 선교지에서 장티푸스로 사망하자, 레이놀즈는 1908년 2월 전킨의 사역을 이어받아 다시 전주로 자리를 옮겼다. 그는 전주 서문교회와 인근 지방교회들을 담당했는데, 이때 레이놀즈를 비롯한 이승두, 김정삼 두 조사의 노력으로 전주서문교회와 전주 북서쪽의 교회들이 성장했다. 1909년까지 한 사람의 교인도 없던 그곳에 1910년 봄, 14명의 세례자가 생겼고 회중은 80-90명 수준으로 늘어났다.

| 한글 성서번역의 중심에 서서 |

레이놀즈의 선교사역 중 중요한 부분을 차지한 것은 한글성서번역 사업이었다. 레이놀즈가 한국에 오기 전의 성서번역 사업은 1887년 성서번역위원회가 조직된 이래 주로 개인적인 차원에서 이루어졌다. 그러다가 1893년 영국성서공회의 켄뮤어Alex Kenmure가 서울을 방문했을 때 공식적인 기구의 검토 및 수정을 거치는 방식을 제안하여 성서번역 사업의 전환기를 맞이했다. 이에 따라 상임성서실행위원회가 새롭게 조직되고, 성서번역은 번역자회에서 번역원고를 한 절씩 읽어가면서 토론을 거쳐 확정하는 방식으로 체계화되었다. 각 교파 선교부에서 2명씩 추천을 받아 미북장로회 소속의 언더우드와 게일, 미북감리회의 아펜젤러와 스크랜튼이 임명되었고, 1895년에 레이놀즈가 미남장로회 대표로 위원회에 추가되었다.

레이놀즈는 1895년 10월 14일 번역자회에 참여한 후 1937년 구약개정작업이 끝날 때까지 성경 번역사업의 중심에 있었다. 그는 게일과 함께 30년 이상의 시간을 성서번역에 매진하였다. 레이놀즈는 언어에 대한 천재적 능력과 번역실력을 토대로 안식년 휴가를 떠나기 전인 1900년 5월까지 신약의 2/3의 시험역본을 완성하였고, 1902년 아펜젤러가 선박충돌사고로 사망한 후에는 그를 대신해 성경 번역 작업에 더욱 전념하였다. 영국성서공회가 레이놀즈의 급여를 지급했지만, 남장로회 선교부도 손을 거들었는데 남장로회 레이놀즈의 조사 김명준, 북장로회 게일의 조사 정동명, 감리회 존스의 조사 문경호 등이 힘을 함께 모아 1906년 한글 신약성경 공인역이 빛을 보게 되었다.

신약성경작업과 함께 구약성서의 번역작업도 병행되었는데, 1907년 봄부터 레이놀즈는 한국인 조사 이창직, 김정삼과 함께 작업을 진행해, 5년 5개월 16일 만인 1910년 4월 2일 오후 5시 구약번역을 완료했다. 번역완료 다음 해인 1911년 3월 완성된 구약성경이 2책 또는 3책으로 나누어 인쇄되고, 5월의 성서주일을 맞아 출판기념예배를 거행했다.

성경번역 위원(왼쪽 윗줄부터 문경호, 김명준, 정동명, 레이놀즈, 언더우드, 게일, 존스)

| 신학자 레이놀즈 |

1900년 가을 장로회공의회의 평양 선교지부는 마펫의 제안에 따라 평양에 신학교를 설립하기로 결정했다. 1901년 평양에서 장로회신학교가 마펫과 그래함 리를 교수로 삼아 정식 개교했는데, 첫 입학생은 평양장대현교회의 장로 방기창과 김종섭이었다. 평양신학교에서는 1903년 1월부터 6명의 학생을 한 반으로 편성해 3개월 동안 신학교의 1년 과정의 교육을 했다. 이때 마펫이 신학일반과 소요리문답을, 베어드는 구원론과 모세오경을, 스왈튼은 유대사기와 모세오경을, 그래함 리는 목회학, 브루스 헌트가 마태복음 및 고대사 강의를, 번하이슬Charles F. Bernheisel이 산수를 강의하였다.

레이놀즈의 평양신학교 강의는 1904년 9월 서울에서 열린 남장로회 선교부 연례회의를 통해 결정되었는데, 성경 번역에 지장을 주지 않는 선에서 한 달 이내로 제한되었다. 1905년부터는 레이놀즈는 인학人學, Anthropology, 요한복음 석의, 여호수아, 사사기, 룻기, 사무엘상·하의 개관을 강의했는데, 그는 평양신학교 초창기부터 신학교의 교수로 사역하였다.

레이놀즈는 평양신학교 교수로 있으면서 다른 여타의 활동도 함께했다. 특히 신학교 강의를 위해서 《인학》, 《구학》救學, 구원론, 《신학공과》神學工課, 조직신학 등의 한글 교재를 집필하고 편집했다. 1933년에는 〈신학지남〉을 편집하고 총회가 요청한 한글소요리문답 개정, 평양외국인학교 여자 상급반 수업, 평양여자고등성경학교 특별예배 인도 등으로 바쁘게 지냈다.

이 외에 레이놀즈는 총회설립에 관여해 한국장로교회 신앙고백서인 '12신조'라고 알려진 대한장로교회신경을 준비한 주역이었다. 12개 신조로 된 신경은 엄격한 칼빈주의에 입각한 웨스트민스터표준서의 미국식 교회정치 규범을 철저히 따를 것을 전제했다. 즉 웨스트민스터신앙고백서의 핵심 ① 성서무오설, ② 하나님의 절대성, ③ 삼위일체설, ④ 하나님의 창조, ⑤ 인간의 창조, ⑥ 인간의 타락, ⑦그리스도의 속죄, ⑧ 성령의 이원시발二元始發, ⑨ 예정론, ⑩ 성례, ⑪ 신자의 본분, ⑫ 부활과 심판이라는 12개 조항을 핵심으로 담았다. 한국장로교 신학의 근간을 놓은 중요한 순간이었다.

미국 남장로회 7인 선발대로 한국에 온 레이놀즈는 남장로회의 범주를 훌쩍 뛰어넘어 한국개신교 초기 역사에 큰 발자국을 남겼다. 레이놀즈는 1937년 45년간의 선교활동을 마치고 본국으로 귀국하였으며, 1951년 미국에서 하늘의 부름을 받았다.

내한/이한 1893/1925

Eugene Bell

유진 벨

배유지 1868-1925

미국 SP

광주최초진료소

목포

수피아여학교

광주 선교지부

아내 마가레트와 가족들

숭일학교

| 자신이 다니던 학교 총장의 딸과 결혼한 사람 |

유진 벨은 미국 캔터키주 스코츠 스테이션Scotts Station에서 윌리암 벨William H. Bell과 프란시스Francis V. Scott의 아들로 태어났다. 켄터키 신학교와 유니언 신학교 등에서 공부하고, 1894년 4월 18일에 목사 안수를 받았다.

유진 벨은 1893년 6월 26일 자신이 다니던 모교 루이빌 신학교Louisville Theological Seminary의 총장 딸 샤로트 위더스푼Charlotte I. Witherspoon과 결혼했다. 그러나 열정적 사랑이 평생 행복을 준 것은 아니었다. 아내 샤로트와 이후 재혼한 아내가 비운으로 세상을 떠났기 때문이다.

벨은 1893년 11월 13일에 부인과 함께 한국 선교사로 임명을 받아, 청일 전쟁이 한창이던 1895년 4월 4일에 부산에 도착해 한국사역을 시작했다. 미국 남장로회의 호남선교가 본격적으로 시작되던 1896년 9월 벨은 전라남도 나주 선교지부 설립 책임자로 임명되었다. 그러나 유림의 본산인 나주향교를 중심으로 선교사 철수를 요구하는 시위가 끊이지 않아 나주 선교지부는 시작도 못하고 실패했다.

그러나 여기서 물러설 벨이 아니었다. 대신 바닷가에 접근성이 뛰어난 목포가 개항한다는 소식을 접한 벨은 목포로 내려가 선교지부 개설을 타진했으며, 1897년 목포가 개항하자 이듬해인 1898년에 거처를 목포로 옮겼다. 유진 벨이 이처럼 동분서주하며 한국선교에 몰두하고 있을 때 그의 첫 부인 샤로트가 병으로 세상을 떠났다. 장례식은 여러 선교사와 목포교회 교인들이 모인 자리에서 언더우드의 집례로 거행되었으며, 시신은 서울에 있는 양화진의 헤론 선교사 곁에 안장되었다.

| 목포 선교 |

1897년 10월 1일 목포가 개항되자, 나주 선교지부 건립과정에서 실패를 경험한 유진 벨은 1898년 자신의 거처를 아예 목포로 옮기고 본격적인 사역에 나섰다. 목포에 자리를 잡은 그는 축호전도와 장막전도를 통해 목포 최초의 교회인 목포교회(양동제일교회)를 설립하였다. 1898년 11월에는 오웬Clement C. Owen, 오원/오기원이 합류해 진료소를 열면서 힘을 더했고, 12월 12일에는 사택마저 완공할 수 있었다. 또한, 1899년에 여성과 아동선교를 전담할 스트레퍼Fredrica E. Straeffer양이 도착하면서 선교의 장은 더욱 넓어졌다. 1899년 9월에는 4명이 세례를 받겠다고 신청했으며, 1900년 3월 5일에는 6명에게 세례를 베풀고 8명을 학습교인으로 받아들이고 어린아이 3명에게 유아세례를 베풀었다. 5월 14일에 열린 제2차 대리당회에서는 목포교회의 집사인 김윤수가 문답했다.

유진 벨과 오웬의 노력으로 계속적으로 성장하던 목포교회는 1901년 아내 샤로트의 갑작스런 죽음으로 어려움을 맞이하기도 했다. 갑작스럽게 부인을 잃은 유진 벨은 어린 두 자녀를 미국에 있는 여동생 집에 맡기기 위해 출국해서 1902년 12월에 다시 목포에 부임하였다. 유진 벨은 동료 선교사와 함께 1903년 정명여학교와 영흥학교를 세워 목포지방 근대교육의 기틀을 놓았으며, 1904년에 광주 선교지부가 개설되자 오웬과 함께 광주로 이동해 개척 사역을 담당했다. 목포지역은 이후 존 프레스톤John F. Preston, 변요한과 윌리암 해리슨William B.

유진 벨의 선교여행

Harrison, 하위렴이 부임하여 선교사업을 이어갔다.

| 1904년 광주 선교지부 개설 |

미국 남장로교회 선교사들은 목포 선교지부가 안정을 찾아가면서 광주 인근 지역으로 선교활동을 확대해 나갔다. 그 결과 1903년 무렵에는 광주 지역에 모두 6곳의 신앙공동체가 생겨났고, 교회들은 빠르게 성장하였다. 1904년 유진 벨과 오웬이 광주에 상주하게 되었고, 프레스톤이 곧 합류할 예정이었다. 이 셋은 광주를 두루 살피면서 광주 선교지부의 가능성을 예측하였다. 유진 벨의 재혼으로 선교지부 설립이 좀 늦어지기는 했지만, 1904년 12월 마침내 광주 선교지부가 설립되었다.

벨은 교회를 세워나가는 것뿐만 아니라 교육에도 열심을 내어 1908년 진료소로 사용해 오던 자신의 이전 임시사택에서 학교 교육을 시작했다. 광주의 남학교인 숭일학교와 여학교인 수피아여학교가 바로 이때 시작되었다.

| 숭일학교의 설립 |

숭일학교 학생들

숭일학교는 1907년 양림동의 유진 벨의 집 사랑방에서 유진 벨과 오웬이 기독교 신자들의 자녀교육을 목적으로 설립하였으며, 여학생 3명과 남학생 1명, 교사 2명으로 시작되었다. 이때 유진 벨은 당시 한국의 풍습상 남녀를 따로 교육 했는데, 남학생은 계속 유진 벨의 사랑채에 머물면서 교육을 받았다. 자신의 집에서 시작한 숭일학교는 1908년 숭일소학교로 인가가 났고, 1909년 광주시 양림동 66번지에 종각이 있는 3층으로 된 학교 건물을 착공하여 1910년 여름에 완공하였다. 이 건물은 광주에서 최초의 서양식 건물이었다. 그리고 프레스톤이 초대 교장으로 부임하면서 학교는 발전하였다. 프레스톤의 뒤를 이어 녹스Robert Knox, 노라복, 그리고 탈메이지가 교장으로 취임했는데 탈메이지는 미국에서 야구공, 야구배트, 글러브 등을 기증받아 숭일학교에 야구단을 조직하기도 하였다.

수피아여학교 학생들

| 수피아여학교 개교 |

여학교도 유진 벨의 사랑방에서 시작되었으나 남녀학생을 따로 분리하면서 프레스톤의 사택 사랑채로 옮겼다. 초대 교장 그레이엄Ella I. Graham, 엄엘라이 1908년 정식으로 취임하면서 수피아여학교가 시작되었다. 1909년에는 학교를 오웬의 사랑채로 옮겼고, 그레이엄이 귀국하자 로버트 윌슨Robert M. Wilson, 우월순의 부인이 임시교장을 맡았다. 1910년 이후 맥퀸Anna McQueen, 구애라이 제2대 교장으로 취임하였다. 조선 총독부의 사립학교 정비에 수피아여학교도 폐교의 대상이 되었으나, 맥퀸은 1911년 귀국하여 미남장로회의 지원을 받아 회색 벽돌 3층 건물을 건축하였다. 이때 동생인 제니 수피아Jannie Speer를 위해 5천 달러를 기증한 스턴스M. L. Sterns 여사의 정신을 기념하여 학교이름도 광주여학교에서 수피아여학교로 변경했다.

| 사랑하는 이들을 잃는 거듭된 상실감 |

첫째 부인의 죽음을 겪은 유진 벨은 둘째 부인 마가레트Margaret W. B. Bell 마저 잃는 비운을 겪었는데, 특히 둘째 부인의 죽음은 1919년에 한국의 독립을 외치며 전국적으로 일어났던 3·1운동과 관련이 있었다. 유진 벨과 마가레트를 포함한 선교사들은 3·1만세운동으로 구속된 사람들을 몰래 돕기 위해 서울 미국영사관에서 열린 선교사회의에 참석하였다. 그런데 유진 벨이

유진 벨 기념예배당

자신의 새 자동차를 몰고 광주로 돌아오던 와중에 수원 인근의 병점 철길 건널목에서 기차와 충돌하는 교통사고가 3월 26일에 일어났다. 이 사고로 앞좌석에 탄 유진 벨과 녹스는 목숨을 건졌지만, 뒷좌석에 타고 있던 크레인Paul S. Crane, 구보라과 유진 벨의 두 번째 아내 마가레트는 현장에서 즉사했다. 당시 자동차를 직접 운전했던 유진 벨은 자신의 실수로 아내가 죽었다는 자책감을 떨쳐버리기가 쉽지 않았다.

그러나 선교사역을 감당해야 했던 유진 벨은 1921년 9월 광주 이일학교의 교사와 교장으로 섬긴 줄리아Julia D. Bell, 배주리아와 세 번째로 결혼하였다. 유진 벨은 광주에서 선교사역에 매진하다 1925년 9월 28일 사망하였다. 30년의 한국사역과 세 번의 결혼, 호남선교의 아버지라 불린 유진 벨의 신앙적 유산과 정신은 그의 첫번째 부인과의 사이에서 태어난 샤로트가 1922년 린턴과 결혼함으로 더욱 활발하게 전개되었다. 벨이 죽기 전에 남긴 유언장은 한국에 대한 절절한 사랑을 엿볼 수 있다.

> "내 구주 예수 그리스도의 십자가 위에서 내 죄를 인하여 흘리신 보혈을 의지하오며, 예수 그리스도께서 재림하실 때에 부활할 것을 믿사옵고, 내 육신의 몸을 사랑하는 하나님께 부탁하옵나이다. 아멘. 내 사랑하는 자에게 부탁하옵는 것은 나의 믿고 사랑하는 예수 그리스도를 저희들도 온전히 믿고, 또 내가 순복한 하나님의 말에 저희들도 순복하기를 원합니다. 특별히 조선 형제자매들에게 알게 하옵는 것은 부족한 저로 하여금 이 조선에 나와서 주님의 복음을 전하게 된 것을 감사하오며, 꼭 믿고 바라는 것은 천당에서 저희를 많이 만나볼 때에 빌립보서 4장 1절 말씀과 같이 그 중 더러는 내 즐거움도 되고 나의 면류관도 된다는 말씀을 기억할 때에 여러 형제들도 즐거움으로 서로 만나기를 원하나이다. 주후 1923년 11월 14일 유진 벨."

내한/이한 1898/1909

Clement C. Owen

오 웬

오(기)원

1867~1909

미국 SP

목포

포사이드 - 최흥종

김윤수

윌슨

애양원

광주 양림동 선교사묘역

광주나병원

광주

| 애양원을 꽃피운 씨앗, 오웬 |

클레멘트 오웬은 1867년 7월 미국 버지니아주 블랙 월넛Black Walnut에서 태어났다. 네 살 되었을 때 아버지를 잃은 오웬은 어머니가 재가하면서 할아버지 집에서 성장했다. 1886년에 버지니아에 있는 햄든시드니 대학, 1894년에 버지니아 유니언 신학교를 졸업한 뒤에, 1896년 버지니아 대학교에서 의학 석사 학위를 취득하였다.

1897년에 남장로회 의료선교사로 임명되어 1898년 11월 5일 한국에 도착하였다. 의사였던 오웬이 합류하면서 본격적으로 시작된 호남지방의 선교는 활기를 띠게 되었다. 오웬은 한국에 오자마자 유진 벨과 함께 목포 선교지부를 개설하고, 목포 진료소를 세워 병자들을 돌보며 복음 전도와 교회 개척을 진행해 나갔다. 오웬은 1900년 12월 제중원의 올리버 에비슨 박사를 돕기 위해 미국 북장로회가 파송한 의료선교사인 휘팅Georgiana Whiting, 오부인과 결혼했다. 휘팅은 1897년 복음전도에 대한 열망으로 의료 분야 사역을 접고, 1900년 언더우드의 집에서 남장로교 의료선교사인 오웬과 결혼식을 올리고, 남장로회 선교부로 소속을 변경했다. 그녀가 이승만에게서 한글을 배웠다는 점은 흥미로운 사실이다.

목포 진료소

| 파란눈의 신의神醫, 오웬의 의료 사역 |

오웬은 목포의 유진 벨의 임시주택에서 최초의 서양식 진료소를 설립해 운영했다. 당시 선교사들은 치료의 대가를 바라지 않았기에 가난한 자들이 많이 몰려들었다. 그는 진료소에 기독교 서적을 배치해 병 때문에 이곳을 찾은 사람들로 기독교에 관심을 갖게 했고, 약봉지에는 한글로 성경 구절을 써서 나누어 주었다. 의료사업은 선교사들이 달리 접촉할 수 없는 많은 사람의 호의를 얻고 그들에게 기독교 서적을 팔 기회를 주었고, 나아가 치료를 받은 자와 가족들은 더욱 쉽게 복음을 받아들였다.

온갖 종류의 질병을 치료하던 오웬은 목포지역에서 신의神醫라 불릴 정도로 명성이 높았는데, 그는 의료선교와 복음전도를 긴밀하게 연결해 더 큰 효과를 내었다. 1900년 가을에 오웬에게 세례를 받은 김윤수는 목포 경무청의 총순(현재의 경감)으로 일하던 관리로 주조장을 소유한 목포지역의 실세였다. 그는 불같은 성격의 소유자로, 노름꾼을 때려 숨지게 한 사건으로서 목포로 오게 되었는데, 어머니 손에 난 종기를 치료하기 위해 의사인 오웬을 찾았다가 복음을 듣게 되었다. 처음에 학습교인이 되겠다고 문답에 나선 김윤수는 주조장을 운영하고 있다는 사실 때문에 떨어지기도 했다. 김윤수는 목포부 경찰업무를 총괄하는 지위와 자신이 경영하는 주조장을 포기하고, 세 번째 문답에서 세례를 받을 수 있었다. 김윤수는 자신만 믿었을 뿐만 아니라 부인을 비롯해 어머니와 장모까지 교회로 인도하였다. 1902년 집사로 임명된 김윤수는 이듬해 목포교회당 건축공사 때에 총감독을 하였으며, 프레스톤이 도착했을 때 그의 어학 선생을 맡기도 하였다.

김윤수 가족

이렇게 복음을 듣고 회심한 김윤수는 1904년 광주 선교지부 설치를 위해 선교사보다 먼저 광주에 가서 선교사들의 집을 지었으며, 1912년 광주 북문안 교회에서 장로임직을 받아 목포지역을 들썩이게 했다. 신앙적으로 보면 목포가 광주를 안고 생명의 씨앗을 뿌린 것이다. 그뿐만 아니라 김윤수는 훗날 광주 선교사역과 나환자 사역에 크게 기여한 최흥종을 전도하는 데 큰 역할을 하였는데, 1912년 8월에 최흥종과 함께 장로임직을 받았다.

| 전남 일대에 뿌린 씨앗, 복음 사역 |

오웬은 1904년 12월 유진 벨과 함께 광주 선교지부를 개설한 후 광주에 들어와 전남지역 복음화에 전념했다. 의사 오웬으로의 사역보다, 목사 오웬으로의 사역에 더 매력을 느꼈던 오웬은 광주로 와서 지금까지의 의료사역을 접고 복음 전도사역에 매진했다.

1905년부터 1909년에 하늘의 부름을 받을 때까지 4년이라는 짧은 시간 동안 주로 강진에서 순천과 여수, 구례에 이르는 전남 동부지역에 복음전파를 위해 애를 썼다. 그러나 그의 광주사역은 안타깝게도 오래 지속되지 않았다.

1909년 3월 22일, 아직 쌀쌀한 날씨 속에서 오웬은 그동안 계속 시도해왔던 남쪽의 도서지방을 순회하기 위해 광주를 출발하였다. 그는 남평과 화순 그리고 능주를 거쳐서 1주일 만에 장흥에 도착하였다. 그러나 장흥에 도착한 오웬은 3월 28일 밤부터 고열에 시달리면서 몸을 가눌 수 없는 상태가 되었다. 이에 그의 조사와 성도들은 가마를 빌려서 오웬을 태우고 3월 31일 수요일 새벽 2시에 광주에 도착하였다.

오웬의 미망인과 네 딸

당시 광주 기독병원 원장이었던 윌슨은 오웬을 치료하기 위해 노력했으나, 오히려 상태가 점점 더 악화되었다. 그래서 윌슨은 목포에 있던 의료

선교사인 포사이드William H. Forsythe, 보위렴에게 급히 광주로 와 줄 것을 요청하는 전문을 발송했다. 그러나 오웬의 상태는 나아지지 않고 오히려 계속 악화되어서 4월 3일 토요일 밤 10시 45분에 하늘의 부름을 받았다. 오웬의 장례식은 4월 6일 화요일에 프레스톤의 집례 아래 치러졌으며, 그는 광주 양림산 언덕에 묻힌 최초의 선교사가 되었다. 그의 부인은 광주에 남아 네 딸을 키우면서 1920년 안식년을 얻어 미국으로 갈 때까지 신입 선교사들의 정착을 도우며 한국어를 가르쳤다.

| 한 알의 밀알이 땅에 떨어지며 시작된 애양원 |

광주 선교지부 묘지에 처음으로 자리 잡은 파란 눈의 신의神醫 오웬은 갔지만, 그는 호남 선교에 거룩한 씨앗을 남겼다. 특히 오웬의 병과 죽음을 계기로 한국 기독교사에 유명한 애양원이 출발하게 되었다는 점은 우리가 주목해야 할 부분이다. 열병에 걸린 오웬의 상태가 심각함을 인지한 윌슨은 목포의 선교병원에서 일하고 있던 포사이드를 급히 광주로 불러 들였다. 전보를 받은 포사이드 역시 배를 타고, 말을 달려서 광주를 향해서 부지런히 오고 있었다.

그런데 포사이드는 광주 진월동 근처에서 길가에 쓰러져 있는 여자 나환자를 보고 멈출 수밖에 없었다. 포사이드는 말을 세우고, 그 여자 나환자를 말에 태운 후 자신은 걸어서 광주진료소로 왔다. 하지만 포사이드가 광주에 도착했을 때 친구 의사 오웬은 이미 이 세상 사람이 아니었다. 그리고 윌슨과 포사이드가 지극정성으로 치료에 전념했지만, 포사이드가 광주에서 데리고 왔던 여 나환자도 결국엔 몇 주 후에 세상을 떠나고 말았다.

애양원

결과만을 놓고 보면 오웬도 나환자도 살리지 못했고, 그래서 모든 것이 실패한 것 같았지만, 그것이 끝은 아니었다. 이 모습을 보면서 자신들도 외면하는 나병 환자까지 돌보는 선교사들의 삶과 그들의 사랑에 강한 충격을 받은 최흥종과 선교사들의 노력을 통해 지금의 애양원이 시작되었다. 당시 나환자에 대한 일반 사람들의 인식은 굉장히 부정적이었다. 그도 그럴 것이 전염병이기도 했거니와, 환자들의 모습이 차마 볼 수 없을 정도였기 때문이었다.

하지만 최흥종은 포사이드를 비롯한 선교사들이 나환자들마저 사랑으로 품는 모습을 통해 큰 결심을 하게 되었다. 그는 광주로 밀려드는 나환자들을 돌보기 위해 병원이 필요하다는 생각에 지금의 광주시 봉선동의 자신의 땅 1,000평을 기증하여 나환자 수용소를 시작하였다. 이렇게 시작된 나병원은 주변 사람들의 반대 등으로 인해 1926년에 자리를 옮기게 되었고, 현재의 여수에 그 터를 잡아 애양원이라는 이름으로 지속되고 있다.

신앙적이고 영적인 맥은 선교사나 현지인이나 상관없이 조용히 대를 이어간 것이다. 기적은 또 다른 기적을 낳고 영적 거장은 또다른 영적 후예를 만들어 낸다. 오웬과 유진 벨은 살인자요 양조장을 운영하던 김윤수를 회개시켰고, 그 김윤수가 예수를 믿고 광주에서 최흥종에게 복음을 권면했다. 그리고 그들은 광주 선교지부를 세우는 일등공신이 되었다. 최흥종은 오웬과 포사이드의 삶과 신앙을 보고 나환자들을 비롯한 사회적 약자를 돌보면서 호남의 성자로 우뚝 서게 되었다.

내한/이한 1903/1940

John F. Preston

프레스톤 변요한 1875-1975

미국 SP

순천

매산학교

매산여학교

달성경학교

안력산병원

존 프레스톤은 미국 조지아 주 데카투어Decatur에서 1875년 출생하였으며, 테네시 주에 있는 킹King College대학, 사우스 캐롤라이나에 있는 퍼먼대학Furman University을 졸업하고, 다시 1900년에 프린스턴신학교, 동 대학원에서 신학 및 영문학을 전공하고 문학석사 학위를 받았다. 그는 후에 한국선교의 공을 인정받아 모교인 킹대학과 퍼먼대학 그리고 오글소프대학Oglethorpe University에서 각각 명예신학박사 학위를 받았다. 그는 1903년 4월 18일에 목사안수를 받고, 9월 2일 애니Annie S. Wiley와 결혼한 다음 곧바로 한국으로 출발하여, 1903년 11월 아내와 함께 목포에 도착하였다.

| 호남 남부 지역의 든든한 조력자 프레스톤 |

프레스톤은 미국을 출발해 남장로교 일본 선교부가 있는 고베를 경유하여 1903년 11월 10일 유진 벨, 오웬, 스트래퍼 양 등의 선교사들의 환영을 받으면서 목포에 상륙하였다. 프레스톤이 목포에 자리를 잡은 지 얼마 안 되어 유진 벨과 오웬은 광주 선교지부 개설을 위해 떠났다. 이에 프레스톤은 조셉 놀란Joseph W. Nolan과 함께 목포 및 인접 도서지방까지 돌보면서 복음을 전하였다.

프레스톤은 임성옥 조사를 대동하여 지방전도 여행을 떠나 강진의 학명리교회와 해남의 원진교회, 맹진교회, 남창교회를 세웠고, 1905년 교장으로 취임한 목포 영흥학교를 최초의 석조 건물로 건축하는데 큰 공헌을 하였다.

프레스톤은 광주 선교지부가 확장되자 1909년에 광주로 이동했는데,

1909년 오웬이 갑자기 소천하자 오웬이 순회하며 전도하던 순천과 구례 등 전남 동부지역까지 맡게 되었다. 순천에는 오웬과 지원근 전도사의 노력으로 순천읍교회(현순천중앙교회), 대기리교회, 구상리교회 등이 이미 설립되어 있었고, 이때 광주와 순천 지역의 교회개척을 이끈 조상학이 기독교에 입문하게 되었다. 프레스톤은 유진 벨과 함께 순천을 방문했을 때 순천읍교회에서 매주 50여 명이 모여서 예배를 드리는 것을 보고 적지 않은 도전을 받았다. 이곳에 미국선교사들이 들어오기 전에 이미 선각자의 기독교신앙을 받아들이고 신앙공동체를 형성하고 있었던 것이다.

순천읍교회(현 순천중앙교회)

| 순천 선교지부의 설립 |

순천읍교회와 인근 지역 기독교 공동체 발전에 도전을 받은 프레스톤은 순천을 자주 오가며 순천지역에 선교기지를 신설해야 하는 필요성을 제시했다. 광주와 순천 사이에 높은 산들이 지역을 격리시키고, 육로 교통이 불편해 교회와 신자를 돌보는 일이 어렵다는 점을 지적하면서 남해안 지역과 섬진강 유역을 감당할 선교기지를 구축할 것을 제안하였다.

순천선교지부 외국인 어린이학교

프레스톤의 제안으로 1910년 선교기지 개설위원회가 구성되고, 1911년에는 개설 장소가 논의 되었다. 순천과 벌교가 주요 후보지로 거론되었는데, 벌교가 당시 교통 및 상업 중심지였지만, 앞으로 순천의 발전 가능성이 더 클 뿐 아니라 여수지방의 도서선교에도 유리한 지리적 이점이 있음을 고려해 마침내 순천에 선교지부를 설립하기로 결정하였다.

따라서 1913년 1월 순천 선교기지가 순천 매곡리에 구축되었고, 프레스톤, 코잇Robert T. Coit, 고라복, 프래트Charles H. Pratt, 안채륜, 리딩햄Roy S. Leadingham, 한삼열 부부, 비거Meta L. Biggar, 백미다 양, 듀프이Lavalette Duppy, 두애란 양, 그리어Anna L. Greer, 기안나 양과 팀몬스Henry L. Timmons, 김로라 박사 부부가 순천 선교지부 개척선교사로 임명되었다.

| 매곡동 아이들의 매장지에 한국의 미래를 심다 |

매산학교 학생들

남장로회 선교지부는 1913년 4월 순천 선교지부 선발대로 프레스톤과 코잇 가족을 순천으로 보내 매곡동(매산) 선교사 주택에 짐을 풀고 선교활동에 들어가도록 했다. 당시 매곡동은 가난한 집안의 아이들의 매장지로 사용되고 있었는데, 미국 남장로회 선교사들은 이곳에 교회와 학교를 세워 복음의 전진기지로 활용했다. 프레스톤은 광양, 구례, 보성, 여천, 여수, 고흥 등 전남동부의 광활한 지역을 맡아 활동했다. 그는 1911년 안식년을 보내고 귀국한 후에 교육을 통한 선교에 많은 관심을 가졌는데, 이렇게 해서 코잇과 같이 시작한 것이 순천 매산학교이다.

매산학교는 1910년 4월 순천 금곡동에 사숙을 설립해서 영어와 성경을 가르쳤으며, 은성학교라는 학교명으로 시작하여 매산남학교와 여학교를 건축했다. 1913년 4월 매산남학교는 초대 교장 코잇, 1921년 4월 2대 교장에 크레인이 봉사하면서 가난한 학생들이 일하면서 공부할 수 있도록 하였다.

그러다 1916년 성경을 정규과목으로 가르치는 문제로 일본과 충돌하여 1차 폐교당했다. 1919년 데라우치寺内正毅 총독이 사임하고 사이토齋藤實 총독이 부임하면서 일본의 한반도 통치제도도 무단통치에서 문화정치체제로 변화하였는데, 매산학교가 이때 다시 문을 열었다. 그러나 1937년 9월 일본의 신사참배 강요가 이뤄지자 결국 다시 자진 폐교한 후, 1946년 8월 해방이 된 이후에 2차로 복교를 하였다.

프레스톤은 현지 교회를 잘 이끌어 나가기 위해서는 현지인을 교회 지도자로 양성하는 것이 더 필요하다고 생각하였다. 그래서 농한기를 이용해 농촌지역 지도자 양성을 위한 달성경학교를 개설하였다. 달성경학교는 연초에 1개월 동안 성경공부를 하는 것이었는데, 5년간 계속하게 되면 졸업한 후에 교회의 지도자급인 영수가 되거나 조사의 자격으로 개척교회를 담당하게 되었다. 후에 이 달성경학교는 순천보통성경학교로 발전하여 농촌 교역자와 목사들을 많이 배출하였다. 또한, 프레스톤은 가르치는 일로 끝내는 것이 아니라 직접 교장이 되어 학교 발전에도 크게 기여하였다.

| 프레스톤의 활동과 15인 사건 |

미국 남장로회 순천 선교지부는 개설 초기부터 큰 발전을 거듭하였는데, 그것은 학교를 세워 복음을 증거하고 인재를 양성했을 뿐 아니라, 병원을 세워서 사회에 기여하였기 때문이다. 남장로회 역시 복음전도, 병원사역, 교육사역이라는 세 개 항목을 선교지부 개설의 원칙으로 삼을 정도였다. 프레스톤은 의료선교사로 순천에 파송된 팀몬스 부부와 협력해 1915년에 순천 안력산Alexander병원을 세웠는데, 이 병원은 35개의 침대, 좋은 설계와 시설을 갖춘 병원이었으며, 이곳을 통해 수많은 극빈자가 의료혜택을 받았다. 그뿐만 아니라 이곳을 찾는 이들에게 복음을 전해 복음전파에도 막대한 공헌을 하였다.

프레스톤은 여러 교회를 순회하고 관리하고 개척하였다. 부락마다 다니면서 쪽 복음 성경을 배포하는 등의 다양한 전도를 하였고, 교회 건축비를 지원하고 대출해 주는 방법으로 많은 교회를 설립해 전라남도의 부흥을 일으키는 도화선 역할을 했다. 프레스톤은 1907년에 설립된 여수 우학리교회, 해남군 원진교회, 화순군 대포리 교회와 1908년에 세워진 순천 신평리 교회와 1909년에 세워진 순천 월산리교회, 해남군 남창리교회 등을 개척하거나 시무하였으며, 1917년에는 곡성에 석곡교회를 설립하였다.

그러나 이렇게 헌신적으로 선교사역을 감당해 오던 프레스톤을 비롯한 순천 지역 선교사들은 신사참배 문제로 노회에서 탈퇴한 후 순천을 떠날 수밖에 없었다. 1940년 그가 가르친 한국인 사역자들은 프레스톤을 배웅하며 순천역에서 환송예배를 드렸다. 그러나 일본은 이것을 문제 삼아 이날 순천역에 나갔던 목사와 전도사들에게 미국 첩보원이란 누명을 씌워 순천 경찰서에 검속하였다.

이 사건은 이후 해방될 때까지 일본에 의한 전남 동부 지역 기독교 박해의 서곡에 불과했다. 양용근 목사(구례읍교회)는 건강이 좋지 않은 상태에서 수감되었다가 1943년 12월 5일 광주형무소에서 옥사당했다. 제주도와 전라남도를 오가며 목회활동을 하던 이기풍 목사는 여수 경찰서에 구속되었다가 병으로 풀려나 1942년 6월 20일 주일에 하나님의 부름을 받았다. 사랑의 성자로 알려진 손양원 목사도 기나긴 감옥생활을 겪어야 했다.

내한/이한 1910/1957

John Van N. Talmage

탈메이지

타마자

1884-1964

미국 SP

존 탈메이지 부부

여수 애양원

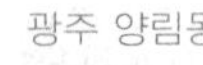

광주 양림동

교육선교

영명학교

한남대학교

탈메이지 부부

존 탈메이지는 1884년 12월 30일 미국 뉴저지 주 뉴아크Newark에서 중국에서 선교활동을 한 존John S. Talmage과 마리엘라Mariella C. Talmage 선교사 부부의 아들로 태어났다. 탈메이지는 1907년 툴레인대학Tulane University에서 전기 및 기계공학을 공부하고, 1909년 사우스웨스턴 장로교대학 신학부에서 신학사 학위를 받았으며, 1910년 프린스턴 신학대학에서 1년의 대학원 과정을 마쳤다.

1910년 3월 8일 미국장로회 해외선교부에서 한국 선교사로 임명된 탈메이지는 그해 7월 15일 뉴올리언스 노회에서 미국장로회 목사로 안수 받고, 18일 엘리사 에머슨Eliza D. Emerson과 결혼했다. 그리고 7월 26일 탈메이지 부부는 아시아호S. S. Asia를 타고 샌프란시스코에서 출항해 8월 26일 목포에 도착한 후, 광주로 이동하여 그곳에서 주된 사역을 담당하였다.

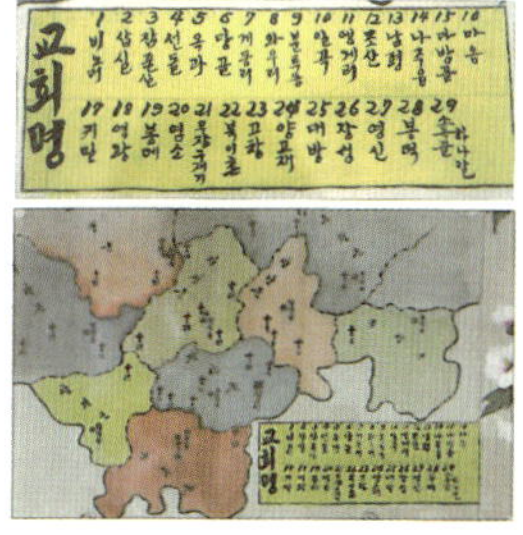
탈메이지가 전도한 교회 목록과 지도

| 일제의 억압하에 교육 선교의 불을 밝히고 |

한국에 온 선교사들은 복음전파와 의료사역에 더해 학교 교육을 핵심적인 선교사역으로 여겼다. 학교 교육이 기독교 신앙교육 자체는 아니었지만, 한국교회를 위한 한국인 지도자를 확보하기 위해서는 기독교인 가정의 아이들을 잘 양육하는 것이 매우 중요했기 때문이다. 그래서 선교사들은 선교거점에 큰 학교를, 시골 교회에는 보조금을 받는 작은 학교를 지어 한국전역에서 교육선교에 공헌했다.

탈메이지도 전도사역과 함께 선교부의 요청에 따라 유진 벨이 시작한 광주 숭일학교 교장에 재직하며 교육사업에 힘썼다. 그러나 탈메이지가 한국에 들어온 때는 일제에 의해 강제병탄이 이루어진 1910년이었다. 그 당시 대부분의 선교사처럼 탈메이지 역시 선교활동에서 일본의 많은 간섭을 피할 수 없었다. 특히 학교 교육과정에서 기독교교육을 배제하려는 일본과의 갈등은 큰 어려움이었다.

1915년 일제는 순천 선교지부 소속의 학교에게 운영을 포기하라고 강요했다. 정규 교과과정에서 성경 과목을 제외하지 않는다면 학교설립인가를 받을 수 없다는 이유였다. 하지만 교육 자체를 포기할 수 없었던 탈메이지는 일제의 압력에도 불구하고 숭일학교와 수피아여학교로 순천의 남학생과 여학생들을 데려와 교육을 받도록 하였다. 광주 선교지부의 학교들은 일찍 인가를 받아 성경을 가르칠 수 있었기 때문이다.

| 마지막까지 하나님의 재산을 지키고 |

1937년 중국에 대해 전쟁을 선언한 일본은 계속해 전쟁을 확장해 나갔다. 이런 가운데 1941년 8월 11일 미국 대통령 루즈벨트는 아시아에서 일본이 어떠한 군사행동을 감행한다면 미국인의 권리를 보호하기 위해서 적절히 관여하겠다고 선언했고, 결과적으로 미국과 일본 사이에 갈등이 심화되었다. 결국 1941년 12월 7일 일본이 하와이의 진주만을 공격하면서 태평양 전쟁이 발발하자 일본은 한국에 남아 있는 미국인에 대한 체포를 시작하였다. 전쟁의 기운이 감돌자 남장로회 선교부는 한국에 있는 선교부

루트

도슨

산하 선교사들에게 한국을 떠나 미국으로 복귀하도록 권했다.

탈메이지 역시 이때 일본 경찰에게 체포되어 감옥에 갇혔다. 한국에 체류하고 있던 다섯 명의 남장로교 선교사 중 4명은 광주의 선교 본부에서 거주하고 있었는데, 그들은 탈메이지 부부, 루트Florence E. Root, 유화례, 그리고 도슨Mary L. Dodson, 도마리아이었다.

탈메이지는 당시 여수에 있는 나환자 병원의 운영과 선교지부의 재산을 지키기 위해 재단법인을 만들어 재산을 관리하고 있었다. 한국어와 한자, 심지어 일본어까지 구사할 수 있던 탈메이지는 재산목록 등을 상세하게 기록해 놓았다. 이때 일본은 광주 양림동에 있는 선교사의 주택, 병원, 학교 등 전라남도의 모든 선교지부 재산을 빼앗기 위해 심문과 위협 등 온갖 억압을 가했다. 특히 일본 경찰은 선교사들의 강제 철수 분위기를 이용해 병원의 경영권과 재산에 대한 법적 소유권을 일본에 주지 않으면 한국을 떠나 본국으로 돌아갈 수 없다고 협박하기도 했다. 반대로 재산을 넘겨준다면 순순히 본국으로 돌려보내겠다고 회유하기도 하였다. 일본은 한국인이나 외국선교사를 가리지 않고 폭압적인 탄압을 계속했다. 탈메이지는 이를 끝까지 거절하였고, 결국 1942년 4월 9일 석방된 후, 6월 1일 일본에 의해 강제 출국 당하였다.

| 한남대학교, 교육의 터를 닦다 |

일본에 선교부 재산을 양도하지 않고, 강제 출국 당했던 존 탈메이지는 일제가 패망한 뒤 다시 한국으로 돌아왔다. 한국에 돌아온 탈메이지는 대학과 병원, 성경학교 등을 설립할 목적으로 정부의 협조를 얻은 후, 대전지역 유지들의 힘을 빌려서 현재 한

한남대학교 탈메이지 홀

남대학교가 위치한 오정동 땅을 매입하였다. 오정동 땅은 한국전쟁 이전에 선교지부가 계약했지만, 전쟁으로 인해 처리를 결론짓지는 못했다. 전쟁이 끝난 후인 1954년에 다시 한국에 온 탈메이지는 양도되지 않은 땅을 모두 매입하고 절차를 마무리 지었다.

사실 1949년 남장로회 선교부 회의에서 고등교육기관을 설립할 것을 결의하고, 광주로 그 지역을 결정하였지만, 전쟁으로 대학 설립을 더 이상 추진하지 못했다. 전쟁이 끝난 후 대학을 세울 지역을 새롭게 논의하는 와중에서 남장로교의 중요 선교 거점인 순천, 전주, 광주, 목포, 군산의 대표들은 모두 자신들의 지역에 대학을 설립해 줄 것을 요청했다. 이처럼 부지 선정에 합일점을 찾지 못하자, 사람들은 갈등이 없는 제3의 장소를 물색하였다. 이때, 이미 부지가 확보되어 있던 대전을 학교 설립지역으로 결정하였고, 남장로교의 고등교육기관인 한남대학교는 이렇게 탄생하게 되었다.

한국 현대사의 굴곡을 누구보다 앞에서 겪은 탈메이지는 한국 남장로교의 가장 큰 교육기관인 한남대학을 설립하면서 1955년까지 일선에서 선교 사역을 감당했다.

탈메이지는 은퇴한 후 조지아 주 아틀란타에서 여생을 보내다 1964년 하늘의 부름을 받았으며, 그의 한국을 향한 선교의 열정은 그의 아들에게 이어져 둘째 아들인 존 에드워드 탈메이지John E. Talmage, 타요한는 아버지 탈메이지가 터를 닦아 놓은 한남대학교 2대 학장을 맡기도 했다.

| 아버지가 닦아 놓은 터 위에, 존 탈메이지 |

에드워드 탈메이지는 1912년 아버지가 사역하던 광주에서 태어났다. 1936년에 아틀란타의 콜롬비아신학교Columbia Theological Seminary를 졸업하고, 그 해 아틀란타에서 목사안수를 받은 후 부인 로슬린Roslin Talmage과 함께 한국에 왔다. 그러나 1939년 일본의 억압으로 인해 광주에 부모를 둔 채 출국하였다. 하지만 해방이 된 후 다시 군산 선교지부로 돌아와 재정적 어려움을 겪던 군산 영명학교를 재건하기 위해 노력하였다.

그러나 1950년 한국전쟁이 시작되자 에드워드 탈메이지는 부산으로 잠시 피신했다가, 1953년에는 일본으로 건너가서 일본 관서 지방에 있는 한인교회를 순회하면서 선교사역을 감당했다. 전쟁이 끝나고 사회가 안정되자 1956년 다시 한국으로 돌아와 아버지인 탈메이지가 터를 닦아 놓은 한남대학교에 제2대 학장으로 취임하여, 1대 학장 린튼의 뒤를 이어 한남대학이 대학으로서의 모습을 갖춰나가는데 많은 수고와 노력을 기울였다.

내한/이한 1912/1960

William A. Linton

린 튼 인돈

1891-1960

미국 SP

군산

전주 신흥학교

전주

영명학교

대전대학(현 한남대학교)

유진벨 재단

| 끝없는 상실 속에 꺼지지 않은 한 줄기 희망 |

어린 시절 린튼

윌리암 린튼은 1891년 2월 8일 미국 조지아주 토머스빌에서 부농 가정의 셋째 아이로 태어났다. 그러나 그의 어린 시절은 그리 행복하지 않았는데, 그가 두 살 때 첫째 누나 모드Maude E. Linton가 죽었고, 네 살 때에 큰 형 와이체 2세Wyche Jr. Linton가 죽었기 때문이다. 그리고 남아 있던 유일한 형제 칼리Callie A. Linton도 린튼이 8세 되던 1899년 장티푸스로 세상을 떠났다. 그렇게 형제를 모두 잃은 린튼은 1901년부터 부모님이 별거를 시작하면서 부모의 사랑도 받지 못하고 형제도 없이 홀로 외롭게 성장해야 했다. 그런데 린튼이 대학교 진학을 위해 아틀란타로 옮긴 이듬해인 1908년 어머니마저 오랜 병고로 세상을 떠났다. 한 아이가 겪을 수 있는 모든 불운을 그는 10대에 경험하였다.

그럼에도 불구하고 린튼은 조지아 공대에 진학해 용기 있고, 존경받고, 친구들에게 호감을 주는 착한 사람으로 성장하였다. 학교 기숙사에서 생활하던 린튼은 조지아 공대 3학년 때부터 노스애버뉴 교회의 장로이자 의사인 헐M. M. Hull 박사의 집에서 기숙하였는데, 헐 박사가 린튼의 장래를 보고 자신의 집을 숙소로 제공한 것이다. 끊임없이 누군가를 잃어버리는 삶을 살아온 그에게 헐 박사는 하나님이 보낸 한줄기 희망의 빛이었다. 어린 청소년기의 캄캄한 구름을 하나님이 서서히 제거해 주기 시작했다.

| 선교사로의 소명 그리고 사명 |

린튼이 대학교 졸업을 일 년 앞둔 1911년 한국 선교사로 가 있던 프레스톤이 한국선교지에 충원할 33명의 선교사를 선발하기 위해 미국을 순회하다 친구인 헐 박사를 방문하게 되었다. 소수의 선교사로 급격하게 성장하고 있는 한국 기독교를 감당하는 것이 힘들다고 판단한 프레스톤은 1911년 안식년으로 미국에 와 있는 동안 한국에 파송할 선교사 지원자를 찾고 있었다. 프레스톤의 한국교회 관련 강연을 듣고 마음이 뜨거워진 린튼은 헐 박사와 충분한 상의를 한 뒤 미국 남장로회 해외선교부 실행위원회에 원서를 접수하였다. 그리고 1912년 4월 9일 대학을 졸업하기 전에 선교사 임명장을 받게 되었다.

그런데 린튼의 이러한 결기 있는 결정을 유일한 혈육인 고모 칼Callie McIntyre이 반대했다. 대학을 수석으로 졸업한 후에 GM사에 입사가 보장되어 있던 청년이 한번도 들어본 적도 없는 먼 땅으로 떠난다는 사실을 고모는 받아들일 수 없었기 때문이다. 린튼의 어린 시절을 누구보다 잘 알고 있던 고모가 그렇게 반대한다고 해서 누가 그녀에게 돌을 던질 수 있었겠는가? 고모의 강한 반대에도 자신의 뜻을 굽히지 않은 린튼은 오히려 가난한 나라에서 자기를 부르는 음성을 거스를 수는 없다고 진심을 담아 고모를 설득했다. 결국, 고모는 린튼의 결정을 인정할 수밖에 없었다. 이렇게 해서 린튼은 1912년 8월 23일 샌프란시스코항을 출발하여 호놀룰루를 거쳐 9월 20일 목포항에 도착하였다. 그때가 그의 나이 22세였다.

| 낯선 땅에서의 새로운 출발, 교육가 린튼과 한남대학교 |

목포항에 도착한 린튼은 군산 선교지부로 임명을 받아 군산에서 한국어를 공부했다. 군산에서 만난 어학 선생 고성모는 이후 수년 동안 변함없는 린튼의 동료가 되어 그의 사역을 도왔다. 어학에 재능이 있던 린튼은 일 년이 채 안 되어 한국말을 어느 정도 능숙하게 구사했고, 군산의 영명학교에서 한국어로 영어와 성경을 가르쳤다. 1917년에는 영명학교의 교장 베너블William A. Venable이 부인의 병 때문에 한국을 떠나자 그를 대신해 교장직을 맡았다.

군산 영명학교

전주 신흥학교

군산에서 영명학교 교장으로 5년간 일한 린튼은 교육 담당 지도자로 인정을 받아, 1926년 초가을 선교부의 명으로 남학생 교육의 중심이 될 전주로 자리를 옮겼다. 린튼은 전주로 와서 신흥학교를 총독부 '지정학교'로 인가 받기 위해서 기초작업을 시작했다.

일제는 1923년에 '지정학교' 제도를 만들어 일본과 동일한 시설, 교사진, 교육 과정을 갖출 수 없는 학교는 국가가 인정하는 고등보통학교의 자격을 인정할 수 없다고 공표했다. 일제시대에 지정학교로 인가를 받아야 졸업생이 누릴 수 있는 모든 특혜가 주어졌기 때문에 린튼은 신흥학교를 지정학교로 만들기 위한 노력을 기울였던 것이다. 그 결과 1933년 4월 13일 신흥학교는 지정학교 인가를 받고 전주신흥고등보통학교가 되었다.

교육가 린튼의 또 하나의 공헌은 대전대학(현, 한남대학교)을 설립한 것이다. 한국전쟁이 끝나고 1954년 전주에서 열린 전후 제8차 연차대회에서 대학 설립 안이 상정되었는데, 각 선교지부가 있던 전주, 광주, 순천 등의 지역 후보 중에서 여러 차례의 투표를 통해 대전에 대학을 설립하기로 결정했다. 이에 선교부는 린튼을 대학을 이끌 지도자로 임명하고, 린튼은 호퍼Joseph B. Hopper, 조요섭, 루트Florence E. Root, 유화례, 서머빌John N. Somerville, 서의필, 크림Keith R. Crim, 김기수, 크레인Paul S. Crane, 구바울 등을 대학위원으로 지명해 건축과 교과과정을 논의하며 기독교학교를 세우기 위해 준비를 했다. 1954년 9월 16일 미국 해외선교부로부터 대학설립 승인을 받은 후, 대구의 계명대학을 살펴보고, 1955년 1월에는 전주에서 대학위원회를 소집하는 등 개교를 위한 준비를 계속했다.

그는 1955년 10월 대학을 개학하기로 결의했지만, 당시 시설은 대학설치 기준령에 현저히 미치지 못해서 대학설립인가를 받을 수 없었다. 그래서 우선 대전에 기독학관을 설립해 운영하기로 했는데, 대전기독학관은 이름만 학관이지 입학자격이나 학사내용은 대학과 같은 수준으로 설치 기준도 대학설치 기준령에 거의 준하고 있었다. 하지만 처음 신입생을 대학으로 모집했기 때문에 하루빨리 정식 인가를 받아야만 했다.

첫 입학식을 마친 후 린튼은 1956년 한 해 동안 건물을 짓고 정식 인가를 받기 위한 행정적인 일로 분주했다. 본인 역시 학장 자격을 구비하기 위해 1957년 미시시피 주 잭슨에 있는 벨헤이븐 대학에서 명예박사 학위를 받았다. 이러한 린튼의 노력으로 1959년 1월 대전대학은 대학으로의 설립 인가서를 교부받아 정식 대학으로 출발할 수 있게 되었다.

| 한국인보다 한국을 더 사랑한 외국인, 1919년 |

1919년 복잡한 세계정세 속에서 한반도는 또 한 번 술렁이었다. 1919년 1월 21일 고종황제가 갑자기 승하하자 일본인에 의한 독살설이 유포되었고, 한국민의 일본에 대한 증오는 극도에 달했다. 그 연장선상에서 전국적으로 3·1운동이 일어났지만, 일본은 독립을 부르짖는 한국인을 잔인하게 제압하고, 공격적 방법으로 격렬한 고문을 하였다. 당시 일본은 모든 사건의 배후에 기독교인이 있다고 생각하고 교회에 불을 지르고 적지 않은 목사를 체포하였다.

위치 선정의 현장에서 중앙에 손가락으로 가리키는 린튼

린튼은 약소국가에 대한 잔인한 학대를 목격하고 큰 울분 속에서 안식년을 맞아 미국으로 떠났다. 그는 8월 노스 캐롤라이나 주 몬트리트에서 열린 해외 선교사 대회에 참석해 한국의 잔인한 실정을 외국에 폭로하였다. 힘없는 약소국가인 한국의 실정을 외국에 폭로하고 호소하여 세계 각국이 일본에 압력을 가하도록 하는 방법이 최상이라고 생각했기 때문이다. 이 내용은 실제로 아틀란타 지방 신문에 게재되기도 했다.

린튼은 1921년 6월 컬럼비아 사범대학에서 교육학 석사 학위를 받고, 그 해 여름 몬트리트에서 열린 남장로교선교회 모임을 끝으로 8월에 한국으로의 출국 준비를 하고 있었다. 이때 린튼은 평생을 함께할 동반자를 만나게 되는데, 그녀는 바로 유진 벨의 딸 샬롯Charlotte W. Bell Linton, 인사례이었다. 린튼과 샬롯은 1922년 결혼식을 올리고 함께 한국 땅을 밟았다. 샬롯은 전주 기전학교와 목포 성경학교의 교장을 역임하며 전라도 지역의 교육사업에 공헌했다.

린튼과 샬롯의 결혼 사진

| 대를 이어 전해지는 한국사랑 |

린튼의 남다른 한국사랑은 가족과 후손들에게로 그대로 이어졌다. 그는 유진 벨의 딸 샬롯과 결혼해 낳은 아들 4명을 초등학교부터 고등학교까지 한국인들과 함께 교육을 받게 했다. 린튼의 아들 가운데 셋째 휴 린튼Hugh M. Linton, 인휴과 넷째 토마스 린튼Thomas D. Linton, 인도아은 미국 유학을 마친 뒤 한국에 돌아와 호남에서 교육, 의료 봉사활동을 펼쳤다. 특히 휴 린튼은 한국전쟁 당시 해군 장교로 인천상륙작전에 참여하는 등 남다른 한국 사랑을 보여주었다. 휴의 부인 로이스Lois Elizabeth Flower Linton, 인애자도 순천에서 결핵재활원을 운영하며 30년 이상 결핵퇴치사업에 기여한 공로를 인정받아 국민훈장과 호암상을 받았다.

휴 린튼의 아들 스티브 린튼Steve Linton, 인세반은 증조부의 한국선교 100주년이 되던 1994년 유진벨 재단을 설립하여 북한 의료지원 사업을 펼치고 있다. 한국에서 대학까지 졸업한 그는 1997년부터 50여 차례 북한을 방문해서 김일성 주석도 수차례 만난 북한 전문가로서 미국과 한국을 오가며 한국사랑을 실천하였다. 또한, 그의 동생 존 린튼John Linton, 인요한은 한국에서 태어나 연세대 의대를 졸업하고 현재 세브란스병원 국제진료센터 소장으로 일하면서 유진 벨로 시작하여 린튼을 거친 한국 사랑을 지속하고 있다.

린튼의 가족

〈린튼 가계도〉

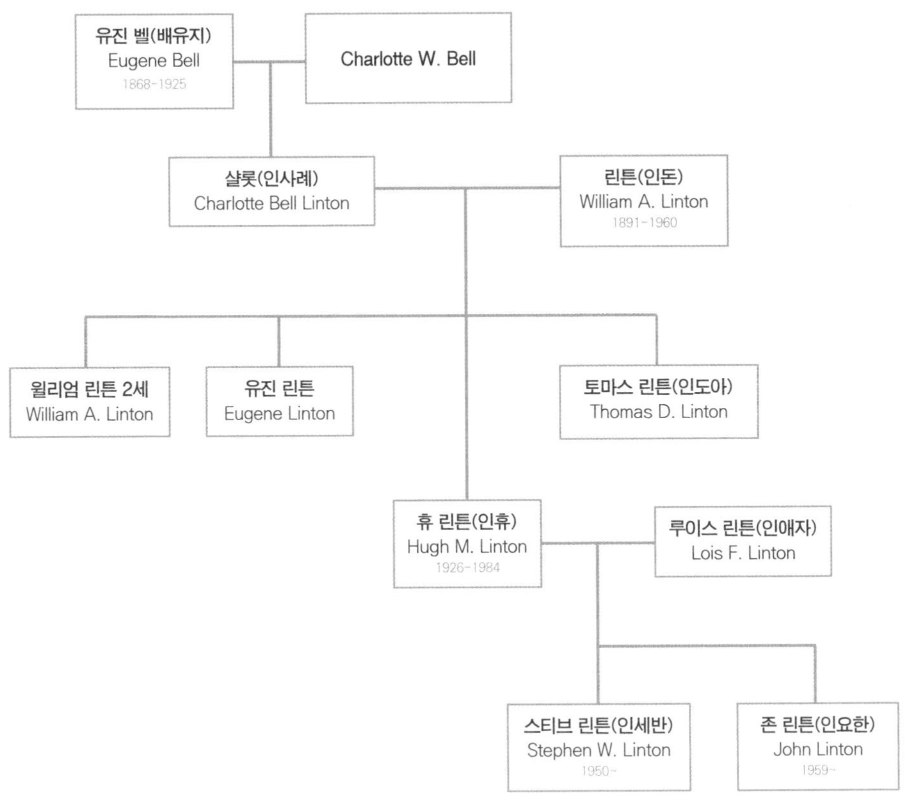

유진 벨(배유지)
Eugene Bell
1868-1925
Charlotte W. Bell
샬롯(인사례)
Charlotte Bell Linton
린튼(인돈)
William A. Linton
1891-1960
윌리엄 린튼 2세
William A. Linton
유진 린튼
Eugene Linton
토마스 린튼(인도아)
Thomas D. Linton
휴 린튼(인휴)
Hugh M. Linton
1926-1984
루이스 린튼(인애자)
Lois F. Linton
스티브 린튼(인세반)
Stephen W. Linton
1950~
존 린튼(인요한)
John Linton
1959~

내한/이한 1912/1934

Elizabeth J. Shepping

쉐 핑 서서평

1880-1934

독일 SP

광주 제중병원

군산 구암예수병원

세브란스 간호학교

조선간호부회

애양원

광주이일학교

국제간호협의회

| 사람을 살리는 간호와 말씀, 그리고 쉐핑 |

젊은 쉐핑

엘리자베스 쉐핑은 1880년 9월 26일 독일 비스바덴의 가톨릭 가정에서 태어났다. 그런데 그녀가 태어난 직후 아버지가 세상을 떠나자, 어머니는 쉐핑을 할머니에게 맡긴 채 미국으로 이민을 떠나 버렸다. 쉐핑이 9살 되던 해에 그 할머니마저 세상을 떠나자, 1889년 쉐핑은 어머니의 이름만 기억하고 미국으로 건너가 어머니를 찾았다. 1899년 고등학교를 졸업하고, 간호사를 꿈꿔오던 쉐핑은 1901년 당시 뉴욕 맨해튼 세컨드 에버뉴 177번지에 있었던 성 마가병원 간호학교St. Marks Hospital Nursing School를 졸업하고, 21세에 정식 간호사가 되었다.

늘 배움에 대한 열정을 갖고 성경을 사모해 온 쉐핑은 성경을 확실히 공부하고 싶은 생각에 1904년경 뉴욕에 있는 성서교사훈련학교Bible Teachers Training School에 입학해 1911년 졸업했다. 현재 뉴욕신학교New York Theological Seminary로 이름이 바뀐 이 학교는 화이트Wilbert W. White 박사가 뉴저지 주 몽클레어에 세운 학교이다.

신학교를 졸업할 무렵 쉐핑은 남장로회 해외선교부에서 간호 선교사를 모집한다는 소식을 접했다. 이 무렵 광주 제중병원 원장 로버트 윌슨이 새로 신축한 병원에 간호 전문 선교사가 필요하다는 청원을 선교부에 지속적으로 올렸기 때문이다. 선교지 현장의 필요와 어려운 환경에서도 간호사 자격과 신학공부를 한 쉐핑의 자격이 절묘하게 맞아 들어 갔다.

| 한국 간호사들의 어머니 |

쉐핑은 1912년 남장로회 선교회 독신 선교사로 임명을 받고 1912년 2월 20일 한국에 들어와 광주 제중병원에서 간호교사로 사역을 시작했다. 처음 3년 동안은 한글 교육도 받으면서 서서히 선교지에 적응해 갔다.

쉐핑은 사람을 살리기 위해 간호사를 양성해야 한다는 꿈을 항상 가져왔다. 그래서 광주 제중병원과 군산에 위치한 구암병원을 거치면서 한국에 간호사들이 너무 부족하다는 사실을 절감하고, 간호원 양성을 구체적으로 고민하기 시작했다. 1917년 9월 서울에 올라와 세브란스에서 근무하면서, 병원 근무 외에 간호사를 양성하는 일에 본격적으로 뛰어들어 군산 간호학생 3명을 세브란스 병원에 데려와 공부시키기도 했다. 간호사 양성의 꿈이 점차 구체적으로 실행에 옮겨지기 시작했던 것이다.

아이를 간호하는 쉐핑

쉐핑은 1919년 3·1운동 때는 독립운동을 하다 부상을 당한 한국인들을 치료해 주면서 그들과 아픔을 나누기도 했다. 예를 들어 쉐핑은 호남의 영적 지도자 최흥종을 비롯해 서대문 형무소에 갇혀 있던 독립운동가들의 옥바라지를 하기도 했다. 1909년에 쉐핑이 광주 제중병원 포사이드Wiley H. Forsythe를 도와 한센인 환자들을 치료하고 있을 때, 포사이드와 절친했던 최흥종과 안면을 나누어 그와 잘 알고 있었기 때문이다. 3·1운동이 일어나자 최흥종은 전라남도의 총 책임자로 서울에 연락하러 왔다 탑골공원을 왕래하며 만세시위를 하다 검거되어 3년간 옥고를 치르고 있었다.

1923년 쉐핑은 일본 간호협회의 방해에도 불구하고 최초로 한국 여성

간호사들을 모아 대한간호협회 전신인 '조선간호부회'를 창립해 10년간 회장을 맡았다. 그는 조선간호부회를 국제간호협의회International Council of Nurses, ICN에 가입시키기 위해 최선의 노력을 다했다. 1929년 그는 안식년을 맞아 몬트리올에서 열리는 ICN총회에 참석해 한국이 ICN의 정회원이 되어야 하는 당위성을 주장하기도 했다. 일본의 방해로 쉐핑의 염원이 당장 이루어지지 않았지만, 이 사건은 쉐핑의 한국사랑을 여실히 보여주고 동시에 한국의 초기 간호학계의 시야를 세계적으로 넓히는 중요한 계기가 되었다.

| 광주 이일학교, 쉐핑의 교육사역 |

쉐핑 집 앞의 이일학교 학생들

이일학교

쉐핑은 또한 광주 제중원(현 광주기독병원)에서 여성 성경공부반을 만들어 성경을 가르쳤는데, 당시 한국 여성 대다수가 문맹이라는 것을 알고 여성들을 일깨워야겠다는 생각을 하였던 것이다. 한국에 오기 전에 성서교사훈련학교에서 훈련을 받은 것도 쉐핑의 한국사역을 위한 하나님의 선물이었다. 쉐핑은 군산 구암병원에 근무할 때 전주에 단기 성경학교를 개설했다.

뿐만 아니라 광주로 내려가 양림동에 부모의 반대로 보통학교에 가지 못한 여성, 가난해서 학교에 갈 수 없는 여성, 배움의 기회를 놓친 다양한 계층의 여성들을 상대로 학교를 시작했다. 이 두 학교가 때가 차매 이후에 전주 한예정 성서신학원과 광주 이일학교로 발전하였다.

1926년 광주 양림동에 설립된 광주 이일학교The Neel Bible School는 성경공부반에서 작게 시작해 발전한 쉐핑의 집념의 결과였다. 이일학교는 여성들의 문맹 퇴치와 계몽을 위해 정부가 공식적으로 인정한 3년제 사립학교인데,

쉐핑은 여기에 보통과와 성경과를 두어 비기독인들의 입학도 허락하였다.

학교에서 쉐핑은 가난한 여학생들이 스스로 힘을 배양하기 위해 양잠과 직조기술을 익혀 학비를 마련하도록 길을 열어주었다. 이일학교는 일제의 신사참배 강요에 반대해 1941년 9월에 폐교되었지만, 해방 후 1949년 5월 학교를 다시 열었다. 그러나 불행히도 1950년 6월 25일 한국전쟁이 시작되자 문을 닫게 되었다.

| 거지들의 탄식, "어머니, 우리는 어떻게 살아요?" |

여성의 몸으로 광주와 군산, 서울을 누비며 한국을 위해, 특히 한국의 연약한 여성들을 위해 살았던 쉐핑은 과로로 인해 1934년 2월 17일 광주 제중병원에 입원해, 23년간의 사역을 마치고 5월 26일 새벽 4시에 54세의 나이에 하늘의 부름을 받았다. 그녀가 남긴 전 재산은 보리쌀 두 홉과 한 끼 식사 값도 안되는 7전에 불과했다. 그리고 그녀의 머리맡에는 "Not Success, but Service"성공이 아니라, 섬김이다라는 글귀가 남아 있었다. 예수를 믿는 이유는 성공하기 위한 것이 아니라 남을 섬기기 위한 것임을 죽을 때까지 강조했던 것이다.

호남의 버려진 여성들에게 삶의 의미를 불어넣어 주고, 병든 자들의 간호사, 간호교육자, 죄인들의 영혼 구원을 위해 쉼 없이 일했던 쉐핑이 지병과 영양실조로 삶을 마감한 것이다. 평생을 독신으로 살면서 간호사양성과 성경공부를 강조한 쉐핑은 자신의 신체마저 의학연구를 위해 기증하였다.

쉐핑의 죽음에 양림천에 생활 근거를 두고 있던 거지들이 가장 충격을 받았다. 쉐핑은 항상 생활비를 받으면 그 길로 곧장 양림천으로 달려가 거지들을 인솔해 목욕탕으로 가서, 깨끗하게 목욕을 시킨 후 옷 가게로 안내해 남루하고 더러웠던 옷을 벗어버리고 새 옷으로 입히고, 마지막으로 음식점으로 안내해 쇠고기를 먹였기 때문이다. 양림천에 사는 거지들에게 쉐핑은 자신들의 어머니 이상이었다.

쉐핑을 마지막 보내는 오웬 기념각에 광주교회의 교인, 시민, 광주 숭일학교와 수피아여학교 학생들이 모여들었고, 제일 앞에는 양림천 거지들이 앉아 울고 있었다. "어머니, 어머니, 우리는 어떻게 살아요?" 그 곁에는 하늘이 내린 형벌이라 알려진 한센병에 걸린 사람들도 있었고, 그들 역시 한결같이 목 놓아 울었다. "어머니, 어머니, 그렇게 가시면 어떻게 해요?" 광주 제중병원에서 간호사로 일할 때 여수 애양원에서 나환자들이 오면 쉐핑은 정성을 다해 이들을 보살펴주었다. 심지어 나병에 걸린 한 아이를 데려다가 양자로 삼고 요셉이라 이름을 지어주기도 했다. 그래서 그의 장례는 광주에서 처음으로 사회장으로 치러졌다.

쉐핑의 사역과 정신은 루트 선교사가 이었다. 쉐핑의 묘는 광주 양림동 선교사 묘지에 있는데, 지금도 많은 간호사가 매년 5월 쉐핑의 무덤 앞에서 간호사 선서를 하곤 한다.

쉐핑 묘지 앞에서 이일학교 학생들

광주 선교사 묘역에 고이 잠들어 있는 쉐핑은 《실용간호학》, 《간이 위생학》의 책을 남겼다. 그녀의 내한 100주년을 맞이해 2012년에 《호남 사람 이야기》, 《조선을 섬긴 행복》, 《천국에서 만납시다》, 《바보야 성공이 아니라 섬김이야》 등이 출간되었다.

광주
기독교
유적지도

❶ 윈스보로홀

❷ 에비슨기념관

❸ 수피아홀

❹ 수피아 옛 강당

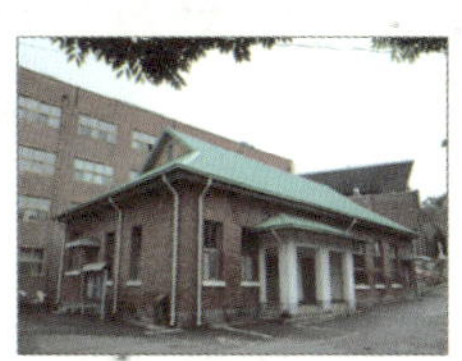

❺ 커티스메모리얼홀

❻ 광주 기독병원

❼ 선교사묘지

❽ 윌슨 선교사 사택

❾ 피터슨 선교사 사택

❿ 선교기념비

⓫ 양림교회

⓬ 오웬기념각

순천
기독교
유적지도

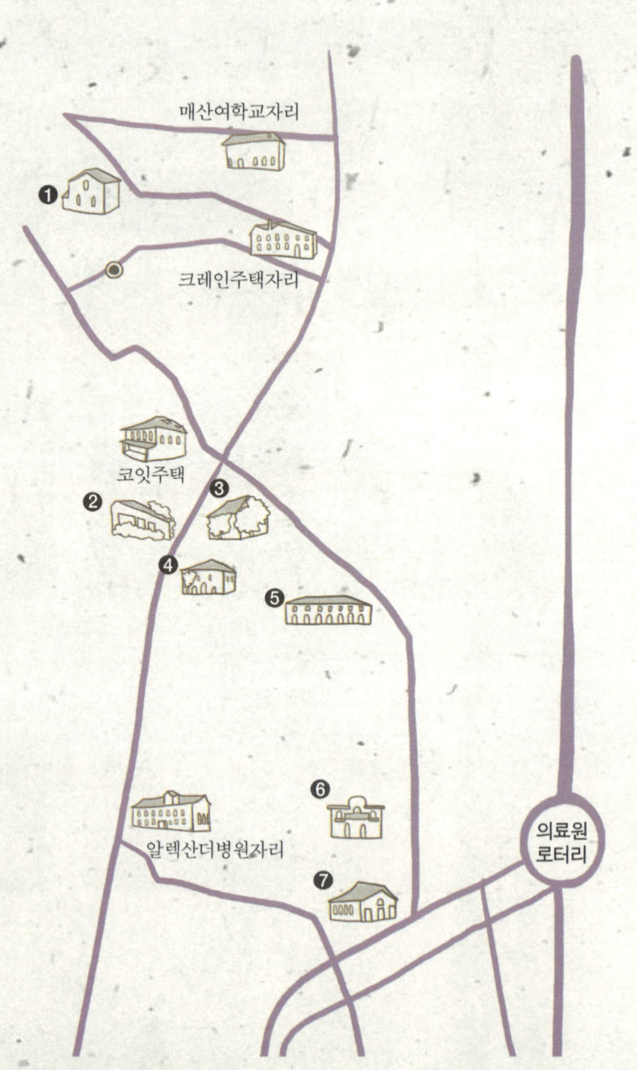

❶ 기독교역사박물관

❷ 외국인학교

❸ 매산여자고등학교 내 프레스톤 주택

❹ 매산여자고등학교 내 로저스 주택

❺ 매산중학교 매산관

❻ 조지와츠기념관

❼ 순천읍교회 자리 (현 중앙교회)

전주
기독교
유적지도

❶ 현 예수병원

❷ 전주 선교사 묘지

❸ 신흥고등학교 내
리처든슨관

❹ 신흥고등학교 내
스미스기념관

❺ 구 예수병원
(현 엠마오 사랑병원)

❻ 전주서문교회
100주년 기념관

❼ 전킨선교사 기념종각

목포
기독교
유적지도

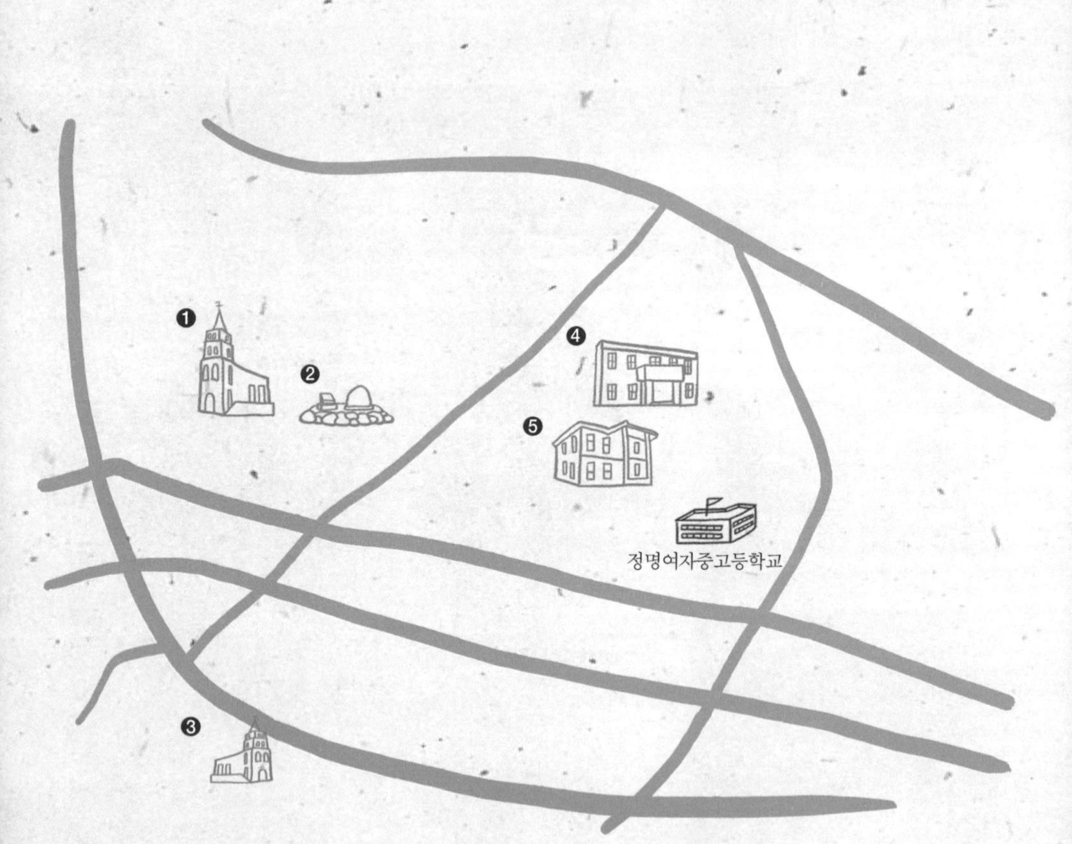

❶ 목포 양동교회

❷ 선교사 100주년 기념비

❸ 목포 북교동교회

❹ 정명여자중학교 내
석조1호 주택

❺ 정명여자중학교 내
석조2호 주택

군산
기독교
유적지도

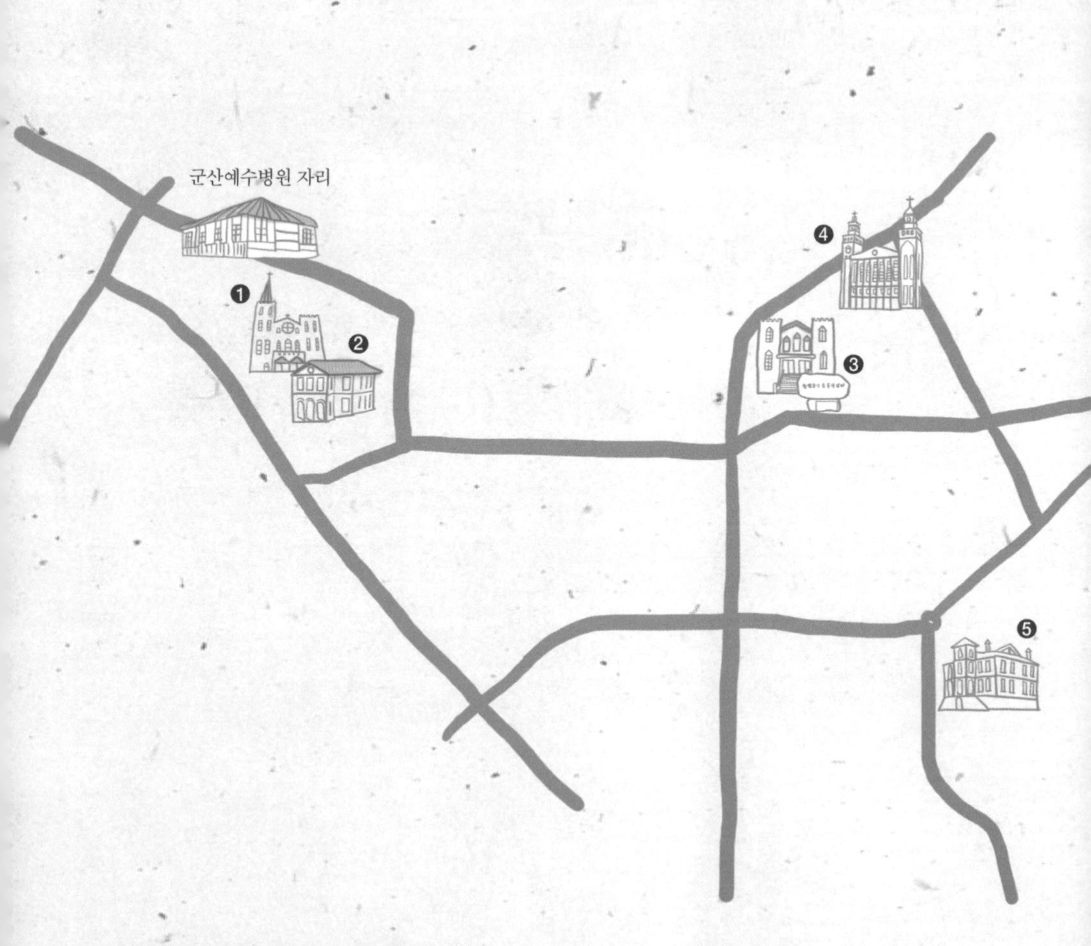

❶ 군산 개복교회

❷ 군산 멜본딘여학교
(현 군산 영광여자중고등학교)

❸ 군산 3·1운동기념비와
군산교회 옛 예배당

❹ 현 구암교회

❺ 군산 영명학교
(현 군산 제일 중고등학교)

생몰연도

내한/이한

이름	생몰연도	내한/이한	내한
데이비스	1856-1890	1889-1890	33세
멘지스	1856-1935	1891-1923	35세
아담슨	1860-1915	1894-1914	34세
엥겔	1868-1956	1900-1938	32세
맥켄지	1865-1956	1910-1938	45세
아담스	1867-1929	1895-1923	28세
브루엔	1874-1959	1899-1941	25세

제7장

경상도

경상도 Timeline

연도	부산		대구	진주	안동
	호주장로회	미북장로회	미북장로회	호주장로회	미북장로회
1839					
1884					
1876					
1889	*데이비스 내한				
1890	*데이비스 사망				
1891	*멘지스 내한	*베어드 내한			
		✝ 부산진교회			
1892		✝ 초량교회			
1893	♥ 미오라 고아원				
1894	*아담슨 내한				
1895	일신여학교	*아담스 내한	**대구 선교지부**		
1897			✝ 대구제일교회		
1899			동산병원		
1900	*엥겔 내한				
1901					
1904					
1905	✝ 수안교회			**진주 선교지부**	
1906			계성학교	시원여학교	
				광림학교	
1907			신명여학교		
1908					
1909					**안동 선교지부**
					✝ 안동교회
					성소병원
1910	*맥켄지 내한	♥ 상애원			
1911					
1913					
1914					
1915					
1919					
1933					
1937					
1941					
1942	선교사 강제 출국 조치				
1952	일신병원				

✝ 교회 학교 병원 ♥ 복지시설

마산	통영	거창	시대배경
호주장로회	호주장로회	호주장로회	
			호주 빅토리아장로회 조직
			빅토리아장로회 청년연합회 조직
			강화도 조약, 부산항 개항
			빅토리아장로회 여선교회연합회 창립
✝ 문창교회			
			부산진교회 심취명 장로 장립
창신학교			
			한일합병
마산 선교지부			
의신여학교	**통영 선교지부**	**거창 선교지부**	
	진명여학교		선교지 분할, 호주장로회 부산지역 관할
		명덕학교	
			3.1운동
복음농업실수학교			
			중일전쟁
			태평양전쟁
선교사 강제 출국 조치			

1889/1890

Joseph H. Davies

데이비스

덕배시

1856–1890

호주 AP

스카츠교회

The Missionary at Home and Abroad

여전도연합회-선교본부

To Live, Christ;
To Die, Gain 빌1:21

"주님 내가 만약 잘못된 길을 걷고 있다면 진리 가운데로 나를 이끄소서
주여 나를 불쌍히 여겨 나를 도와주소서
믿사오니 당신은 나의 믿음이 독실치 못함을 도와주소서"
(1889년 12월 31일 일기 중에서)

| 교육, 아이들을 그리스도에게 이끄는 관문 |

조셉 데이비스는 1856년 8월 22일 뉴질랜드 왕가나리Wanganari에서 태어났으나, 4살 때인 1860년 부모를 따라 호주 멜버른으로 건너왔다. 변호사인 아버지를 포함한 데이비스의 가족은 독실한 청교도 단체인 플리머스 형제단Plymouth Brethern에 속해 있었는데, 데이비스가 12세 때 아버지가 돌아가시면서 그는 13남매의 가장이 되었다.

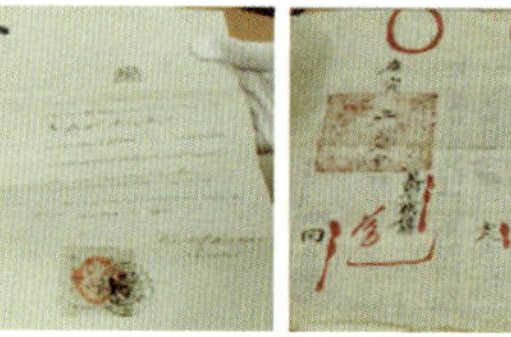
데이비스 비자와 여권

데이비스는 선교에 대한 열정을 일찍부터 가지고 있었다. 20세 때는 누이 사라Sarah가 사역하던 인도 남부지역 엘로르Ellore에서 1년 어간 선교사역을 돕기도 하였다. 그러나 말라리아에 걸리는 등 여러 어려움 때문에 다시 호주로 돌아가야 했다. 집으로 돌아온 후에도 복음에 대한 열정은 다양한 설교사역 등을 통해 데이비스가 한국으로 선교를 나갈 때까지 지속되었다.

호주 멜버른대학University of Melbourne에서 공부 한 데이비스는 많은 형제를 부양할 부담을 느끼고 있던 터에 콜필드문법학교Caulfield Grammar School를 세워 1888년 4월까지 7년 어간을 교장으로 일했다. "학교 교육을 통해 어린 학생들을 그리스도에게 인도할 수 있다."는 확신이 있던 데이비스에게 학교운영은 자신의 생계, 교육적 이상, 신앙적 목적을 동시에 만족시키는 멋진 방안이었다.

| 월프의 선교편지에서 시작한 40일간의 항해 |

데이비스가 한국선교를 하는데 결정적인 영향을 미친 사람은 중국주재 성공회선교부 총무 월프John R. Wolfe 신부였다. 중국에 주재하면서 1884년부터 한국을 오가던 월프는 1887년 한국 선교, 특별히 부산지역 선교의 시급성과 간절함을 담은 감동적인 편지를 호주에 보내, 선교사가 없는 부산에 선교사를 보내줄 것을 여러 곳에 요청하였다. 그러나 이 요청이 번번이 거부당하자, 월프는 자신의 부산 방문기와 부산에 선교사가 필요하다는 편지를 호주의 콜필드교회의 메카트니Hussey B. Macartney 목사에게 보냈다.

월프의 편지는 매카트니가 발행하는 *The Missionary at Home and Abroad*에 실렸고, 그의 글을 읽은 데이비스는 한국이 인도보다 복음이 필요한 곳이라는 생각을 하고, 인도로 되돌아가려던 마음을 돌려 한국으로 선교하러 가기로 했다. 그 당시 영국 성공회 교회를 다니던 데이비스는 선교 파송을 위해 빅토리아주 장로교회로 이적하였다. 1888년 8월에 영국 에딘버러대학에서 잠시 신학을 공부하고 이듬해 목사고시를 준비해 1889년 8월 5일 데이비스는 목사안수를 받았다.

1889년 8월 17일 멜버른에 있는 스카츠교회Scot's Church에서 파송 예배를 드리고 호주 빅토리아장로교회 청년연합회Young Men's Sabbath Morning Fellowship Union, YMFU의 재정 지원을 받아 누이 메리Mary T. Davies와 함께 8월 21일 기차로 멜버른을 떠난 데이비스는 9월 30일 배편으로 일본 나가사키에 도착했다.

그리고 1889년 10월 2일 이른 아침 부산에 도착했는데, 이날이 바로 호주 선교부의 부산선교를 여는 아침이 되었다. 이후 데이비스는 부산을 출발하여 인천을 거쳐 10월 5일 서울에 도착해 언더우드와 교류를 하며 언어를 익혔다. 서른이 넘는 나이로 한국에 들어온 데이비스는 이미 호주에서 콜필드 학교를 세우고 교장으로 일했던 경력자였고, 대학에서 문과를 전

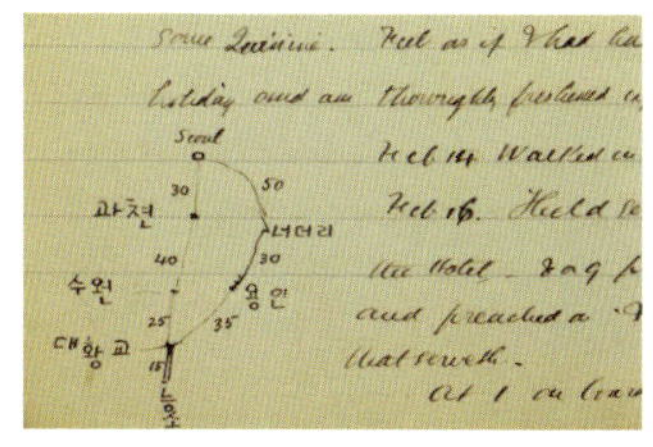

데이비스 전도 여행 일기

공하여 고전어 실력이 탁월했다. 언더우드는 데이비스의 성품과 실력을 알아보고 자신과 함께 서울에 머물면서 성서번역 등의 사역을 도와달라고 부탁했다. 그러나 당장 복음을 전해야 한다는 생각이 강했던 데이비스는 언더우드의 부탁을 마다하고 무리한 도보여행을 시작하였다.

| 복된 매장지를 찾아 나선 20일간의 도보 여행 |

한국에 도착한 데이비스는 5개월 여간의 한국어 공부와 적응교육을 마쳤다. 1889년 데이비스가 한국에 들어왔을 당시는 서울과 북부지역에 이미 다른 교단이 자리 잡고 있었다. 때문에 데이비스는 적합한 선교지 물색을 위해 1890년 3월 14일 서울에서 시작하여 부산까지 약 500Km에 이르는 도보 답사여행을 20여 일에 걸쳐 진행했다.

데이비스는 먼저 3월 14일 서울에서 어학 선생과 수행원을 대동하고 여행 도중에 판매할 목적으로 성경과 전도지와 상비약을 준비하여 과천-수원(3.15)-천안(3.18)-공주(3.20)-경천(3.21)을 순례하며, 만나는 사람에게 전도하였다. 계속해서 논산(3.22)-전주(3.24)-오수(3.25)-남원(3.27)-하동(3.29)을 거쳐 지리산 기슭 산악 지역을 통과해 갔다. 전주를 향해 걸어갈 때에는 많은 비 때문에 길이 물에 잠겨 장화를 벗고 걸어야 할 정도로 힘들었다. 이렇게 서울에서 남원까지 270여 Km를 걷는 강행군이었는데도 불구하고, 데이비스는 매일 5-6시간씩 공부를 하면서 사람들을 만나 많은 이야기를 듣고 조금씩 한국 말을 하려고 노력했다.

그러나 데이비스는 무리한 도보 여행을 하는 가운데 추운 날씨와 불편한 잠자리, 맞지 않는 음식으로 허약해진 체질에 폐렴과 천연두에 걸려 부산에 도착하기 마지막 5일간은 아무것도 먹지 못했다. 캐나다 선교사 제임스 게일의 도움으로 4월 4일 비 오는 금요일 부산으로 이동하였으나 병세는 더욱 악화되었다. 일본인 병원에 입원하여 하룻밤을 병상에서 지내다가 치료도 제대로 받지 못한 데이비스는 1890년 4월 5일 하나님의 부름을 받았다.

20여 일간의 도보여행은 어쩌면 데이비스 자신이 죽을 장소를 찾아 나선 기나긴 고난의 여정처럼 보였다. 당시 천연두에 대한 예방접종을 멜버른에서 할 수 있었지만, 하루라도 빨리 한국에 가기 위해 예방접종을 하지 않고 배를 탄 것이 화근 중 하나였다. 한국에 온 지 6개월, 정확하게 한국 땅을 밟은 지 183일 만이었고, 이때 그의 나이 불과 34세였다. 데이비스의 시신은 부산의 복병산에 안장되었다.

부산 현지에서 데이비스의 죽음을 마지막까지 지켜본 캐나다 선교사 게일은 데이비스의 누이 메리에게 보낸 편지에서 당시 안타까운 상황을 자세하게 기록해 주었다.

> "데이비스 선교사는 아직 의식이 있고 저에게 말도 하고 있는데 의사는 그의 시간이 얼마 남지 않았다고 말했습니다. 결국, 한 시경 데이비스 선교사는 예수님에 관하여 무엇인가를 이야기하는 듯하면서 편안하게 잠들었습니다……."

데이비스의 묘를 찾은 그의 제수와 조카

평생 마음에 새긴 선교의 꿈을 펼쳐보지도 못하고 죽음으로서 선교지에 씨앗 하나 덩그러니 심고 떠난 복병산에 묻힌 기독교인 묘지에는 다음과 같은 글귀가 쓰여 있다.

> "사는 것이 그리스도니 죽는 것도 유익함이라"To Live, Christ; To Die, Gain, 빌1:21

데이비스의 못다 핀 삶을 지켜본 한국선교의 선구자 언더우드는 "열정적이고 뛰어난 재능이 있는 하나님의 거룩한 사람이었으며, 한국에 온 훌륭한 선교사들 가운데 한 사람이었다."라고 그를 추억했다.

| 한 알의 밀알이 된 데이비스의 죽음 |

경남선교의 시작과 호주선교의 출발점을 제공한 데이비스의 죽음은 헛되지 않았다. 그의 죽음에 충격과 도전을 받은 호주 빅토리아장로회의 여성들은 1890년 8월 25일 여선교회연합회Presbyterian Women's Missionary Union, PWMU를 조직하여 한국에 선교사들을 전폭적으로 지원했는데, 해방 이전 한국에 온 78명의 선교사 중에서 35명을 이 기관이 파송했다. 1891년 10월 여선교연합회에서는 멘지스Isabella Menzies, 페리Jean Perry, 퍼셋Mary Fawcett의 여선교사를, 원래 데이비스를 파송한 기관인 호주청년연합회PMFU에서는 멕케이James H. MacKay 목사 부부를 파송하면서 호주장로교의 한국 선교가 본격화되었다.

이 연합회가 조직되고 활동하는데 데이비스의 누이와 가족들이 깊이 연계되어 있음은 말할 필요도 없다. 데이비스의 조카 마가렛Margaret Davies과 제수 엘리스Jean Davies도 일제에 의해 한국에서 추방당할 때까지 30여 년간 데이비스의 뜻과 열정을 이었다. 데이비스를 파견한 호주 빅토리아장로회 청년연합회에 이어 여선교회연합회가 한국선교에 동참하게 됨으로써 호주장로교회의 한국선교는 보다 폭넓게 전개되기 시작했다.

이처럼 34세, 그중에서 183일이라는 짧은 시간을 한국에서 보냈지만, 인도와 한국과 같이 복음의 불모지에 자신의 생명으로 복음의 씨앗을 심은 데이비스의 열정과 헌신, 그리고 사랑은 그 이후 126명의 호주 선교사들이 한국의 부산과 경남으로 향하게 하는 발판을 제공하였다.

내한/이한 1891/1923

Isabella B. Menzies

멘지스 민씨

1856-1935

호주 AP

호주 첫 여선교사

부산

김만일·기생 한설향

미오라고아원

일신여학교

심상현

| 한국에 파송된 호주 첫 여선교사 |

이사벨라 멘지스는 1856년 호주 빅토리아주 발라랏Ballarat에서 10남매 중 맏딸로 태어났다. 14살에 아버지를 여읜 멘지스는 '이스라엘의 어머니'라는 별명을 가질 정도로 신앙심이 깊은 어머니의 기도 속에 성장했다. 어머니 엘리사벳 밴드Elizabeth Band와 함께 성 앤드류스교회St. Andrews에 출석하면서 신앙교육과 세례를 받았고, 공립학교와 사설 신학교에서 수학하면서 열심히 신앙생활을 하였다. 성인이 된 멘지스는 호주 빅토리아장로회 여선교회연합회PWMU 에벤에셀 지부의 총무로 근무하였다.

여선교사와 전도부인

34세라는 젊은 나이에 한국에서 한 알의 밀알이 된 데이비스의 죽음으로 호주 남부의 빅토리아장로회는 한국 선교에 박차를 가하게 되었다. 여선교회연합회 또한 그의 죽음이 알려진 직후 한국으로 파송할 선교사를 공개 모집하고 있었다. 이때 멘지스는 여선교회 소속 선교사로 있는 동안에는 결혼할 수 없다는 조건에도 불구하고 처녀의 몸으로 한국 파송 선교사에 지원했다. 그녀는 같은 여선교회연합회 출신 페리Jean Perry와 포셋M. Fawcett 그리고 빅토리아장로회 청년연합회PMFU가 파송한 맥케이 목사James H. MacKay와 그의 부인 사라Sara Mackay와 함께 40여 일의 긴 항해 끝에 일본을 거쳐 1891년 10월 12일 부산에 도착했다. 멘지스는 페리와 파셋과 함께 여선교회연합회가 한국에 파송한 첫 번째 여선교사였다.

이들은 처음에는 일본인 거주 지역에서 하디의 집으로 옮겨가 일정 기간을 보냈다. 그러나 비좁고 드나드는 손님도 많은 그의 집에 장기간 있을 수 없어서, 1893년 부산진의 한국인 주택을 매입하고 거처를 옮겼는데 이곳이 호주장로교회의 중요 선교 거점이 된 지금의 동구 좌천동 686번지 일대이다. 이렇게 하여 초량과 부산진이 호주 선교부의 거점이 되었다.

한국에서 선교사역을 감당하기 위해 멘지스가 가장 중요하게 생각했던 일은 먼저 한글을 배우는 일이었다. 멘지스와 그녀의 동료는 우선 영어를 할 줄 아는 심상현을 만나 한국어를 공부하기 시작했다. 심상현은 그녀에게 한국어를 가르치며 그녀의 사역을 돕다가 신앙을 고백하고 1894년 4월 22일에 부산지방에서 최초로 다른 두 한국여성과 함께 세례를 받았다.

이들은 아울러 부산과 경남의 여러 지방으로의 선교여행을 안내해 줄 여전도인과 복음서 보급을 도울 매서인을 구하는 데 집중했다. 이들은 부산진을 거점으로 고관, 동래에서 주로 활동했는데, 부산지역에 새로운 생명의 바람을 몰고 올 여성 사단들이었다.

| 미오라 고아원과 일신여학교, 빵과 교육을 주는 안식처 |

부산진에 거처를 정한 멘지스는 동료 선교사들과 함께 여성과 어린이를 중심으로 본격적인 사역을 시작했다. 그들은 어린이들을 위한 성경 공부반을 운영하면서 한국인 전도부인과 함께 지역을 순회하였다. 이 와중에 극심한 가난으로 버려진 아이들, 신체적 장애로 버려진 아이들을 위해 1893년 미오라 고아원Myoora Institute을 설립했다. 미오라는 '안식처'란 뜻으로 고아원

부산진 일신여학교 제1회 졸업식

사역을 도와준 호주 멜버른 하퍼Harper 부인의 저택 이름이었다.

멘지스의 초기 사역에서 한국사회에 지속적인 영향을 준 가장 중요한 사역은 여학교의 설립과 이를 통한 교육활동이었다. 멘지스는 고아들의 숫자가 늘어나자 어학 선생의 도움을 받으면서 1895년 10월 15일 선교관에 3년제의 소학교를 설립했다. 시간이 지나 학생들의 숫자가 늘어나자 1905년 좌천동에 부산진 일신여학교를 새롭게 건축해 개교하였는데, 지금 동래여고의 전신이다. 이는 호주장로교 선교부의 첫 교육기관이자, 부산-경남지역 최초의 여성 교육기관이라는 점에서 그 의미를 찾을 수 있다.

멘지스는 이 학교의 첫 번째 교장을 맡아, 여성 교육을 위해 크게 기여하였다. 이 학교는 성경과 기독교 신앙을 기본으로 가르쳤으나, 수신修身, 한글과 한문, 산수, 체조 등도 함께 교육하였다. 어학 선생 박신영이 지은 "날로 새롭다"daily new라는 뜻의 일신日新여학교는 사회적으로 지위가 낮은 여성들의 교육이 무시되고 경시되던 때에 여성 역시 남성과 같이 교육을 받아야 할 대상이라는 분명한 목적의식을 갖고 시작된 매우 의미 있는 학교였다. 박신영은 호주 여선교사들의 어학 선생으로 예수를 믿고, 이후 엥겔Gelson Engel의 파송을 받아 매서인으로 활동하다가 심취명에 이어 부산진교회의 2대 장로가 되었다.

만세운동 기념비

부산진 일신여학교

일신여학교 학생들은 1919년 부산지역 최초의 만세운동을 이끈 주역이었다. 일신여학교 교사 박신영과 주경애 선생을 필두로 한 고등과 학생 11명은 태극기 50여 장을 만들어 3월 11일 밤 9시에 좌천동 거리에서 태극기를 흔들며 독립만세를 외쳤다. 이 만세운동으로 두 선생은 1년 6개월 형, 대다수의 학생은 6개월 형을 선고받아 부산감옥에서 복역하였다.

좌천동에 위치한 부산진 일신여학교 건물은 부산 최초의 서양식 벽돌건물로 비교적 원형을 잘 간직하고 있다. 부산광역시기념물 제55호로 지정된 이 건물은 부산-경남 교역자 연수원으로 사용되기도 했으나, 지금은 기독교 기념전시관으로 사용하고 있다.

| 1894년 4월 22일 부산 - 경남지방의 최초의 세례식 |

호주 선교부가 부산에 발을 들인 이래 부산지방 최초의 세례식이 1894년 4월 22일에 행해졌다. 세례자는 멘지스의 한국어 선생인 심상현과 나이 든 부인 이도념과 귀주(성 미상)였다. 이들이 호주 선교부의 첫 결실이었고 동시에 부산-경남지방 복음의 첫 열매였다. 특히 심상현은 유가에 깊이 빠져 있던 사람이었는데, 멘지스에게 한국어를 가르치고, 그녀의 사역을 돕다가 신앙을 고백하게 되었다. 세례식을 주관한 멘지스는 당시 호주 선교부에 목사가 없었기 때문에 미북장로회 선교사 베어드에게 집례를 의뢰했다. 멘지스가 준비한 이 역사적인 세례식은 부산진의 한 한옥에서 멘지스와 페리, 무어Bessie Moore 등 호주 여선교사 3명과 13명의 남자와 22명의 여자, 22명의 어린이가 참석한 가운데 열렸다.

김원봉과 남편 윤병연

이들 외에 멘지스에게 복음을 받고 개종한 대표적인 사람으로 김원봉과 한동년이 있다. 김원봉은 동래읍에서 16대에 걸쳐 살아온 유서 깊은 가문의 증손 집안 주부였다. 멘지스는 그 집에 방 하나를 세 얻어 유숙하면서 현지인에게 복음을 전하거나 경남 동부지역으로 전도여행을 할 때 이용하곤 했다. 김원봉은 그때마다 멘지스를 만나 복음을 듣게 되었는데 결국 기독교 신앙을 받아들이게 되었다. 그녀는 집안의 격한 반대로 얼마 동안 교회 출입을 못하였다가 1920년대에 부산 동래읍교회, 즉 지금의 수안교회에 나오게 되어 이후 50년 동안 성실히 봉사했다.

| 기생 한설향, 하나님의 집을 세우다 |

한동년은 원래 동래부 관청 소속의 기생 한설향이었는데 기독교인이 운영하는 잡화상에 꽃신을 사러 다니면서 그곳에 자주 들리는 멘지스를 알게 되었다. 그런데 기생 한설향이 기독교인이 되면서 180도 바뀐 삶을 살게 되었다. 더 나아가 한동년은 잡화상에 근무하는 김만일에게 학자금을 주어 서울 경신학교에 진학하게 하였는데, 김만일은 이후 목사가 되었고, 또한 한동년의 남편이 되었다. 비교적 많은 재산을 소유했던 한동년은 그 재산으로 동래읍교회를 세웠고, 그 교회 안에 여자야학을 설치하여 50여 명을 가르치고 전도하였다.

1912년 12월 3일 자 〈예수교회보〉에는 1902년 동래군 안평교회 설립에 참여한 정덕생 조사가 교회 상황을 보고하면서 한동년의 활동상을 서술했다.

> "경상남도 동래읍교회 한씨 동년 누님은 주의 일에 열심 착력하옵는데 교회 내에 여학교가 없으므로 여야학교를 설치하여 우금 수년으로 힘쓰는 중이온데 풍우를 피하지 아니하고 열심으로 교수하는 고로 학도가 오십여 명이오며 믿지 아니하는 여자들도 입학하여 공부함으로 그중에서 점점 열매를 맺힌다 하오니 감사하오며 기도하옵기는 야학교가 지나가고 낮학교가 밝아 오기를 원하옵나이다."

김원봉과 한동년 두 여성에 대한 세례는 1910년 9월 11일 엥겔 목사가 담당하였다. 또한, 한동년은 부산진 일신여학교를 동래로 옮기는데 협력하고, 유락보통학교와 동래유치원을 세우는데도 중심적 역할을 했다.

양녀 민신복과 멘지스

| '호주 선교부의 어머니' 멘지스 |

1891년 한국에 온 멘지스는 자신의 건강과 연로한 모친을 돌봐야 하는 이유로 1908년 선교사직을 사임하고 호주로 돌아갔다. 그러나 한국을 사랑한 멘지스는 1911년 어머니가 돌아가시자, 1912년 한국으로 다시 돌아와 1924년까지 전도와 교육, 자선사업 등 값진 선교사역을 계속 이어갔다. 처음 멘지스와 함께 한국에 온 다른 선교사들은 건강, 혹은 결혼으로 선교지를 떠났으나 멘지스는 한국과 한국교회, 특히 당시 경남지방에서 심혈을 기울여 봉사했다. 특히 선교부의 첫 여성 선교사였기 때문에 여선교사들에게는 어머니와 언니처럼 선교지에서의 크고 작은 문제와 과제를 조정하고 해결하는 역할을 감당하였다.

그녀는 후배 선교사들로부터 흔히 '호주 선교부의 어머니' 혹은 '대모'大母로 불릴 만큼 선교부 선배이자 어른이자 지도자였다. 특히 온화한 성격, 풍부한 인간미, 그리고 그녀의 사려 깊은 생활은 한국인들에게도 진정한 신뢰와 존경을 받았다. 그녀의 업적을 높이 산 부산진의 지방 유지들과 부산진교회는 연합으로 부산진교회 설립 40주년이 되던 1931년에 기념행사를 하고 멘지스와 무어의 공로를 기념하는 비를 세웠다.

멘지스와 무어의 공로기념비(1931)

1914년 선교사의 집 앞에 버려져 멘지스가 양녀로 삼았던 민신복의 결혼식을 위해 66세의 연로한 몸으로 한국을 방문할 정도로 한국과 한국인에 대한 사랑을 끝까지 보여주었다. 민신복의 원래 이름은 신복회였는데 멘지스의 양녀가 되어 멘지스의 한국 이름인 민지사에서 "민"씨를 따와 민신복이 되었다. 이 민신복은 멘지스처럼 믿음을 가져 복을 받았다는 뜻이었다. 이후 멘지스는 70회 생일을 지낸 후인 1935년 9월 10일 하나님의 부름을 받아 이 세상을 떠났다.

1936년 동래일신여학교는 교우회 회보 〈일신〉 제8호(고 멘지스부인 기념호)를 발행하여 고 멘지스부인을 회고하는 글을 실으면서 성경구절을 인용했다.

> "내가 진실로 진실로 너희에게 이르노니 밀알 하나가 땅에 떨어져 죽지 아니하면 그냥 한 알대로 있고, 죽으면 열매가 많이 맺일 터이라." 요 12:24

내한/이한 1894/1914

Andrew Adamson

아담슨

손안로

1860-1915

호주 AP

마산

창신학교

의신여학교

복음전도사역

앤드루 아담슨은 1891년 호주 빅토리아장로회 청년연합회YMFU의 파송으로 내한했던 맥케이 목사가 아내를 잃고 2년 동안 활동하다 건강상 이유로 1893년 호주로 귀국하자 1894년 맥케이의 후임으로 부산에 왔다. 멕케이의 사임 이후 6개월이 지나도록 한국으로 보낼 선교사를 구하지 못하고 있던 청년연합회는 한국 파송 선교사를 스코틀랜드에서 구하기로 하고 회장 길레스피Robert K. Gillespie를 영국에 파견했다. 길레스피는 런던 장로교신학교 학장에게 협조를 구해 런던장로교회 소속 아담슨을 청년연합회 한국 선교사로 영입하였다. 아담슨은 1884년부터 1889년까지 5년간 영국성서공회 중국 북부지부에서 사역했기 때문에 동양의 유교 전통사회에 대한 이해가 깊었고, 때문에 한국에서 사역하기에 적합한 인물로 평가되었다.

런던 장로교신학교에서 신학을 공부1889-1893하고, 1893년 런던 노회로부터 설교자 자격을 부여받은 아담슨은 세례의 중요성과 학습을 강조한 사람이었다. 아담슨은 1894년 5월 2일, 아내 엘리사Eliza A. Adamson와 두 딸 바이오렛Violet과 마블Mabel을 동행하고 부산에 도착했다.

| 선교 초기 아담슨의 거듭된 시련과 아내와의 사별 |

1894년 5월 부산 초량에 자리 잡은 아담슨은 1914년 한국에서 은퇴할 때까지 20년 동안 부산1894-1909과 마산1910-1914에서 주로 활동했다. 그러나 초기 부산에서의 호주 선교사들의 선교활동은 순탄하지 않았는데, 이는 호주 여

선교회연합회에서 파송 받아 좌천동에 거주하던 여성 선교사들과의 갈등관계 때문이었다.

영국 출신의 아담슨이 호주출신의 여선교사들에 대한 감독권을 행사하고 재정에 간섭하려 하였고, 또한 한국 문화를 이해하지 못한 아담슨이 종종 말과 행동에서 문제를 일으켜 여선교사들의 불신이 높아졌다. 이는 서로 간에 인간적인 관계가 악화되어 끝내는 어렵게 시작한 호주 선교부의 존폐문제로까지 확산되었다.

이런 상황에서 아담슨의 아내 애니는 부산에 온 지 1년 6개월 만에 건강이 악화되어 1895년 11월 27일 아침 33세로 세상을 떠났다. 애니는 데이비스1890, 맥케이 부인1895에 이은 호주 선교부의 세 번째 희생자였다. 이 소식을 접한 호주 멜버른의 성도들은 아담슨에게 기도와 위로를 아끼지 않았지만, 아담슨은 "모든 것을 행하시는 이는 주님이시다. 주님께서 그가 기뻐하시는 일을 행하시므로 순종할 뿐이다." 라고 말하며 아내의 죽음을 담담하게 받아들였다. 애니가 죽은 1년 후 아담슨은 영국 런던 출신인 애니의 친구 페인Camilla G. Pain과 재혼했다. 페인은 애니의 소식을 듣고, 아담슨을 돕기 위해 청혼하였고, 1896년 11월 부산으로 와서 아담슨과 결혼하고 아담슨의 사역을 도왔다.

데이비스, 맥케이, 아담슨 부인이 묻힌 복병산

| 경남 서부지역의 개척자, 마산 창신학교 |

아담슨은 1896년 3월에 부산 초량을 중심으로 세례 지원자들을 위한 성경공부반을 개설하는 것을 시작으로 어려운 상황을 묵묵히 견디어 나갔다.

호주 선교부는 부산1891과 진주1905에 이어 1909년 마산에 선교지부를 설치하였는데, 1889년에 개항된 마산포는 최치원의 영당影堂이 남아 있는 곳으로 불교의 영향이 강한 곳이었다. 부산의 초량에 거주하고 있던 아담슨은 마산에 선교지부가 세워지기 이전부터 마산지역을 수시로 방문하면서 순회 전도를 하였다. 그 결과 1901년에는 김마리아와 김인모 등 여자 7명이 신자가 되었고, 1903년에는 김주은과 그의 아들 이승규가 교회에 나오게 되었다. 또한 아담슨은 성호리에 한옥을 한 채 사서 예배당으로 사용하였는데, 이것이 문창교회의 전신 마산포교회의 출범이었다.

초기 문창교회의 모습

아담슨은 또한 이승규와 함께 1906년 5월 17일 마산포교회에서 독서숙讀書塾이란 이름을 걸고 교육사업을 시작했다. 이 독서숙은 1909년 8월 19일 초등과 4년 과정으로 인가를 받아 창신학교로 교명을 정했는데, 이로써 마산지방의 기독교교육이 시작되었다. 창신昌信이라는 이름은 옛 지명 문창리文昌里에서 '창'昌을 따고, '믿음의 학교'란 뜻을 더하기 위해 '신'信이란 글자를 더해 지은 것이다. 아담슨은 이곳에서 1911년 8월 18일까지 초대교장으로 섬겼는데, 당시에 여학생 28명을 포함해 108명의 재학생이 있었다.

1912년 4월 1일 3년제 고등과를 신설해 개학하였는데, 남녀공학이라는 혁신적인 교육을 하는 것에 반대여론이 거세어 할 수 없이 1913년 여자반을 분리해 의신여학교를 설립하였다. 의신여학교는 1911년 미혼으로 한국에 온 여선교사 맥피Ida McPhee, 매희가 초대교장을 맡아 1937년 별세할 때까지 섬겼다.

창신학교 고등과는 제9회 졸업식을 마치고, 일제의 압박과 경영에 어려움을 겪자, 호주 선교부가 이를 인수해 학교 이름을 호신濠信학교라 변경했다. 그리고 1925년 4월 회원동에 십자형 붉은 벽돌건물을 지었는데, 이는 당시 마산에서 제일 크고 높은 2층 양옥건물이었다. 12월 이 건물이 완공되었을 때 호주 빅토리아주 장로 교회는 이 학교의 이름을 '라이얼 David M. Lyall, 창신학교 2대 교장, 라대벽 기념 남자중등학교'라 명했고, 호주 빅토리아 주 정부에서는 이 교실 건축물을 그림으로 넣어 우편엽서로 만들기도 했다.

창신학교

호신학교

| 마산포교회와 창신학교, 의신여학교의 3·1 만세운동 |

기독교는 복음전파와 교육뿐만 아니라 3·1운동에서도 적지 않은 공헌을 했다. 1919년 마산의 3월 만세운동은 창신학교와 의신여학교에 근무하는 교사 및 학생, 그리고 마산포교회 교인들이 중심이 되어 일어났다. 창신학교 설립관계자 이승규, 이상소, 손덕우와 의신여학교 교사 박순천, 김필애, 창신학교 학생들이 중심이 된 만세운동은 3월 3일에 시작해 총 7-8회에 걸쳐 일어났다. 특히 3월 22일 만세운동은 남녀 50여 명이 체포되고 투옥될 정도로 강렬하게 전개되었다. 마산포교회 교인이자 창신학교 교사 최용규는 1년 6개월의 형을, 마산포교회 교인이자 의신여학교 교사 임학찬은 1년의 형을, 이상소는 2년의 형을, 그리고 1917년 부산진일신여학교를 졸업하고 의신여학교 교사로 있던 여성 정치가 박순천은 1년 형을 선고받았다.

창신학교는 '마산 인재의 보고'라고 할 만큼 많은 인물을 배출했다. 밀양경찰서와 조선총독부 폭파사건 등 테러 행위를 감행한 '의열단' 김원봉, 경남 최초의 공학박사인 이한식, 산토끼 작곡가인 이일래와 극작가인 이광래 두 형제, 7회에 걸쳐 옥살이한 팽삼진과 웅천만세 시위의 주동자 김순, 사랑의 원자탄 손양원 목사 등이 마산과 깊은 연관이 있다.

| 순회전도에 선교 열정을 둔 아담슨 |

아담슨은 여객선을 이용하거나 개인이 마련한 통통배라 불리는 발동기선을 이용해 통영과 거제를 오가며 사역을 확장해 나갔으며, 1913년에는 통영 선교지부 설립을 도왔다. 그는 같은 해 통영과 거제에서 17교회가 참여하는 성탄절 예배를 인도하는 대규모 행사를 개최하기도 했다. 아담슨은 부산을 중심으로 경남 일원을 순회전도 하면서, 울산, 양산, 함안, 의령, 고성, 칠암, 거제도, 진해에서 교회를 설립하는데 중요한 역할을 감당했다.

양산	반화리교회[1895, 현 석계교회] 양산교회[1906]
함안	사촌교회[1897] 윤외리교회[1908] 군북교회[1909]
거제	구영교회[1900] 연사교회[1905] 사등교회[1909]거제제일교회[1910] 삼거리교회[1910]
통영	동항리교회[1902] 대화정교회[1905년, 현 충무교회]
의령	서암교회[1905] 용소교회[1907] 이목교회[1907] 분계교회[1907] 마장리교회[1907] 상정리교회[1908] 신반교회[1908]
고성	배둔교회[1907] 고성교회[1908]

아담슨이 순회전도를 통해 경남지역에 세운 교회

함안 군북교회

아담슨은 한국 순회전도에 대해 "현재와 같은 상황에서 한국의 촌락을 순회하는 일은 고달픈 일이지만 꼭 필요한 봉사가 아닐 수 없습니다. 순회전도는 모든 계층의 사람들을 만나게 해줍니다. 그래서 기독교에 대한 태도 등 당대의 중요한 문제들에 대한 일차적 견해를 얻을 수 있는 기회를 준다는 점, 그리고 이런 방법으로 얻은 지식이 복음의 메시지를 준비하는 데 있어서 선교사들에게 중요한 정보를 제공해준다는 점에서 상당히 가치가 있습니다."라고 이야기 했다.

아담슨은 부산, 경남지역에서 순회 전도와 교육 선교에 20년간 봉직하다 1914년 3월 한국을 떠났고, 1915년 8월 4일 영국 런던에서 하나님의 부름을 받았다.

내한/이한 1900/1938

Gelson Engel

엥겔

왕길지

1868-1956

독일 AP

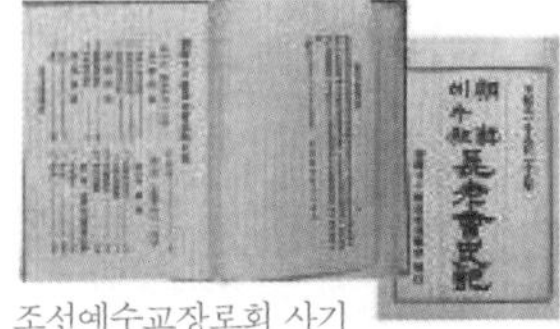

조선예수교장로회 사기

부산진교회

커를

평양신학교

일신여학교

심취명

| 경건주의, 선교의 새 장을 열면서 |

1868년 독일 남부 부르텐부르크에서 태어난 엥겔은 뮈어링겐Murlingen에 있는 고전어학교에 입학하여 기초학문을 배웠고, 뉘팅엔Nütingen에서 중등학교와 사범학교 수업을 받았다. 그가 태어나 성장한 지역인 부르텐부르크는 스위스 바젤Basel과 함께 18세기 독일 경건주의 운동의 중심지였다. 당시 경건주의 운동은 성경읽기와 기도생활을 통한 내적 종교체험과 소명에 의한 신앙적 헌신을 통해 국내외 선교운동의 바탕이 되기도 했다.

1815년 결성된 바젤선교회는 이러한 경건주의 신앙과 신학을 기초로 생겨난 대표적인 선교단체였다. 엥겔은 사범학교 재학시절, 에빙겐Ebingen에서 열린 바젤선교회 선교대회에 참석해 선교사로 헌신하기로 결심하고서, 1889년 8월 스위스 바젤선교회 선교훈련학교에서 3년간 교육받은 후 스코틀랜드 에딘버러에서 선교사 훈련을 받았다.

엥겔은 1892년 6월 바젤선교회에서 목사 안수를 받고 인도 서부 푸나Poona에서 선교활동을 시작했다. 그곳에서 호주 감리교 목사의 딸인 클라라Clara Bath와 결혼했다. 푸나에서 교육선교사로 활동하던 중 그는 건강이 악화되어 6년 만에 선교사역을 접고 귀국했다. 그러나 그는 "40년 동안 선교사로 일하겠다."고 서원했던 바, 건강이 회복된 후에는 선교사역을 계속 마음에 품고 있었다. 그러던 중 호주 빅토리아장로회로 소속을 옮기고, 1900년 10월 29일 빅토리아장로회 여선교회연합회PWMU의 파송을 받아 부산에 도착한 것이다.

| 선교사들 간의 불화와 대립의 조정자 |

빅토리아장로회 여선교회연합회에서는 한국에 멘지스 등의 여선교사를 파송한 바 있는데, 엥겔은 여선교사들의 감독자로 임명되어 한국에 온 것이다. 그 당시 여선교부는 빅토리아장로회 청년연합회에서 파송된 아담슨과 갈등관계에 있었다. 이유는 아담슨이 여선교사들의 의견을 구하지 않고 여선교사 사택 건축을 추진한다거나 재정에 간섭하는 등의 감독권을 행사했기 때문이었다. 엥겔은 이들의 갈등관계를 조정하고 기존 여선교사들의 선교사역을 도왔으며, 아담슨과도 힘을 모아 선교사역을 수행했다. 그는 진정 한국 호주 선교부의 평화의 다리였다.

| 심취명, 부산-경남의 첫 한국인 목사 |

엥겔은 부산에서 18년 가까이 순회전도자이자 개척선교사로 헌신하였다. 먼저 와 있던 아담슨이 마산-거창-진주를 중심으로 한 경남 서부지역을 맡고, 엥겔은 동남부지역인 울산-기장-서창-병영-함안 등지를 광범위하게 맡아 사역을 진행했다.

엥겔은 부산진교회를 설립한 초대목사로 교회에 최초로 당회를 조직했다. 이미 열심히 사역하고 있던 멘지스와 함께 교회를 치리하면서 1904년 커를Hugh Currell 목사와 협력해 심취명을 장로로 장립하고, 당회를 조직하였다. 엥겔은 당회장으로 취임해 1914년까지 교회를 이끌어 오면서 박신영에 이어 김봉명을 장로로 장립하였다.

부산진교회 최초 교인가족
(앞줄 심인택 부부,
아들 심상현 부부, 아들 심취명)

엥겔은 또한 1909년 부산-경남지방에서 첫 한국인 목사를 키워냈는데, 그가 바로 호주 선교부의 첫 열매인 심취명이다. 심취명은 멘지스의 전도로 베어드에게 세례를 받은 심상현의 동생이었는데, 형의 영향으로 신앙심을 갖게 된 후 일신여학교 교사로 봉직하였다. 그는 1904년에 부산진교회 초대 장로로 장립되었고, 이로써 한강 이남에서 첫 번째 장로가 되었다. 엥겔은 부산진교회 초기 신자인 심취명을 장로로 세우는데 그치지 않고, 그를 평양신학교에 보내 1914년 부산진교회 제2대 담임목사로 세웠다. 1920년대까지 목사가 없는 교회가 절대다수였던 당시에 부산-경남지방에 첫 한국인 목사 배출은 중요한 의미였다.

그리고 엥겔은 동래 안평교회, 동래 수안교회, 기장교회, 장전리리교회, 금사교회, 송정교회, 산성교회, 하단교회 등 많은 교회를 설립했다. 1909년 엥겔은 26개의 지역교회와 울산의 6개 신앙공동체를 보살폈다. 1916년에는 언양의 12개의 교회와 김해의 10개 교회를 감독하였다.

엥겔은 부산진 일신여학교의 초대 설립자 겸 2대 교장1902-1913을 맡았다. 아담슨이 은퇴하여 귀국한 1914년 이후부터 호주 선교부에서 그의 대표성은 확고해졌다. 그는 1913년 9월, 서울 승동교회에서 열린 조선예수교장로회 제2회 총회에서 총회장으로 선출되었고, 1914년 경상노회 임시노회장에 이어 1916년 경남노회가 조직될 때 초대 노회장으로 선출되어 3회를 연임하였다. 그리고 부산진 선교지부 안에 설립된 부산성경학교 교육을 담당하였다.

| 최초 신학교육기관 평양신학교 교수 |

언어에 천재적 소질을 지녔던 엥겔은 한국말을 공부하기 시작한 지 20여 일이 지난 1900년 11월 25일 한국말로 축도를 하였다. 그리고 1901년 초에는 한국어로 설교를 시작했다. 그는 10여 개의 언어를 통달하였던 것으로 알려졌다. 루터가 1521년 보름스Worms 제국회의에 출두해 독일 황제였던 칼 5세Karl V가 있는 심문장에서의 심문을 회상하며 썼다고 알려진 찬송가

'내 주는 강한 성이요'를 한국어로 번역한 사람도 엥겔이다.

엥겔의 선교 사역에서 빼놓을 수 없는 것이 평양신학교에서의 활동이다. 엥겔은 1906년부터 매년 3개월씩 평양에 올라가 강의를 했고, 나머지 시간은 부산 경남지역 선교에 주력했다. 1916년에 평양신학교에서 '정교수' 5인으로 교수회를 조직하여 강의와 직무를 분담하면서, 엥겔은 '도서관리 및 교회사, 희랍어 담당' 교수가 되었으며, 1918년부터는 평양신학교의 공식 요청으로 평양에 파견되어 신학교 교수 사역과 문서 선교에 전념하였다.

평양신학교 학생들

〈신학지남〉

엥겔은 1918년 3월에 신학교 기관지 〈신학지남〉을 창간하고 발행인이 되어 3년간 봉직하였는데, 자신의 논문을 〈신학지남〉에 27편이나 기고했다. 그는 1916년 9월 조선예수교장로회 제5차 총회에서 '조선예수교회사기편집부' 위원이 되었고, 1919년과 1923년에는《사기》편집부장이 되어 역사편찬에 주도적으로 참여하여, 총회 창립(1912) 이전의 역사를 담은《조선예수교장로회사기》가 1928년 마침내 출판되었다.

엥겔은 평양신학교 외에 숭실전문학교에서도 강의하였고, 1920년부터는 성서개역위원회 요청으로 구약성서 개역작업에 참여했다. 구약 개역위원회의 '평양지구' 팀에는 레이놀즈와 베어드, 남궁혁, 김관식, 김인준이 있었고, 이들의 개역 작업은 1936년 완료되어《구약전서 개역》이 출판되었다. 이렇듯 그는 신학교수로서 신학 교육 외에 역사 편찬과 문서출판, 교재 집필, 성경 번역 등의 다양한 사역을 하였다.

| 왕길지, 최고로 좋은 뜻을 전한 순회 전도자 |

호주선교사 회의(1920)

엥겔은 1937년 3월 경남노회를 비롯한 기독교 인사들과 평양신학교 학생들의 환송을 받으며 호주로 귀국하였다. 그가 한국에 온 지 37년이 지났고, 이제 67세의 나이가 되었다. 호주 선교사들은 그 해 6월 진주에서 있었던 호주장로회선교공의회에서 엥겔 부부에 대한 감사와 그들의 업적을 정리한 '헌사'를 회의록에에 남겼다.

> "오래전 인도에 있던 한 젊은 선교사가 40년만 사역을 할 수 있게 해달라고 기도했다. 그러나 그 선교사의 인도 사역은 금방 끝났고 실망한 그는 호주로 자리를 옮겼다. …… 엥겔 박사는 '하나님의 다양한 은총을 받은 청지기'였다. 그는 기질적으로 타고난 완벽주의와 신비주의 은사, 학자적 기질과 음악 재능, 어학의 재능, 목회자로서 자질과 굴하지 않는 신앙심을 갖춘 사람이다. 그는 이 모든 은사를 주신 분께 되돌려 드렸다. 아버지 하나님께서는 이 은사들을 37년간 한국에서 역경의 목회와 선교사역을 하는 곳에 쓰도록 만드셨다. 이 모든 일로 하나님께 감사드리는 바이다."

엥겔은 자신의 한국이름을 '엥겔'과 발음이 비슷하고, "최고로 좋은 뜻을 전한다."는 의미가 담겨 있는 왕길지王吉志로 정했다. 그는 1938년 38년의 선교사 생활과 31년의 교수생활을 정리했다. 그는 자신의 한국 이름대로 37년 동안 '최고로 좋은 뜻인 복음'을 한국에 전하고 호주 멜버른으로 돌아갔다. 그리고 그다음 해인 1939년 5월 24일 소천했다. 하나님의 부르심을 따라 "본토 아비 집을 떠난" 그가 자신의 집에서 마지막을 맞이한 것이다.

내한/이한 1910/1938

James N. McKenzie

맥켄지 매견시

1865-1956

호주 AP

일신병원

울릉도

손양원

상애원 교회

상애원

두 딸 헬렌과 캐더린

| 강한 선교열정을 소유한 맥켄지 |

제임스 맥켄지는 1865년 스코틀랜드 로즈셔Roseshire의 유Ewe 섬에서 태어났다. 네 살 때 부친을 잃고 가난하게 어린 시절은 보냈지만, 맥켄지는 엄격한 신앙생활을 통해 이러한 어려운 삶을 잘 극복할 수 있었다. 1881년에 그는 가족을 떠나 영국 글래스고에서 면제품 창고와 선박 공장에서 일하기도 했다.

그러던 중에 1882년 봄, 글래스고에서 열린 부흥집회에서 세계적인 부흥사 무디Dwight Moody의 설교에 깊은 감명을 받고 이듬해 신학을 하기로 결심했다. 1891년 글래스고대학을 졸업한 맥켄지는 트리니티 칼리지Trinity College에서 신학을 공부하였다. 신학교를 마친 맥켄지는 1894년 7월 마가렛 켈리Magaret Kelley와 영국에서 결혼하고 호주로 이주했다. 그리고 같은 해 12월 호주 멜버른에서 목사안수를 받고, 1895년 빅토리아장로회 선교사로 산토Santo섬에서 15년간 선교사역을 했다. 당시 빅토리아선교회는 죄수선교, 일반 정착민선교, 산토섬을 중심으로 한 원주민선교에 매진하고 있었던 때였다. 무디의 설교를 듣고 목회자의 길로 접어든 맥켄지는 비록 선교사의 뜻을 이루었지만, 그의 아내는 1908년 12월 열병으로 산토섬 선교지에서 세상을 떠났다.

호주로 돌아온 맥켄지는 이제 한국선교사로 지원을 했고, 호주 빅토리아장로회 해외선교위원회는 파송이 여의치 않은 여건임에도 1년 치 봉급을 받지 않더라고 선교활동을 하겠다는 그의 열정에 감동하여 그를 청년선교단The Young People's Mission Band, YPMB이 후원하는 첫 선교사로 한국에 파송하였다.

맥켄지와 여선교사들

| 울릉도를 처음 방문한 맥켄지 |

1910년 2월 21일 한국에 들어온 맥켄지는 부산에 자리를 잡고, 먼저 정착한 엥겔과 연합해 선교활동을 시작했다. 엥겔이 1919년 평양으로 사역지를 옮긴 이후 그는 부산지역의 여러 교회에 동사목사로 책임을 맡았다.

맥켄지는 부산지역뿐만 아니라 울릉도를 방문한 첫 선교사였다는 점도 중요하다. 1914년 울릉도에 흉년이 들었을 때 호주 선교부가 이를 돕기로 결정했는데, 이때 맥켄지가 울릉도를 방문해 그곳에 있는 교회들을 맡아 성실히 사역을 감당했다.

맥켄지는 동래에 금사교회, 내리교회와 울산 지역에 화전교회, 평동교회 등을 설립했으며, 부산진교회 담임, 일신여학교 설립자대표, 경남 노회에서 여러 일을 수행했다.

| 상애원과 맥켄지, 그리고 손양원 |

한센인을 위한 의료 및 구호시설인 부산의 상애원은 1910년 미국 북장로회 소속 선교사 어빈Charles H. Irvin, 어을빈이 부산의 감만동에 나병원을 세우면서 시작되었다. 그런데 1909년 선교협정에 따라 부산이 호주 선교부에 편입되면서 감만동 나병원을 1912년부터 호주 선교부가 관할하게 되었고, 이때 맥켄지가 나병원 원장으로 취임하면서 병원의 이름을 상애원相愛園으로 명명하고 은퇴할 때까지 27년간 상애원을 맡아 한센인들을 돌보았다.

특별히 맥켄지는 환자들이 인간다운 삶을 살 수 있도록 생활여건을 개선하고 약물치료를 포함해 다양한 치료방법을 연구하여 환자들에게 적용했다. 1917년에는 환자의 절반에게 주사를 보급하는 새로운 치료법을 개발하여 그 해 평균 사망률이 15%로 줄어들었고, 1923년에는 사망률이 2.5%로 현저히 낮아졌다. 당시에 선진국에서의 사망률이 5-6%였음을 감안한다면 놀랄만한 성과였다.

주사 치료와 함께 맥켄지는 한센병 치료에 변함없는 사랑의 보살핌과 규칙적인 좋은 음식, 그리고 환자가 가진 다른 질병들에 대한 치료가 중요하다 보았다. 또한, 한센병 환자들의 연약한 체질을 바꾸려면 체력단련이 필요하다 하여 그들에게 가사노동이나 요리, 농작물 재배 등을 감당하게 했다. 그리고 상애원교회를 설립하여 신앙적 지도를 겸했다.

1912년 맥켄지가 상애원 관리를 인수받았을 때 단지 36명의 환자가 있었으나, 그가 은퇴할 즈음에는 환자가 600명으로 늘어났다. 맥켄지는 개업의사로 훈련을 받지는 않았지만 스스로 열심히 공부해 한센병을 치료하는 새로운 방법들을 익혔다. 그래서 나환자 치료에 공헌한 공로로 그는 총독으로부터 상장과 포상까지 받았다.

> "한센병 환자들을 위한 선교사역은 많은 사람이 생각하는 것처럼 침울하고 맥이 빠진 것은 결코 아니다. 진실로 세월이 지나갈수록 나환자 가운데 살면서 사역하는 것보다 더 가치 있는 선교사업은 없다. 우리가 그들 나환자를 위하여 한 일보다 그들이 나에게 한 일이 더 크다…… 또 내가 아니라, 오직 하나님의 은혜였다."(맥켄지)

사랑의 성자로 알려진 손양원 목사가 한센인에 대한 본격적인 관심을 가진 것도 바로 이곳 상애원을 통해서이다. 손양원은 1926년부터 이곳 상애

상애원 입소를 기다리는 한센인

원과 관계를 맺으며 목회를 해 왔다. 손양원이 상애원에서 맥켄지를 만나고, 상애원과 사랑의 관계를 맺은 것이 이후 사랑의 원자탄이라 불린 여수 애양원의 손양원을 만들어 낸 출발점이 되었다.

맥켄지는 1939년 선교사직을 은퇴하고 호주로 귀국했는데, 이듬해 호주 빅토리아주 총회 총회장으로 선출되었다. 그는 총회장으로 있으면서 백인 이외의 인종의 이민을 제한하는 호주의 백호주의White Australia Policy를 반대하고, 이를 빅토리아 장로회 총회의 공식의제로 삼아 이 정책의 수정을 요구하는 결의를 이끌어냈다. 동시에 호주 정부가 아시아인들을 차별하는 것은 기독교 정신에 위반되는 것이라 주장하며, 인간을 인종이나 피부색에 따라 구분하는 것을 비인도적인 정책으로 보았다.

한국과 호주에서 하나님의 나라를 위해 헌신했던 맥켄지, 그는 90여 년간의 생애를 마감하고 1956년 7월 1일 하나님의 부름을 받았다. 그의 정신이 살아있는 부산시 동구 좌천동의 일신기독병원에는 '맥켄지 기념관'과 '맥켄지 기념비'가 복원되어 그를 기념하고 있다.

맥켄지 기념비

| 대를 이어 선교사역을 했던 맥켄지 두 딸 헬렌과 캐더린 |

맥켄지는 상애원 한센병 환자에게 가끔 이런 이야기를 했다. "내가 아들이 없어서 내 후임을 물려주지 못해 내 마음이 아프다. 그러나 내가 약속할 것은 내가 딸이 셋 있는데 꼭 공부시켜서 한국사람에게 보내겠다."

산부인과 전문의인 제임스 맥켄지의 첫째 딸 헬렌Helen P. McKenzie, 매혜란과 간호사인 둘째 딸 캐더린Catherine M. McKenzie, 매혜영은 호주 선교사로 한국에 와서 1952년 5월 9일 부산시 동구 좌천동 471번지에 부산일신병원을 설립했다. 당시 전쟁을 겪고 있던 부산에는 피난민이 많았고, 특히 아버지나 남편, 형제들이 군대에 징집되어 죽자 여성들이 생계를 유지하는데 많은 어려움을 겪었다. 이에 두 자매는 기독교인 여부와 상관없이 모든 사람을 하나님의 자녀로 섬기는 것이 옳다고 여기며 일을 했다. 한국전쟁 당시 의료기관이 전무했던 부산에 이들이 세운 부산일신병원은 상애원 못지않은 역할을 했다.

맥켄지 가족
(뒷줄 왼쪽 헬렌, 캐더린)

헬렌은 1972년 병원 설립 20주년을 맞아 병원의 운영권을 한국인에게 위임하고 호주로 귀국하였다. 그녀가 은퇴할 무렵 병원은 크게 확장되어 매년 6,000명 이상의 신생아가 태어났고, 매일 평균 300여 명의 외래환자가 진료를 받았다. "아기를 낳으려면 일신병원으로 가라"는 유행어가 전국적으로 퍼질 만큼 병원이 위세를 떨쳤다.

내한/이한 1895/1923

James E. Adams

아담스 안의와

1867–1929

미국 NP

대구

동산교회

넬리 부인

대구제일교회

계성학교

| 1899, 대구 선교지부의 시작 |

대구제일교회 내에 있었던 아담스의 사택

제임스 아담스는 1867년 5월 2일 미국 인디애나주 맥코이McCoy에서 태어났다. 이후 1888년 워시번대학Washburn College을 졸업하고, 1년간 존 홉킨스 대학John Hopkins University에서 공부하였다. 1894년에 시카고의 맥코믹신학교를 졸업한 후, 넬리 디크Nellie Dick와 결혼하였다. 이후 목사 안수를 받고서 북장로회 선교사로 한국에 들어온 것은 그의 나이 26살이던 1895년이었다.

아담스는 한국에 들어와 부산 선교지부에서 2년 동안 한국어와 한국풍습을 공부하였다. 당시 부산에는 아담스의 누나인 애니 아담스Annie L. Adams가 베어드William M. Baird, 배위량와 결혼하고 한국에 먼저 와 선교사역을 감당하고 있었다.

당시 대구는 경상도 감영이 있는 행정 중심지였다. 아펜젤러와 존스가 서울에서 부산으로 전도여행을 하면서 대구를 잠깐 들렀고, 게일과 데이비스도 대구를 방문했으나 대구를 자주 오가며 선교지부 개설을 추진했던 인물은 미국 북장로회 소속 베어드였다. 베어드는 1896년 가족과 함께 대구로 이사하고 영남지역 전도를 시작했지만, 같은 해 12월 서울지역 교육담당 고문으로 임명을 받아 대구를 떠나게 되었다. 이에 베어드의 후임으로 대구 선교지부의 책임자가 된 아담스는 가족과 어학 선생 김재수와 함께 1897년 11월에 대구 선교지부에 도착했다. 아담스가 대구에 부임하고 한 달 뒤인 1897년 12월에 의사인 우드브리지 존슨Woodbridge O. Johnson, 장인차부부가 도착하였고, 1899년 10월에는 브루엔Henry M. Bruen, 부해리이 대구의 세 번째 선교사로 임명을 받아 왔다. 당시에 한 선교기지 내에 최소한 3명의 선교사가 있어야 그 선교지부는 독립된 선교기지로 공인을 받아, 독립적인 예산 편성권을 가질 수 있었는데, 1899년이 되어 비로소 공식적인 대구 선교기지가 확립된 것이다.

| 대구선교의 아버지, 대구제일교회 |

계성학교 졸업식(1911)

대구에 도착한 아담스는 동료 선교사들에게 들었던 '3S'문제에 직면하면서 얼마간 사역에 어려움을 겪기도 했다. 3S란 외국 선교사들이 대구 성내에서 대면한 가장 어려운 세 가지 S를 의미하는데, 그것은 하수처리가 되어 있지 않아서 나는 냄새Smell, 생나무를 태워 밥을 짓고 난방을 해서 나는 연기Smoke, 서양인에게 짖어대는 개소리와 무당 굿소리Sound 였다.

이런 상황에서도 1897년 11월에 아담스가 자기 집에서 시작한 교회는 오늘날의 대구제일교회가 되었는데, 이는 대구를 비롯한 경북지방에 세워진 최초의 교회였다. 후에 교회는 점차 성장하여 1900년에 존슨의 조수 서자명과 정완식, 김덕경 등이 출석하여 세례를 받았다.

대구제일교회를 중심으로 동서남북 방향으로 여러 교회가 분립, 개척되었다. 동편으로는 사월교회, 범어교회, 효목교회, 중부교회, 서편에서는 월배교회, 성서제일교회, 서문교회, 감삼교회, 중앙교회, 남편에서는 남산교회, 북편으로는 무등교회, 침산교회, 산격제일교회, 칠성교회 등이 개척과 분립의 과정을 거쳐 세워졌다.

아담스는 1902년에는 교회 내에 대남 남자소학교(현 대구종로초등학교)를, 1906년에는 계성학교(현 계성고등학교)를 설립해 교육선교를 전개하기도 했다

| 대구 동산병원 |

아담스는 의사인 존슨과 함께 의료선교에도 힘썼다. 1899년 제일교회 예배당 옆에 있던 초가집을 고쳐서 제중원濟衆院을 세우고 서양의술을 토대로 복음을 전했다. 이 제중원은 1903년에 현재의 중구 동산동으로 이전하여, 풍토병을 치료하고 천연두 예방접종을 통해 대구와 한국의 의료선교에 크게 이바지하였다. 뿐만 아니라, 1915년에는 '나환자 요양소'(애락원의 전신)를 설립하여 당시 사회적으로 외면당하고 있던 나환자 치료에 앞장섰는데, 부산 상애원, 여수 애양원과 함께 한국에 주요 한센인 치료와 공동체의 공간이 되었다.

초창기 대구 애락원

동산병원 선교관

제중원은 현재의 동산병원이 되었으며, 지금의 대구 제일교회 터, 동산병원 터, 계명대학 구 캠퍼스 땅은 이 기간 아담스의 선교사역을 통해 획득되었다. 원래 이곳은 가난한 자들이 장례도 치르지 못해 시신을 몰래 묻던 자리였는데, 당시 관료들도 그런 땅은 골치 아픈 곳으로 여겨서 역설적으로 선교사들은 쉽게 땅을 매입할 수 있었다. 그러나 긴 시간이 지나 하나님이 예정하신 시간표에 달하자, 이곳은 대구 복음화의 중심지와 요람이 되었다.

| 아담스복음전도기금 |

아담스는 1917-1920년에 세브란스 병원의 이사로 섬겼고, 1922년에는 자신의 전 재산을 내놓아 '아담스복음전도기금'을 설립하여 경북지역 선교에 기틀을 마련했다. 사실 1923년에 대구 선교지부를 은퇴하고 귀국할 예정이던 그는 대구 복음화를 위해 마지막까지 자신의 남아 있는 모든 것을 이 땅에 바치고 떠나고자 했다. 한국을 너무나 사랑했던 아담스의 마지막 헌신으로 이처럼 경상북도 선교사들과 전도자들을 지원하기 위한 특별기금이 확보되었던 것이다.

해리 로즈Harry A. Rhodes, 노해리 선교사가 편찬한 《미국북장로회한국선교회사》는 아담스의 복음전도기금이 목사들의 2년간 교회 사역, 울릉도에 전도사 1명 파송 협력, 대구 동산병원 조도(조문과 추도)사역 보조, 노회를 위한 주일학교 총무 고용, 남자중등학교 전도단에 대한 비용 지급, 그 지역의 학생들에 대한 전도사역 등에 유용하게 사용되었다고 기록하고 있다. 이 모두 선교사 아담스의 개인 기금으로 진행된 것이다.

| 대를 이어 전해진 한국 사랑, 아담스와 그의 가족들 |

대구는 사과로 유명한 곳으로 알려졌으나 그 사과가 선교사를 통해 전래된 것을 아는 이들은 많지 않다. 한국에는 효종 때 중국에서 전래된 것으로 알려진 능금이 있었는데 그 열매는 앵두 정도의 크기였다. 개량종 사과의 원래 원산지는 유럽이었는데 이것이 미국으로 건너갔고, 대구에 부임한 초기 선교사 존슨이 이를 한국에 가져온 것이다. 존슨 의사는 미국서 묘목을 가져와 선교사 사택의 정원에 이를 심어, 그 열매를 따 먹으며, 한국인에게 나누어 주었다.

한국과 대구를 그토록 사랑한 아담스의 신앙과 정신은 그의 가족을 통해 계속되었다. 아담스의 첫째 부인 넬리Nellie D. Adams는 '경상북도 기독교인의 어머니'라 불렸다. 그녀는 대구제일교회 부인주일학교 교장을 맡았고, 전도부인을 담임했다. 뿐만 아니라 부인 사경회 인도와 순회전도를 직접 했고, 대구 남산동의 신명여학교와 정규 전도부인 강습회 등에서 강의하면서 복음화에 힘썼다.

에드워드 아담스

또한 장남 에드워드Edward Adams, 안두화는 아버지와 어머니의 뒤를 이어 1921년 한국에 들어와 황해도 재령에서 활동하였다. 에드워드는 1925년에 아버지와 어머니가 활동한 대구 선교지부로 자리를 옮겨 대구성경학교 교장과 농촌 선교사로 활동하다 일제의 강제 추방령에 의해서 귀국하였다. 해방 후 다시 대구 선교지부에 부임하여 1954년 계명대학교를 설립하여 이사장으로 섬기며 학교 발전에 크게 이바지했다. 차남인 벤자민Benjamin Adams 역시 안동에서 선교활동을 했으며, 손자인 딕Dick Adams은 주한미국대사관에서 근무했고, 1965년 서울 용산 육군 기지 내에 있는 국방학교 교장으로 취임하였으며, 1973년 서울국제학교 설립에 기여하였다.

계명대학교

내한/이한 1899/1941

Henry M. Bruen

브루엔

부해리

1874-1959

미국 NP

대구 남산교회

아, 대구!
브루엔 선교사의
한국생활 40년

신명여학교

부인 부마태

경북선교의 아버지

약령시

존슨

| 하나님이 맺어준 두 사람의 편지 |

대구 인근의 시골전도에 나서는 아담스와 존슨

헨리 브루엔은 1874년 미국 뉴저지 주에서 제임스 브루엔James D. Bruen목사의 차남으로 태어났다. 1896년 프린스턴 대학을 졸업하고, 1899년에는 뉴욕의 유니언신학교를 졸업하고 목사 안수를 받았다.

브루엔은 무디와 무디학교가 개최한 학생자원운동SVM에 참석해 설교를 듣는 중에 큰 감동을 받아 선교사가 되기로 결심하였다. 처음에는 쿠바로 가려고 했지만 선교부의 임명을 받지 못했다. 그러던 중 아버지의 친구 아들이며 한국에서 의료선교사로 활동하던 우드브리지 존슨Woodbridge O. Johnson이 떠올랐다. 하지만 존슨의 주소를 알지 못하던 브루엔은 존슨의 어머니에게 편지를 보내어 근황을 물어보았다. 때마침 아담스와 대구 선교지부에서 활동하고 있던 존슨 역시 대구에서 활동할 선교사를 추가로 구하던 중 브루엔을 떠올리고 본국에 있는 자신의 어머니에게 브루엔에게 보내는 편지를 동봉해 보냈다.

브루엔과 존슨의 편지를 동시에 받은 존슨의 어머니는 아들에게 온 편지를 브루엔에게 전달하였다. 이 상황에 감동을 받은 브루엔은 확신을 갖고, 1899년 5월 1일 대구 선교지부 선교사로 임명되어 미국 북장로회 선교사로 한국에 입국하였다. 그의 나이 25세에 불과했다. 1899년 10월 26일 대구 선교지부에 세 번째 선교사로 부임한 브루엔은 이후 42년간 대구와 경북지역을 중심으로 순회하며 전도하고, 교회를 개척하며, 아담스, 존슨과 함께 '대구 선교 3인방'이라 불렸다.

| 자전거를 타고 경북을 누비다 |

25세라는 나이에 미혼의 몸으로 대구에 도착한 브루엔은 동산병원 초창기 때에는 존슨의 수술을 돕기도 하였다. 당시에는 존슨의 말을 제대로 알아 듣는 간호사 또는 보조원이 없었기 때문에, 존슨이 시키는 대로 환자를 마취하는 일을 하며 의료사역을 거들었다.

길거리에서 복음을 전하는 브루엔

하지만 브루엔에게 가장 중요한 것은 복음전도사역이었다. 당시 대구 선교지부 선교사들은 효과적인 선교활동을 위해 지역을 나누어 선교사들을 배치해 각각 자신이 맡은 구역을 순회하게 했다. 브루엔은 1901년부터 1923년 사이에 칠곡, 선산, 김천, 성주, 고령 등의 경북 서부지방을 순회 선교하여 약 54개의 교회를 설립 또는 분립시켰다.

브루엔은 순회를 할 때 주로 자전거를 타고 이동을 했다. 자전거를 처음 본 사람들은 신기한 듯 몰려들었고, 기회를 얻은 브루엔은 때를 놓치지 않고 말씀을 전하였다. "사람은 자기가 믿는 것 같이 됩니다…… 하나님을 믿는 사람은 하나님처럼 기술 있는 사람이 됩니다."

한번은 정부 관원마저 브루엔의 자전거를 보고 다음과 같이 벽보를 붙였다. "누구든지 외국인 의사가 자전거를 타거든 길을 비키도록 하라." 자전거를 처음 본 사람들이 만든 웃지 못할 해프닝이었다.

브루엔은 길거리에서 만나 인사를 한 사람들의 이름과 생김새를 수첩에 메모해 두고, 일과를 마치면 그들을 위해 진실하게 기도하곤 했다. 때문에 그는 사람들의 얼굴을 잘 기억하여 한번 만난 사람들은 좀처럼 잊어버리지 않았다. 이렇게 얼굴을 익힌 다음, 그들을 다시 만날 때에 적절한 성경 말씀을 전해주면 더욱 효과적이었던 것이다.

| 애락원의 확충 |

1903년 브루엔은 아담스의 후임으로 대구제일교회를 담임했고, 1904년에 대구성경학원을 맡았다. 1915년에는 대구제일교회에서 대구남산교회를 분립 개척하여 이곳에서 1920년까지 담임으로 섬겼다.

하지만 브루엔의 사역은 선교와 교회설립에만 머물지 않고, 좀 더 다양한 방법으로 이뤄졌다. 그는 한센 환자를 위한 선교위원을 역임하면서 1917-1918에는 동산병원 인근에 있는 나환자 요양소 부지를 확보하고, 병동과 진료실, 예배당 건물을 짓는 등 나환자 구제사업에 적극적으로 나섰다. 그는 나환자들과 함께 예배를 드리고, 성찬식을 거행하며 세례를 베푸는 등 그들에게 복음을 전하였다. 브루엔은 환자들이 예배를 드리는 모습에 감동을 받아 다음과 같이 기록하였다.

> "그들은 가끔 그들의 질병 때문에 하나님을 찬양할 수 있게 되었다고 말한다. 그들은 그들의 질병이 아니었다면 구주를 알 수 없었을 것이라고 말한다…… 나는 그들을 지켜보면서 그들의 얼굴이 주님의 모습으로 거듭나는 순간을 상상해 보았다."

| 대구에 야구를 도입하다 |

브루엔의 또 다른 사역은 야구와 관계가 있다. 1900년 3월 25일에 존슨 부인의 기록을 보면, 브루엔이 처음 대구에 왔을 때 한국말을 잘하지 못했다고 한다. 자신의 한국말이 서툴러서 하고 싶은 말을 제대로 할 수 없었던 그는 모여든 아이들에게 이야기하는 대신에 야구를 가르쳤다. 한국에 본격적으로 야구가 자리하기 전이었던 만큼 브루엔이 가르쳐 주는 놀이는 대구에서 처음 보는 낯선 경기였다.

아이들에게 야구 경기를 하는 방법을 가르치기 위해 브루엔이 한번은 헐렁한 반바지와 셔츠만 입고, 모자를 쓰고, 운동화를 신은 운동복 차림으로 자신의 어학 선생 집을 방문했다. 이 모습을 본 어학 선생 이내경은 크게 놀라며 말을 했다. "이 무슨 꼴이요. 다리는 벌겋게 내어놓고, 두루마기도 입지 않고, 모자를 그렇게 눌러 쓰다니!" 그리고선 당장 집으로 돌아가 옷을 다시 갖춰 입고 오라고 간곡히 부탁했다. 이에 브루엔은 빙그레 웃으며 그 차림으로 야구를 하러 나갔다.

어느 정도 시간이 지나면서 브루엔의 그 이상한 옷차림은 사람들의 눈에 당연한 것처럼 익숙해졌다. 그에게 야구를 배우던 한국 소년들은 처음에는 공을 잘 맞히지 못했지만, 브루엔은 실망하지 않고 공을 잘 맞힐 때까지 방망이 대신 테니스 라켓을 사용하도록 하는 등 다양한 방법으로 야구를 가르쳤다. 이때 브루엔에게 야구를 배웠던 아이 중에는 훗날 독립운동가와 목사가 된 김학철, 이갑성, 김주호 등의 인물들도 포함되어 있었다.

다양한 선교활동을 펼치던 브루엔은 1941년 9월 19일 한국을 떠났고, 1957년 85세를 일기로 캘리포니아 산타 쿠르즈Santa Cruze에서 하나님의 부르심을 받았다

신명여고 1회 졸업생들과 마르타(뒷줄 오른쪽)

| 남편을 진심으로 사랑하기 때문에 |

브루엔의 첫 번째 부인 마르타Martha S. Bruen, 부마태는 약혼자 브루엔을 따라 한국에 와서 대구지역의

복음화를 위해 28년간 헌신했다. 그녀는 한국으로 오기 직전, 미국 북장로회 해외 선교부 총무 엘린우드 박사를 만나 "나 자신은 선교사의 봉사적 삶이 적합한지 확신은 없지만, 남편 브루엔을 진심으로 사랑하기 때문에 어떤 방법으로든 힘닿는 데까지 그를 도와주고 싶은 마음에서 출국하고 싶다."라고 고백했다.

남편과 함께 대구에 도착한 마르타는 1902년 대구 선교지부 안에 있는 여자 손님 접대용 주택에서 학생들을 가르치기 시작하였는데, 이 모임이 이후 신명여학교와 신명여자중학교로 발전했다. 그녀는 또한 1916년 남산교회 부인주일학교와 농촌교회 여전도회를 조직하며 부인 사경회를 인도하기도 했다. 하지만 안타깝게도 마르타는 1930년 유방암으로 세상을 떠났고, 동산병원 선교사 묘역에 안장되었다.

마르타 부인의 묘비

마르타를 잃은 브루엔은 1923년 12월에 대구에 와서 1941년까지 약 18년을 동산기독병원의 간호 책임자로 근무하였던 클라라Clara H. Bruen, 하복음와 1934년에 결혼했다. 클라라는 1925년 10월 12일 동산기독병원 내에 오늘날 계명대학교 간호대학의 전신인 간호부양성소를 설립하였다. 그녀가 남편 브루엔 선교사의 유고를 정리하는 형식으로 쓴 책은 대구남산교회에서 100주년 기념사업의 일환으로 한글말로 번역되어 제1권 《아, 대구! 브루엔선교사의 한국생활 40년》과 제2권 《100년 은혜, 세상과 나누리! 브루엔선교사의 한국 생활 40년》으로 출간되기도 했다. 이 땅에 왔다가 사랑하는 이와 살다간 세월은 달랐지만, 하나님과 한국인들을 위한 사랑과 열정은 동일했다.

《아, 대구! 브루엔 선교사의 한국생활 40년》

부산
기독교
유적지도

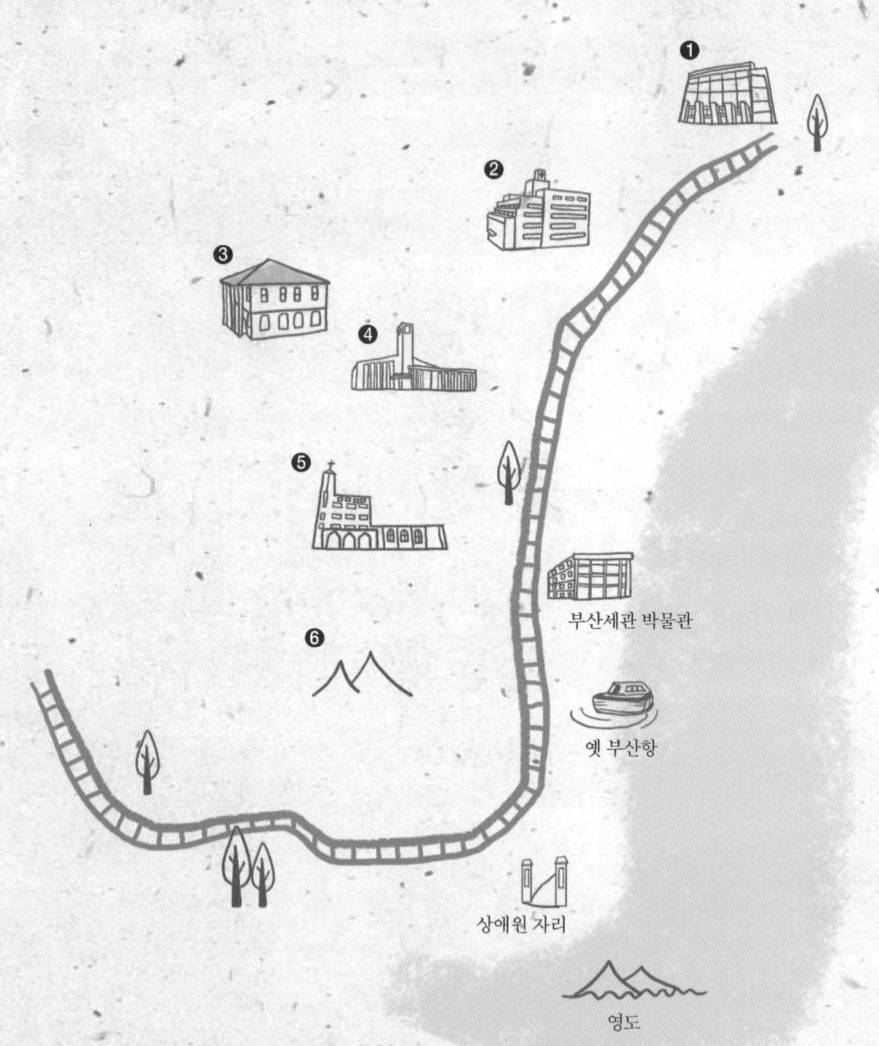

❶ 동래중앙교회(기독교선교박물관)

❷ 일신기독병원(맥켄지역사관)

❸ 부산진일신여학교 기념관

❹ 부산진교회(엥겔선교사기념관)

❺ 초량교회

❻ 복병산

대구
기독교
유적지도

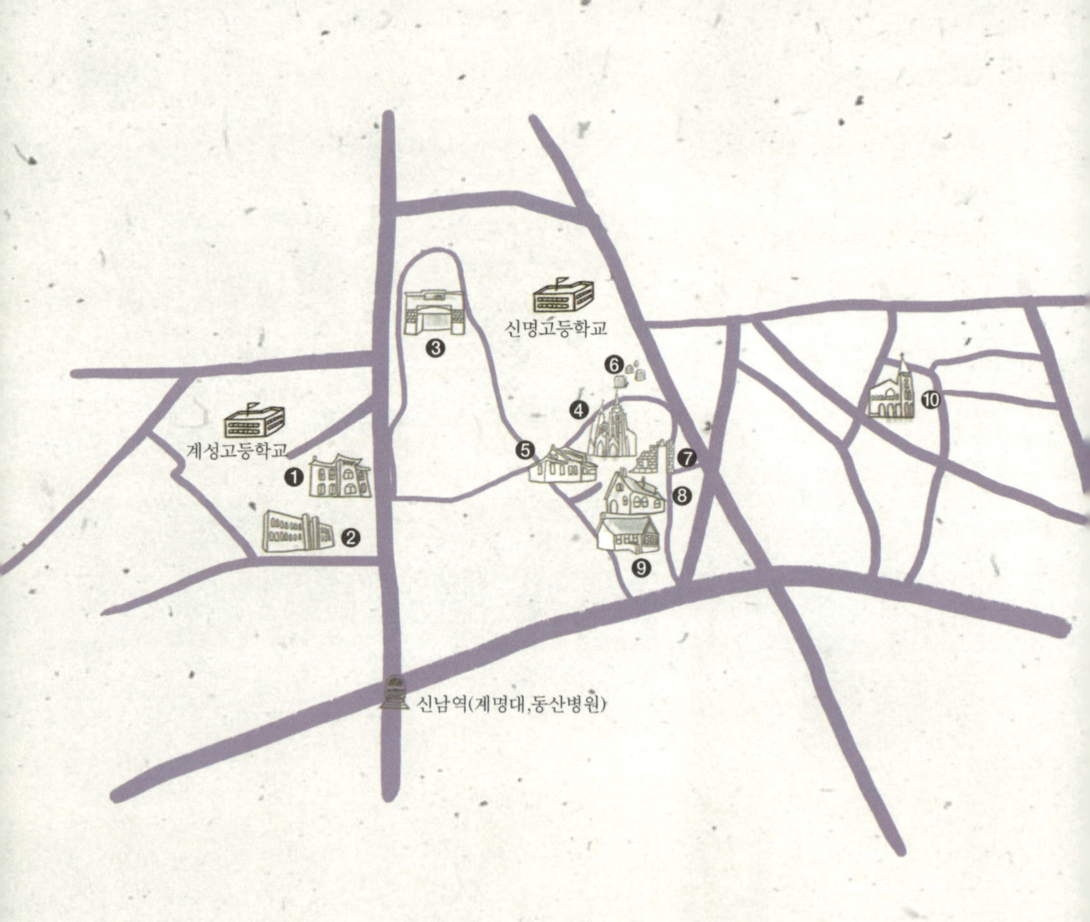

❶ 아담스관

❷ 랜더슨관

❸ 계명대학교 구현관

❹ 대구제일교회

❺ 의료선교박물관

❻ 선교사묘지

❼ 100주년기념종탑

❽ 챔니스 주택

❾ 블레어 주택

❿ 구 대구제일교회

안동
기독교
유적지도

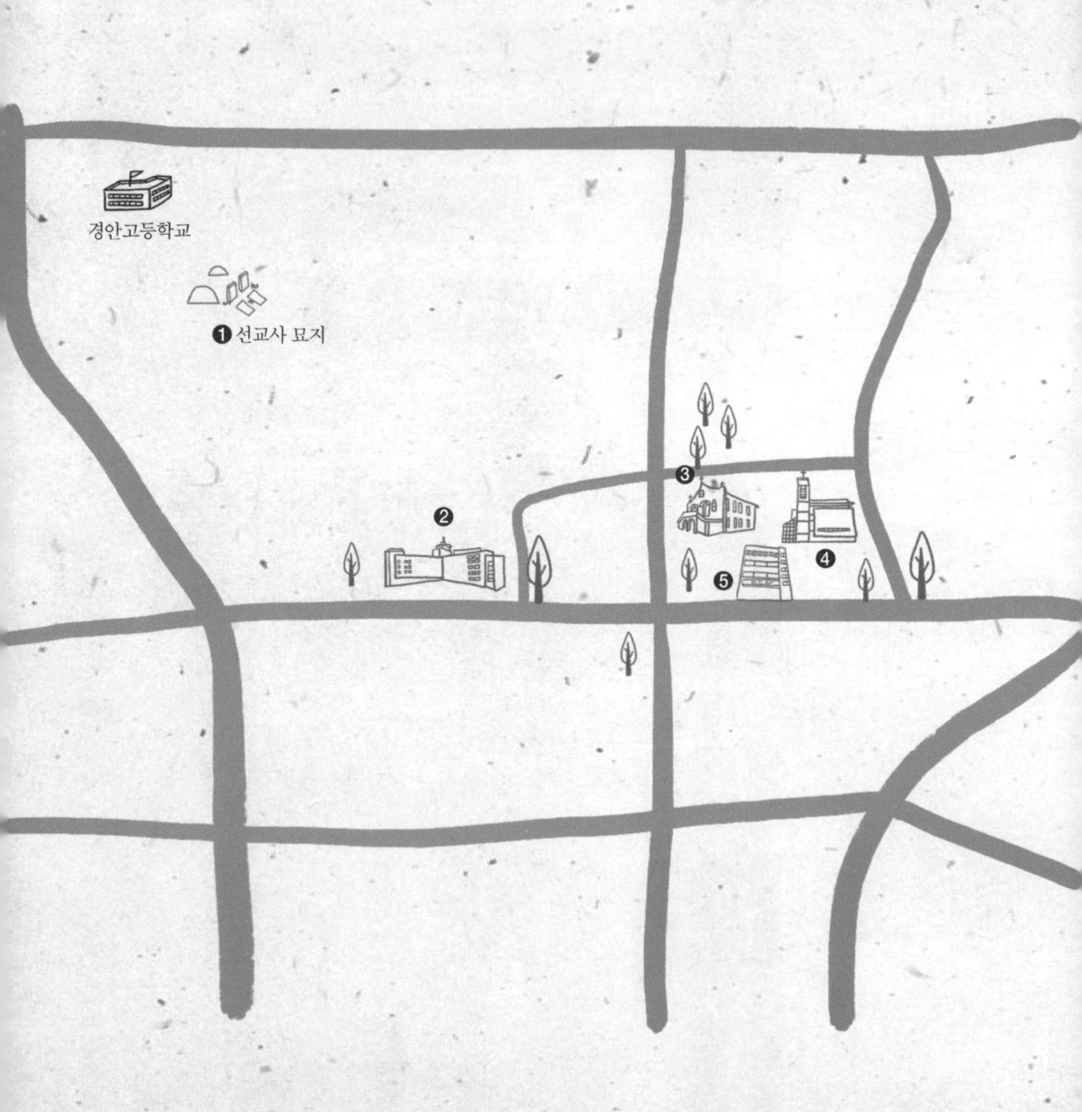

❶ 선교사 묘지

❷ 안동성소병원

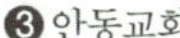

❸ 안동교회

❹ 100주년 기념관

❺ 안동기독서원(협신사)

간추린 참고문헌

Bruce F. Hunt, 김재현 역, 《22 언약의 노래》For a Testimony, KIATS(2013)

Bruce F. Hunt, KIATS 역, 《브루스헌트 선집》, KIATS(2013)

Charles A. Clark, 《교회사회사업》, 조선예수교서회(1932)

Charles A. Clark, 《목회학》, 대한기독교서회(1955)

Charles A. Clark, 《조선예수교장로교회헌법》(1949)

Charles A. Clark, *First Fruits in Korea; a Story of Church Beginnings in the Far East*, Hard Press(2012)

Charles A. Clark, *The Nevius Plan for Mission Work*, 조선예수교서회(1937)

Charles A. Sauer, *Methodists in Korea 1930-1960*, 대한기독교서회(1973)

Charles A. Sauer, *Within the Gate*, 경인문화사(1934)

Clara H. Bruen, 김중순 역, 《100년 은혜, 세상과 나누리》, 기독교문사(2014)

Clara H. Bruen, 김중순 역, 《아, 대구! 브루엔선교사의 한국생활 40년》, 평화당출판사(2013)

Elizabeth A. McCully, 유영식 역, 《케이프 브레튼에서 소래까지》A Corn of Wheat or the Life of Rev. W. J. McKenzie of Korea, 대한기독교서회(2002)

Ernest A. Kilbourne, 오희동, 이응호 역, 《성결지침과 교리급 조례》, 성결대학교 출판부(2010)

Frederick S. Miller, *Our Korean Friends*, Fleming H. Revell Company(1935)

Gelson Engel, 《更生後史記》(1915)

George H. Jones, 《미이미교회문답》(1889)

George H. Jones, *The Rise of the Church in Korea*(1917)

George M. McCune, *Korea today*, Greenwood Press(1982)

Henry G. Appenzeller, 노종해 역, 《자유와 빛을 주소서:아펜젤러의 일기》, 대한기독교서회(1988)

Homer B. Hulbert, 《대한제국멸망사》The Passing of Korea, 집문당(1999)

Homer B. Hulbert, 《한국사 드라마가 되다》The History of Korea, 리베르(2009)

Homer B. Hulbert, *Echoes of the Orient:A Memoir of Life in the Far East*, 서울대학교 아시아태평양교육발전연구단(2000)

Horace G. Underwood, 《한영자뎐》, 홍문각(2005)

Horace G. Underwood, 김인수 역, 《언더우드 목사의 선교편지:1885-1916》, 장로회신학대학교출판부(2002)

Horace G. Underwood, 유이근 역, 《찬양가》, 하나로미디어(1994)

Horace G. Underwood, 이광린 역, 《韓國改新敎受容史》, 일조각(2989)

Horace G. Underwood, 한동수 역, 《와서 우릴 도우라: 한국교회 초기 선교역사》, 기독교문서선교회(2002)

Horace G. Underwood, 한창덕 역, 《동아시아의 종교》, 연세대학교 대학출판문화원(2012)
Horace H. Underwood, 오화철 역, 《고난을 이겨낸 비전의 나라 한국》Tragedy and Faith in Korea, 동연(2013)
Horace N. Allen, 김인수 역, 《알렌 의사의 선교외교편지》, 장로회신학대학교출판부(2007)
Horace N. Allen, 신복룡 역, 《조선견문기》*Things Korean*, 집문당(1999)
James S. Gale, 《밴가드》*Vanguard : a Tale of Korea*, KIATS(2012)
James S. Gale, 《천로역정》, 조선예수교서회(1926)
James S. Gale, 권혁일 역, 《제임스게일 선집》, KIATS(2012)
James S. Gale, 김인수 역, 《제임스 목사의 선교편지》, 쿰란(2009)
James S. Gale, 신복룡 역, 《전환기의 조선》*Korea in Transition*, 집문당(1999)
John Van N. Talmage, 마성식, 채진홍, 유희경 역, 《한국 땅에서 예수의 종이 된 사람》, 한국장로교출판사(1998)
Joseph H. Davies, *Gelson Engel*, 권순형 역, 《쥬야 나를 불샹이 넉여 도아 주쇼셔》, 크리스챤리뷰(2009)
Lillias H. Underwood, 김철 역, 《언더우드 부인의 조선 견문록》*Fifteen Years among the Top-Knots*, 이숲(2008)
Lillias H. Underwood, 정희원 역, 《호러스 언더우드와 함께한 조선》, 아인북스(2013)
Malcolm C. Fenwick, *Life in the Cup*, Nabu Press(2012)
Malcolm C. Fenwick, *The Church of Christ in Corea*, George H. Doran Company: New York(1911)
Oliver R. Avison, 박형우 역, 《올리버 R. 에비슨이 지켜본 근대 한국 42년》Memoires of life in Korea, 청년의사(2010)
Oliver R. Avison, 황용수 역, 《구한말 40여 년의 풍경》, 대구대학교출판부(2006)
Richard H. Baird, 김인수 역, 《배위량 박사의 한국 선교》, 쿰란(2004)
Samuel A. Moffett, 김인수 역, 《마포삼열 목사의 선교 편지 : 1890-1904》, 장로회신학대학교 출판부(2000)
Samuel A. Moffett, 이복규 역, 《진리편독삼자경》, 학고방(2012)
Samuel H. Moffett, 김인수 역, 《아시아 기독교회사》, 장로회신학대학교 출판부(1996)
Sherwood Hall, 김동열 역, 《닥터 홀의 조선 회상》With stethoscope in Asia : Korea, 서울신문사(1984)
Sherwood Hall, 현종서 역, 《닥터 윌리암 제임스 홀》, 에이멘(1994)
William L. Swallen, 김혜성 역, 《삼일운동과 일제의 박해》, FCJC출판사(2012)
William M. Baird, 숭실대학교 한국기독교박물관 편, 《숭실 설립자 윌리엄 베어드의 선교일기》, 숭실대학교 한국기독교박물관(2913)
William Scott, 연규홍 역, 《한국에 온 캐나다인들》*Canadians in Korea: Brief Historical Sketch of Canadian Mission Work in Korea*, 한국기독교장로회출판사(1970)

이 책에 실린 선교사 찾아보기